KB134334

# Next Standards 2016

더 나은 미래로 가는 표준 인사이트

**Next Standards 2016** | 더 나은 미래로 가는 표준 인사이트

| | |
|---|---|
| 발 행 일 | 2015년 12월 4일 초판 1쇄 발행 |
| 발 행 인 | 백수현 |
| 발 행 처 | 한국표준협회 |
| 주 소 | 서울특별시 강남구 테헤란로 305(역삼동 701-7) 한국기술센터 20층 |
| 전 화 | 02-6009-4850 |
| 팩 스 | 02-6009-4839 |
| 홈 페 이 지 | www.ksa.or.kr |
| 편집·디자인 | 한국표준협회미디어(02-2624-0360) |
| I S B N | 978-89-458-4123-0 03320 |
| 값 | 12,000원 |

더 나은 미래로 가는 표준 인사이트

더 나은 미래로 가는 표준 인사이트

KSA 한국표준협회

새로운 글로벌 통상환경에서 대한민국의 재도약을 위해
新표준경제, 新표준경영, 新표준정책을 발굴하도록 하겠습니다.

올해 개최된 IEC(국제전기기술위원회) 벨라루스 총회에서는 웨어러블 디바이스와 같은 '혁신기술이나 제품의 적절한 국제표준 개발시점'에 대한 국제적 논의를 위해서 특별작업반을 구성하기로 합의하였습니다. 이는 국제표준의 개발시점이 신산업분야의 시장형성과 기업이나 국가의 경영에 큰 영향을 미친다는 것을 깨달은 83개 회원국의 지속적인 요구를 대변하는 것입니다.

한국표준협회는 올해 세 번째로 《Next Standards 2016 - 더 나은 미래로 가는 표준 인사이트》를 발간하게 되었습니다. 이 책은 올해 한국표준협회에서 실시한 제3회 표준정책마일스톤 『국가의 미래전략과 표준』연구 공모전에 선정된 우수 정책논문 10편과, 올해 발간한 KSA Policy Study 4편을 더하여 총 14편의 연구자료를 다시 다듬어서 하나로 엮은 결과물입니다.

《Next Standards 2016》은 급변하는 국제 교역환경변화와, 정체상태에 있는 국내 산업을 발전시키기 위한 새로운 표준경제, 표준경영, 표준정책 세 분야의 인사이트로 구성되어 있습니다.

먼저 新표준경제 분야에서는 표준과 기술혁신의 관계, 대표적인 미래 융합산업 표준전략인 전기자동차 충전표준과 스마트그리드 통신표준 충돌사례, 표준화 정책 측면에서 모듈성 확보를 위한 전자산업과 자동차산업 간의 비교, 사물인터넷 무선통신 기술표준화 방법론, 인정시스템의 파급효과에 대한 다섯 개의 분석과 제언을 담았습니다.

다음으로 표준화 교육과 중소기업 혁신역량과의 상관관계, 레이저프린터 산업에서 사실상 표준 제정시점에 따른 기업전략, 스마트공장의 표준화 대응전략, 2015년 개정된 ISO 9001, 14001 개정 주요내용 등 기업관점에서 필요한 최신 동향과 시사점을 담아 新표준경영 부문으로 구성하였습니다.

마지막으로는 제4차 국가표준기본계획의 발전방향, 한국산업표준의 제정과 활용 분석, 전자정부시스템에 있어서 표준의 역할, 한국과 미국의 클라우드 컴퓨팅 표준화에서 정부 역할의 비교를 통한 新표준정책을 제시하고자 하였습니다.

부디 이 책에 수록된 다양한 고찰들이, 한국이 역동적이고 혁신적인 산업 경쟁력을 기르고, 국민이 행복하고 안전한 선진 경제를 이루기 위한 표준전략을 수립하는 데 마중물이 되었으면 합니다.

최근 글로벌 경제는 양자 간 FTA뿐만 아니라 TPP(환태평양경제동반자협정)와 같은 다자 간 메가FTA가 확대되는 등 급변하고 있습니다. 또한 한국은 선진산업국과 중국, 인도네시아, 브라질 등 신흥국 사이에서 여러 가지 난관에 부딪히고 있는 상황입니다. 산업도 미래 성장동력을 견인할 융복합산업, 고부가가치 소프트웨어, 제조기반 서비스산업, 문화콘텐츠산업 등의 중요성이 갈수록 커지고 있습니다.

앞으로의 표준전략은 한국형 경제발전 모델에 따라 한국형 표준체계를 정립하고, 새로운 일자리를 창출하여 지속가능한 경제성장을 가능하게 하는 데 그 목적을 두어야 한다고 생각합니다. 한국표준협회는 앞으로도 기업, 대학, 연구소 그리고 정부의 동반자로서, 국가의 발전과 행복을 실현하기 위해 임직원 모두 최선을 다하겠습니다. 감사합니다.

2015. 12. 한국표준협회장 백수현

# Part 1
## 新표준경제시대가 온다

# CONTENTS

# Part 2

## 新표준경영시대가 온다

# Part 3

## 新표준정책시대가 온다

# Part 1.
# 新표준경제시대가 온다

.01.

표준이 경제성장의
동력이 되는
기술혁신을
촉진시키려면

.02.

미래 융합산업
표준화의 복잡성에
주목하라

.03.

미래산업 이끌
'모듈성'과
'인터페이스 표준'

.04.

기술표준의
가치와 미래

.05.

국가
품질인프라를
고도화하는
인정시스템

INSIGHT 01

# 표준이 경제성장의 동력이 되는 기술혁신을 촉진시키려면

글 | 성태경(전주대학교 경영학과, sungtk@jj.ac.kr)

시장의 글로벌화, 정보화, 그리고 네트워크경제의 진전으로 표준 및 표준화(standardization)는 다양한 산업에서 기술혁신(technological innovation)의 중요한 요소로 크게 부각되고 있다. 기술혁신은 경제성장과 국제경쟁력을 획득하고 유지하는 데 있어서 중요한 요소이다. 그러나 기술혁신 자체는 필요조건에 불과하다. 신제품 및 신공정이 가능한 한 경제 전반에 걸쳐 폭넓게 확산돼야 기술혁신의 국민경제적 성과가 비로소 실현되기 때문이다. 이때 표준 및 표준화는 기술혁신을 촉진시킨다. 첫째, 표준은 분업을 가능하게 하며, 다시 분업은 다양한 형태의 기술혁신활동을 지원한다. 둘째, 공개표준은 경쟁을 부추기며, 경쟁은 신규 진입기업들로 하여금 시장에 들어와 혁신활동을 추진할 수 있게 한다. 셋째, 정교한 측정표준은 혁신기업들이 생산한 제품의 성능이 우수하다는 것을 입증해 준다. 넷째, 표준이 네트워크의 경제적 효과를 극대화시키는 과정에서 기술혁신이 촉진된다.

※ 이 글은 2015년 한국표준협회가 주관한 〈제3회 표준정책 마일스톤 연구-국가의 미래전략과 표준〉의 지원을 받아 수행된 연구 논문 '표준과 기술혁신: 연구과제 및 전망 전문'을 칼럼 형태로 재작성한 것입니다. 참고문헌은 한국표준협회(www.ksa.or.kr)에서 확인할 수 있습니다.

지식기반경제에서 표준(standards)은 국가경제와 산업, 그리고 기업경영에서 핵심요소로 부각되고 있다. 과거에 표준은 신제품 혹은 신시장 출현 이후에 하나의 기술적인 이슈 혹은 품질확보의 문제로 취급되어 왔다. 시장의 글로벌화, 정보화, 그리고 네트워크경제의 출현으로 표준 및 표준화(standardization)는 이제 다양한 산업에서 기술혁신(technological innovation)의 중요한 고려요소가 되었다.

이 글에서는 표준과 기술혁신에 대한 경제적 측면에서의 연구문제와 동향을 파악하여, 주요 쟁점들을 제시하고 전망한다. 이러한 시도는 아직도 국내에서 표준과 기술혁신에 대한 경제적 측면에서의 연구가 매우 미흡한 상황이므로 국내 연구자들의 연구동기를 자극할 뿐만 아니라 연구방향도 제시할 수 있을 것이다.

## 표준, 표준화, 그리고 기술혁신의 개념

표준 및 표준화를 명확하게 정의하는 것은 쉽지 않다(De Vries, 1997).

따라서 표준화기관인 국제표준화기구(International Organization for Standardization: ISO)와 국제전자기술위원회(International Electrotechnical Commission of Standardization: IEC)가 제공하는 공식적인 정의에 따르는 것이 무난하다. ISO와 IEC는 표준을 다음과 같이 정의한다.

'표준이란 주어진 여건 하에서 최적의 질서 확립을 목적으로, 활동 및 그 결과에 대한 특성, 규칙 또는 지침을 제공하는 문서로서 공통되고 반복적인 사용을 위하여 합의에 의해 제정되고 인정된 기관에 의해서 승인된 것이다.'(ISO/IEC, 2004)

표준, 즉 활동 및 그 결과에 대한 특성, 규칙 또는 지침은 기술적인 체계(technical regimes)를 형성한다. 하나의 표준은 구체적으로 다음과 같은 내용을 포함한다(Munden and Bolin, 2005). 두 개의 별도 기술이 공통된 인터페이스를 통해서 상호운용될 수 있는 방법, 계량단위(예: 미터) 등 측정기준, 기업이 정부규제를 충족시킬 수 있는 방법, 전문적인 자격증과 같은 지식이나 성과의 수준, 제품이나 서비스의 질, 특정한 비즈니스 프로세스 등이다.

표준화는 표준의 제정, 발행, 실행 및 보급을 포함하는 광범위한 활동을 말한다. 예를 들어 산업표준(industrial standards)은 한 산업 내에서 제품, 생산공정, 형식, 과정 등 모든 요소가 공동으로 만족시켜야 하는 제원의 집합을 말하는데, 이 경우 표준화는 이러한 일치성(conformity)을 확립하는 조직적 활동으로 경제적인 효율성 증대를 목적으로 한다.

표준화는 크게 두 가지 방법으로 진행된다. 하나는 집단적 합의에 의한 것이고, 다른 하나는 시장과정을 통한 것이다(Cowan, 1992; Swann,

2000). 집단적 합의는 표준 관련 이해당사자들 간의 조정을 통해서 표준화가 이루어지는 과정을 말한다. 표준제정기관에 의해서 제정된 표준들은 집단적 합의를 거친 표준으로 공적표준(de jure standards)이라고 한다.

시장과정은 초기에 뚜렷하게 구분되는 몇 개의 기술 혹은 표준들이 시장에서 활용 가능하지만, 이러한 기술 혹은 표준들 중에서 하나의 시장점유율이 증가하여 궁극적으로는 지배제품(dominant design)으로 자리 잡게 되는 과정을 말한다. 이때 다른 기술들은 시장에서 도태되고 표준화가 이루어진다. 예를 들어 익스플로러는 기술혁신의 초기단계에서 넷스케이프 등 다른 기술들과 시장에서 경쟁하였으나, 지금은 대부분이 사용하는 표준이 되었다. 이와 같이 시장에서 기업 간 동태적 경쟁에 의해서 결정된 표준을 '사실상의 표준(de facto standards)'이라고 한다.

한편, 기술혁신 역시 다양하게 정의할 수 있다. 일반적으로 기술혁신에 대한 정의는 Schumpeter(1934)의 전통에 따라 '새로운 조합(new combination)'을 추구하는 활동으로 정의되고 있다. '새로운 조합'은 신제품 개발, 신공정 개발, 신시장 개척, 신조직 혁신 등 넓은 의미의 기술혁신 개념이다. OECD 회원국들이 참여하여 정의내린 Oslo Manual 3차 개정판에서도 다음과 같이 넓은 의미의 기술혁신 개념을 채용하고 있다.

'혁신은 새롭거나 획기적으로 개선된 제품 및 서비스, 공정, 새로운 마케팅방법, 혹은 사업수행과정, 업무조직, 외부와의 관계 등에서 새로운 조직적 방법을 실행한 것을 의미한다.'(OECD, 2005)

이와 같은 OECD의 정의는 '기술적(technological)'인 개념과 '비기술적(non-technological)'인 개념을 모두 포함하고 있다. 즉, 신제품과 신공정뿐만 아니라 신마케팅방법, 신조직 등을 두루 포함하는 것이다.

## 표준과 혁신의 연관성에 대한 연구

2000년대 이전에는 표준과 기술혁신에 관한 연구가 드물었을 뿐만 아니라, 양자 간의 관계에 대해서 산발적으로 언급되고 있을 뿐 체계적으로 이해되고 있지 못한 실정이었다(Swann, 2000; Blind, 2004). 예를 들어 Coursey and Link(1998)는 표준의 경제적 효과를 측정하는 연구에서 '표준화의 기술혁신에 대한 영향'이 명확히 발견되지 않았다고 언급한 바 있다. Allen and Sriram(2000)도 금화주조, 타자기키보드배열(QWERTY), 유압시스템, 제품데이터호환 등 개별 사례를 통해 기술혁신과 표준의 연관성을 설명하는 데 그치고 있다.

그러나 그간 영국, 독일, 미국 등 해외에서 표준 및 표준화에 대한 연구가 활발히 진행되어 왔고, 이에 따라 표준과 혁신의 연관성에 관한 논문들이 많이 발간됐다. Choi, Lee & Sung(2011)에 따르면, 〈그림1〉에서 보는 바와 같이 1997~1999년까지 표준과 혁신에 관한 논문수가 66편이었으나, 2000~2002년에는 105편으로 크게 증가하였고, 2003~2005년과

〈그림1〉 표준화와 혁신 관련 연구논문 수의 추이

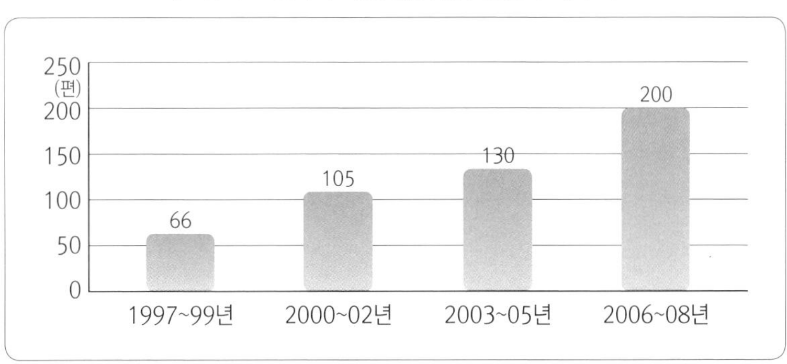


※ 자료: Choi, Lee & Sung(2011), p.263

2006~2008년에는 각각 130편과 200편으로 증가한 것으로 나타나고 있다.

이제 이러한 연구들을 토대로 그간 표준과 기술혁신에 대하여 제기되어 온 연구이슈들을 찾아서 그 결과를 살펴보도록 한다. 표준과 기술혁신에 관한 연구에서 가장 뜨거운 쟁점은 '표준 및 표준화가 과연 기술혁신을 촉진하는지'에 대한 문제이므로 이를 먼저 다룬다. 이어서 혁신단계별과 혁신유형별로 표준의 역할과 관련된 쟁점들을 분석한 다음, 거시적인 차원에서 표준과 기술혁신의 관계를 짚어본다.

### 표준은 기술혁신을 촉진하는가?

전통적으로 표준은 기업에게 하나의 규제 혹은 제약으로서 기술혁신을 저해하는 요인으로 간주되어 왔다(Swann, 2010; Blind, 2013). 이는 하나의 표준이 제정되어 일단 표준화가 이루어지면 잠김효과(lock-in effect)를 가지기 때문이다. 즉, 개선된 기술을 포함하는 새로운 표준이 개발되더라도 이미 시장 및 생산기반이 구축되어 있기 때문에 기존의 표준을 대체하기 어렵다. 또한 표준은 제품의 제원, 즉 품질, 디자인, 성능 등을 규정하고 있기 때문에 기술혁신을 저해한다는 우려도 있다.

하지만 표준 및 표준화는 기술혁신을 촉진시킨다는 연구결과들도 나오고 있다(성태경, 2012). 구체적으로 첫째, 표준은 분업을 가능하게 하며, 다시 분업은 다양한 형태의 기술혁신활동을 지원한다. 둘째, 공개표준은 경쟁을 부추기며, 경쟁은 신규 진입기업들로 하여금 시장에 들어와 혁신활동을 추진할 수 있게 한다. 셋째, 정교한 측정표준은 혁신기업들이 생산한 제품의 성능이 우수하다는 것을 입증해준다. 넷째, 표준이 네트워크의 경제적 효과를 극대화시키는 과정에서 기술혁신이 촉진된다. 공개표준은 혁신적 기업들이 네트워크 효과를 향유하게 해주며, 핵심기술과 호환되면서 그 기능을 증대시키는 제품들을 개발하여 시판할 수 있도록 도와준다.

이와 같이 표준이 기술혁신에 미치는 긍정적인 효과들이 관찰되면서 표준은 기술혁신에 대해 양면적인 효과를 가진다는 의견이 지배적이다. 표준은 기술혁신을 촉진하기도 하지만, 기술혁신을 저해하기도 한다는 주장이다. DTI(2005), King(2006), 그리고 Swan & Lambert(2010)는 실증연구를 통해서 표준의 기술혁신에 대한 긍정적 효과와 부정적 효과가 동시에 존재함을 밝히고 있다. 특히, Blind(2013)는 표준의 기술혁신에 대한 영향은 표준의 기능, 즉 호환성, 최소품질, 다양성감소, 정보제공 등에 따라서 다르다고 보고 각 기능별로 표준의 기술혁신에 대한 긍정적 효과와 부정적 효과를 도출했다. 다음 〈표1〉에서는 표준의 기능에 따른 기술혁신에 대한 긍정적 및 부정적인 효과를 정리했다.

〈표1〉 표준의 기능에 따른 기술혁신에 대한 효과

| 표준의 기능 | 긍정적 효과 | 부정적 효과 |
| --- | --- | --- |
| 호환성 증진 | • 네트워크 외부성<br>• 시스템 내에서의 요소결합과 네트워크의 연결가능성 제고<br>• 시스템제품의 다양성 증진<br>• 공급사슬에서의 효율성 향상 | • 고착화(lock-in effect) 현상<br>• 독점화로 기술혁신 노력 위축 |
| 품질확보/<br>안전성 증진 | • 역선택 문제 회피<br>• 제품에 대한 신뢰 증진<br>• 거래비용 감소 | • 규제로 인한 기술의 폐쇄성 초래 |
| 정보제공 | • 아이디어의 획득 및 창출 수단<br>• 문서화된 지식 제공 | - |
| 다양성 감소 | • 규모의 경제로 평균비용 인하<br>• 출현 중인 기술 및 산업에서의 임계물량 상회 가능 | • 제품디자인에 대한 선택 축소<br>• 기술의 조기 선택<br>• 시장집중으로 혁신노력 감소 |

※ 자료: 성태경(2010)과 Blind(2013)를 참고하여 작성

### 기술혁신 단계별 표준의 역할

표준은 기술혁신의 단계, 즉 R&D, 생산, 상업화 및 시장침투에서 기술확산의 단계에 걸쳐 중요한 역할을 수행한다(성태경, 2010).

① R&D와 표준 R&D의 과정, 즉 기초연구, 응용연구, 그리고 개발을 성공적으로 수행하고 성과를 얻기 위해서는 표준, 특히 측정표준의 정확성과 정밀도가 필수적이다. 예를 들어 통신시스템은 매우 정확하고 신뢰성 있는 시간과 주파수 표준에 의존한다.

기업들은 혁신성과의 측정이 불확실한 상황에서는 기술혁신의 첫 단계인 R&D활동에 투자하기를 꺼려하게 될 것이다. 반대로 정교한 측정표준, 기술표준, 그리고 소재특성에 대한 데이터들은 R&D활동을 촉진시킬 것이다.

한편, R&D활동도 표준화에 영향을 미친다. 이는 표준화가 기업의 내부적 기술혁신과정에서 연속적으로 이루어지기 때문이다. Farrell and Saloner(1985)에 의하면 R&D활동이 활발한 기업들은 다른 기업의 제품 및 공정기술과 호환되는 시장성 있는 제품 및 공정기술을 개발하기 위하여 표준화 과정에 더 적극적으로 참여하는 경향이 있다고 한다. 이에 따라 많은 국가와 기업들이 R&D단계에서 기술개발과 표준을 연계시키려는 노력을 기울이고 있다.

② 지식재산권과 표준: 표준특허 과거에는 표준과 지식재산권 - 주로 특허(patents) - 의 연관성에 대해서 논의조차 할 필요가 없었다. 표준은 기술개발 후 사후적인 품질의 문제로 국한되어 있었고, 재래기술에서는 표준과 특허가 어느 정도 분리 가능하였다. 그러나 정보화가 진행되면서 표준화 과정에서 특허처리의 문제가 빈번히 발생하고 있다. 그 대표적인 예가

유럽이동통신 표준인 GSM(Global System for Mobile Communications)의 표준화 과정에서 나타난 '표준특허(standardized patents)' 혹은 '핵심특허(essential patents)'의 문제이다(Bekkers et al., 2002).

표준특허는 표준으로 정해진 기술 혹은 제품을 구현하기 위해 꼭 필요한 특허인데, 만약 특허보유자가 표준화 과정에서 자신의 권리를 포기하거나 저렴한 가격으로 라이선스해준다면 문제가 되지 않는다. 하지만 문제는 특허보유자가 그렇게 하도록 하는 강제력이 없다는 것이다. 오히려 특허를 보유하는 기업 입장에서는 이를 자사의 이윤극대화를 위한 하나의 전략으로 활용할 수 있다. 이 경우 특허는 표준의 실행은 물론 표준의 생산 자체를 저해하는 매우 심각한 장애요인이 될 수 있다.

이와 같은 표준과 특허의 상충관계에 대한 연구들은 주로 이를 해결하는 문제와 관련하여 진행되고 있다. Rysman & Simcoe(2008)는 실증연구를 통해서 표준제정기관들이 가용한 타 기술들에 비해서 우월한 표준특허를 성공적으로 선택한다고 보고하고 있다. Shapiro(2001)는 특허 풀(patent pools)을 통해서도 표준화 과정에서 표준특허의 문제를 해결할 수 있음을 제시하고 있다. Lerner et al.(2007)은 특허 풀에 의해서 채용되는 규칙에 대해서 분석하였으며, Layne-Farrar & Lerner(2011)는 특허 풀의 규칙들이 기업의 참여동기에 어떻게 영향을 미치는지를 밝히고 있다.

③ 생산과 표준  표준은 제품의 생산단계에서 공정 및 품질통제에 필수적이기 때문에 생산단계에서 표준의 역할은 매우 중요한 문제로 다루어져 왔다. 그러나 이 문제는 표준 자체에 초점을 맞추기보다는 주로 경영학의 생산관리 분야에서 연구되어 왔다.

이과 관련된 주요 현상들을 요약하면 다음과 같다. 첫째, 전사적 시스템 접근방법을 통해 생산성 향상을 달성하기 위해서 생산과정은 점차 정교한 측정표준에 의존하게 되었다. 둘째, 종전에 표준은 주로 생산의 최종단계에서 중요하였으나 최근에는 생산공정 전 단계에 걸쳐서 역할을 수행한다. 즉, 생산공정에서 지속적으로 측정이 이루어지며, 발생하는 측정 변화에 즉각적으로 반응하는 능력을 필요로 하고 있다. 이에 따라 기계장비들은 스스로 자신의 성능을 측정하고 가공되는 제품의 특성을 측정하며, 당초 예정된 디자인과의 차이에 생산공정이 자동적으로 조정되도록 설계되고 있다. 셋째, 유연생산체제(Flexible Manufacturing System: FMS)를 구축하기 위해서는 다양한 부품들이 상호 대체될 수 있도록 하는 호환표준(interface standards)의 역할이 필수적이다.

④ 시장과 표준 수요측면에서 볼 때 표준은 상업화 및 시장진출 단계에서도 필수적이다. 혁신적인 첨단기술제품이 시장에 진출하는 데는 매우 높은 수준의 위험을 수반하게 되는데, 산업표준은 바로 이러한 위험을 감소시켜준다. 특히, 제품수명주기가 짧아지는 글로벌시장에서 경쟁하는 기업들에게는 각 기술수명주기에서 적절하게 활용할 수 있는 기술표준의 확립이 중요하다.

표준 및 표준화는 네트워크효과(network effects)를 통해서 시장을 형성하고 확대시킨다. 네트워크효과란 제품의 사용이 확산될수록 그 가치가 증가하는 현상이다. 네트워크효과가 작용하는 시장에서는 적절한 인터페이스를 통한 호환성, 상호운영, 연결 등이 중요하다. 따라서 표준은 필수적이며, 네트워크 자체의 생성과 진화를 규정한다. 뿐만 아니라 표준은 모듈라 아키텍처에서 부품에 대한 정의와 인터페이스를 제공함으로써 혁신을 유발시키며, 궁극적으로 기술, 제품, 그리고 시장을 전략적으로 통합하여 플랫폼의 제품 및 부품시장을 더 크게 확대시킨다.

⑤ 기술확산과 표준 표준은 기술의 확산을 가능하게 하고 촉진시킨다. 이는 표준이 최신기술(state-of-the-art), 최상의 관행(best practice), 그리고 목적에 대한 적합성(fitness for purpose) 등을 체화하기 때문이다. 만약 표준이 투명하고 민주적인 포럼에 의해서 공개적으로 개발되며 광범위한 지역에 적용된다면, 그 표준은 시장에서 널리 확산되어질 것이다.

따라서 기술확산을 위한 하나의 정책 메커니즘으로서 표준은 효율적일 뿐만 아니라 효과적이다. 표준이 기술이전의 수단이 될 수 있다는 견해는 기업내부 R&D, 기술이전, 그리고 네트워킹 간의 상호 대체관계를 밝힌 Love and Roper(1999)에 의해서 실증적으로 뒷받침되고 있다.

## 기술혁신 유형과 표준의 역할

기술혁신유형은 크게 제품혁신(product innovation)과 공정혁신(process innovation)으로 구분된다. 그런데 하나의 제품으로서 서비스(service)는 독특한 특성을 가지므로 별도로 다룰 필요가 있다.

① 제품혁신과 표준 제품혁신과 표준의 연관성은 스프레드시트(spread-sheet), 인터넷 브라우저 등 실제 사례들을 통하여 이해되어 왔을 뿐, 체계적인 이론적 기반은 없었다. 이러한 상황에서 Swann(2000)이 처음으로 제품혁신과 표준화의 연관성을 모형화하였고, 지금까지도 유일한 연구결과로 보인다. Swann(2000)은 제품혁신의 과정을 나무의 성장에 비유하고, 표준화는 신제품의 성장유형을 형성하는 토양을 제공하는 것으로 보았다.

그는 제품혁신이 표준화를 수반하는 상황과 표준화를 수반하지 않는 상황을 구분하여 설명하고 있다. 먼저 표준화 없이 제품혁신이 일어나는 경우에는 차별화된 제품혁신이 다양한 방향에서 다수 발생하여 버섯모양의 제품군이 형성된다고 한다. 이때 기업들은 규모의 경제를 실현하지 못하며 중복된 노력이 취해진다.

이와 달리 제품혁신이 표준화를 수반하는 경우에는 큰 나뭇가지가 형성되는 것처럼 몇 개의 표준이 나타나며 각 표준에 근거하여 작은 나뭇가지들 즉, 신제품들이 형성된다. 이러한 혁신패턴, 즉 몇 개의 표준을 중심으로 다양한 신제품들이 출현한 대표적인 예가 스프레드시트 제품에서 나타난 Lotus 1-2-3 현상이다. 만약 제품혁신 초기에 하나의 표준이 시장경쟁을 통해 지배제품(dominant design)이 되면, 하나의 큰 가지(표준)에 몇 개의 작은 가지들이 자란 것처럼 진행된다고 한다. 즉, 제품혁신의 초기단계에서 몇몇 생산자의 부수적인 기술혁신이 허용되지만 그것은 선도적인 큰 가지를 지원하는 방식으로 진행된다. 이러한 패턴은 신기술이 특허화되어 진행되는 과정과 비슷하다고 한다.

② 공정혁신과 표준 이상에서 살펴본 표준과 제품혁신의 연관성은 공정혁신(prodess innovation)의 경우에도 그대로 원용될 수 있다. 다만 표준의 기능이 공정혁신에 미치는 독특한 영향이 있다. 예를 들어 다양성 감소 표준은 규모의 경제 실현을 가능하게 하며, 이로 인한 대량생산은 보다 자본집약적 공정기술(capital-intensive process technologies)을 개발하도록 할 것이다.

③ 서비스혁신과 표준 그간 표준화에 대한 연구는 주로 제조업을 대상으로 하여 제품 및 제조공정에 초점을 맞추어 왔다(Blind, 2004). 그러나 최근 서비스 부문의 비중이 급속히 증대되고 있으며, 서비스산업에서 표

준 및 표준화의 역할도 커지고 있다.

서비스는 그 자체가 정보이므로 서비스의 혁신(innovation in service)은 매우 중요하고, 서비스의 표준화 자체가 서비스의 혁신이 될 수 있다. ISO는 서비스표준을 '목적에 대한 적합성을 확립하기 위해 서비스에 의해 충족돼야 할 요구사항을 구체화한 표준'으로 정의하고 있다. 이는 표준의 일반적인 정의를 서비스에 적용한 것으로서 매우 광범위하므로 보다 구체적으로 나누어 살펴볼 필요가 있다.

첫째 서비스표준은 개별 서비스 차원에서의 표준화를 의미할 수 있다. 예를 들어 장례서비스에 대해서 표준을 정하고 표준화를 진행시키는 경우이다. 둘째, 서비스표준은 서비스산업에서의 표준화를 의미할 수 있다. 예를 들어  운송, 금융, 유통, 통신, 항공운수 등 전통적인 산업분류에 따라 표준화를 진행시키는 경우이다. 셋째, 모든 서비스산업에 공통적으로 서비스표준은 품질(quality)의 차원에서 진행되고 분석될 수 있다. 대표적인 품질표준은 ISO의 ISO 9000 시리즈로서 금융, 공공서비스, 정보서비스 등 다양한 서비스 분야에서 품질문제가 다루어지고 있다.

### 거시적 차원에서의 표준과 혁신

기술혁신은 경제성장과 국제경쟁력을 획득하고 유지하는 데 있어서 중요한 요소이다. 그러나 기술혁신 자체는 필요조건에 불과하다. 신제품과 신공정이 가능한 한 경제전반에 걸쳐 폭넓게 확산돼야 기술혁신의 국민경제적 성과가 비로소 실현되기 때문이다. 이때 표준화기관에 의한 표준화는 새로운 아이디어, 신제품, 신기술 등을 확산시키는 도구가 된다. 따라서 표준 및 표준화는 거시적 차원에서도 기술혁신과 밀접한 연관관계를 가지고 있다.

첫째, 새로운 표준과 표준수의 증가는 국민경제 및 산업 차원에서 기술혁신의 잠재력을 증대시킨다. 이는 표준 자체가 지식 혹은 기술이기 때문에 새로운 표준은 바로 신기술의 창출을 의미하기 때문이다. Leech and Scott(2011)은 NIST와 산업계가 긴밀한 협력을 통해 기술혁신을 유도해내는 과정을 보여주고 있다. NIST는 특유의 표준개발자원을 사용해서 패널디스플레이(Panel Display)산업 분야에서 어려운 기술적·상업적 문제를 해결했다는 것이다.

둘째, 기술진보가 표준화의 정도나 표준의 수에 영향을 미친다. 다시 말해서 국민경제 총체적으로 볼 때 특허등록건수나 R&D투자 수준에 의해서 측정되는 기술진보는 발간된 표준과 기술기준의 건수를 증가시킨다. 이는 표준의 생애주기(lifetime of standards)가 기술진보가 빠르게 진행되는 부문에서 짧아지는 현상에서도 알 수 있다(DIN, 2000).

셋째, 특허등록수와 R&D지출이 다른 산업에 비해서 상대적으로 활발한 산업에서 새로운 표준이 더 제정되는 것으로 분석되고 있다(DIN, 2000). 이는 횡단면 자료를 통해서도 표준과 기술혁신이 연관성을 가지고 있음을 보여주는 것이다.

넷째, 하나의 지식체계인 표준은 국민경제에서 하나의 사회간접자본으로 기술혁신을 지원한다. 즉, 표준 및 표준제도는 국가혁신시스템(National Innovation System: NIS) 속에서 기술혁신을 촉진시킨다.

## 신표준경제시대의 표준과 기술혁신 연구과제

글로벌화, 정보화, 그리고 네트워크경제의 진전으로 기술혁신과정에서 표준 및 표준화의 중요성이 크게 부각되는 상황에서 표준과 기술혁신의 연관성에 관한 연구과제들은 무엇일까. 이제 이상의 논의를 토대로 표준과 기술혁신에 대해 향후 이루어졌으면 하는 연구과제들을 제시하고자 한다.

첫째, 표준과 기술혁신 간의 연관성을 계량적으로 보여주는 연구가 진행되었으면 한다. 이는 국내는 물론 해외에서도 미개척분야이다. 특히 새로운 표준은 그 자체가 하나의 기술혁신 혹은 기술체계로서 가치를 가지는데, 이에 대한 경제적 가치를 측정하는 일은 매우 중요하다.

둘째, 표준의 기술혁신에 대한 역할이 기업경영에 주는 시사점들을 제시해주는 연구가 요구된다. 우리나라의 경우에 기업들이 표준경영에 대해 많은 관심을 가지고 있음에도 불구하고, 기업들에게 표준의 혁신효과를 알려주는 연구들이 매우 부족하다. 특히, 전사적인 차원에서 혁신경영의 표준화 문제를 다룰 필요가 있다. 삼성전자와 애플의 특허분쟁에서 알 수 있듯이 기업차원에서 표준특허전략에 대한 연구도 필요하다.

셋째, 표준화가 기술혁신과정에서 중요해질 가능성이 큰 분야에 대한 연구들이 요청된다. 예를 들면 융합기술 분야, 서비스 분야, 개방혁신경영 등이다. 특히, 표준은 산업 및 기술의 융합을 가능하게 하는 필수불가결한 수단이다.

넷째, 표준이 기술혁신을 지원해주는 제도와 환경에 대한 연구이다. 우리나라의 표준제도는 역사적으로 일본의 영향을 받아왔으나 우리의 기업성장과 산업발전의 상황에 맞는 표준제도의 모색이 요구된다. 최근에는 표준화가 '집권화'에서 '분권화'로 가는 추세에 있는데, 표준제도의 거버넌스(governance)와 관련하여 바람직한 방향을 제시하는 연구가 필요할 것이다.

INSIGHT 02

# 미래 융합산업 표준화의 복잡성에 주목하라

글 | 허준(한양대학교 과학기술정책학과, iamleader@hanyang.ac.kr)
이희진(연세대학교 국제학대학원, heejinmelb@yonsei.ac.kr)

전기자동차는 충전을 위해 전력망과 연결될 때 데이터 교환을 한다. 따라서 통신표준 문제가 대두된다. BMW는 글로벌 전기자동차 시장에서 사실상 표준(de Facto standard)으로 인정받고 있는 콤보방식의 충전기술을 채택하여 국내 전기차 시장에 진입하였는데, 그 과정에서 국내 스마트그리드 전력망의 원격검침용 통신기술과 상호 주파수 간섭을 일으키는 문제가 발생했다. 이 문제를 두고 이해관계자들의 대립이 계속되면서 국내 전기자동차 충전기술 관련 표준화를 위한 의사결정이 지연됐으나, 논란은 2014년 1월 콤보기술이 한국자동차공학회의 단체표준으로 인정되면서 일단락되었다. 이 사건은 전기자동차 관련 표준 그 자체뿐 아니라, 융합산업시대에 타 산업 표준과의 충돌 및 조정의 필요성을 부각시키는 의미있는 사례이다. 전기자동차 충전표준과 스마트그리드 통신표준이라는 이종 산업 간의 표준 충돌의 복잡한 역학관계를 '이해관계자 이론'을 적용하여 분석했다.

※ 이 글은 2015년 한국표준협회가 주관한 〈제3회 표준정책 마일스톤 연구-국가의 미래전략과 표준〉의 지원을 받아 수행된 연구 논문 '미래 융합산업 표준전략: 전기자동차 충전표준과 스마트그리드 통신표준 충돌 사례'를 칼럼 형태로 재작성한 것입니다. 참고문헌은 한국표준협회(www.ksa.or.kr)에서 확인할 수 있습니다.

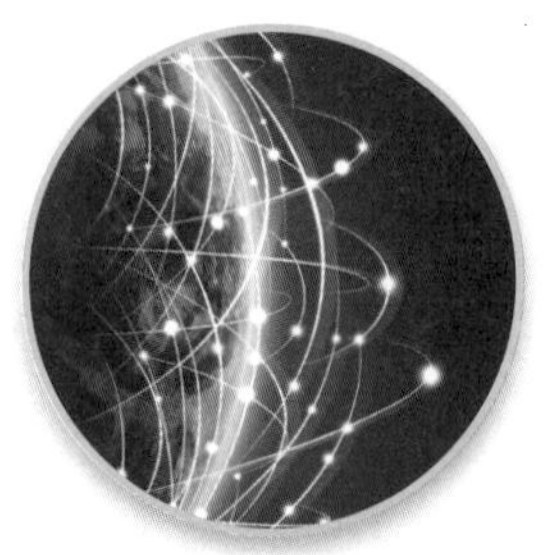

환경부 발표에 따르면 2011년부터 2013년까지 국내에 보급된 전기자동차(이하 전기차)는 총 1,871대이다. 이는 2020년까지 전기차 100만대를 보급하려는 환경부의 목표에 한참 못 미치는 수치이다. 국내 전기차 보급의 장애요인으로는 전기차의 비싼 가격과 짧은 주행거리에 대한 심리적 부담, 그리고 부족한 충전시설 등이 주로 거론된다. 환경부는 이 같은 장애요인들을 극복하기 위해 전기차 구매 시 국고보조금 지원, 충전시설 확충, 충전소 위치정보 제공 등 다양한 지원정책들을 펼치고 있다.

정부의 이러한 노력에도 불구하고 국내 전기차 시장은 성장모멘텀을 만들지 못해왔다. 그러나 2013년 하반기부터 BMW 전기차모델 i3의 국내 출시 준비가 본격화되면서 국내 전기차 시장이 움직이기 시작했다. BMW는 포스코ICT, 이마트 등 국내업체들과의 제휴를 추진하는 한편, 이마트 매장에 전기차 충전시설을 보급하는 계획을 발표하고, 제주도에 전기차 충전기 30대를 기증하는 등 국내 전기차 시장 진출을 위한 공격적인 전략을 펼쳤다.

그런데 BMW i3의 국내 출시와 함께 전기차 충전표준 논란이 시작되었다. 그 이유는 BMW i3가 채용하고 있는 전기차 충전시스템인 콤보 기술이 국내 차세대 지능형 전력망인 스마트그리드 기술과 충돌을 일으키는 것으로 밝혀졌기 때문이다.

전기차 충전 시에는 차량 내 배터리 관리시스템(battery management system)과 충전시설 간에 충전상태, 과금 등의 정보를 주고받도록 되어있다. 이때 콤보방식이 사용하는 통신기술은 PLC(Power Line Communication)이다. PLC는 전력선을 통신선으로 사용하여 전원과 통신신호를 다중화하여 전송하는 기술을 말한다. 한편, 국내 스마트그리드에는 원격에서 전기사용량을 검침할 수 있도록 원격검침 인프라(Advanced Metering Infrastructure, AMI)가 설치되고 있는데, 이때 검침정보를 주고받는 통신기술로 한국전력에서 국가표준(KS X 4600-1, 2006.5)을 개발하여 국제표준(ISO/IEC 12139-1, 2009.7)화시킨 HS PLC 기술이 채택되었다.

문제는 콤보기술이 채택한 HPGP PLC 통신표준(IEEE P 1901, 2010.12)과 국내 스마트그리드의 원격검침에 사용되는 HS PLC 통신표준(ISO/IEC 12139-1, 2009.7)이 동일한 주파수 대역을 사용하면서 상호 통신 간섭이 발생한다는 점이다. 산업통상자원부 산하 한국전기연구원에서 실시한 실험 결과에 따르면 콤보방식으로 급속충전하는 경우에는 문제가 없었으나, 완속충전의 경우, 스마트그리드 원격검침 데이터의 18.9%가 소

1) 미국자동차공학회(SAE, Society of Automotive Engineers)에서 개발한 전기차 충전시스템의 한 방식으로 북미형 5핀과 유럽형 7핀 방식이 있으며 BMW는 국내에 북미형 5핀을 채택하고 있다.
2) 전기의 생산, 운반, 소비 과정에 정보통신기술을 접목하여 공급자와 소비자가 서로 상호작용함으로써 효율성을 높인 지능형 전력망을 말한다.
3) 전기전자기술자협회(IEEE, Institute of Electrical and Electronics Engineers)의 단체표준이다. 2015년 5월 국제표준(ISO/IEC 15118-3)으로 승인되어 제정 준비(FDIS단계) 중이다.

실되어 정상적인 과금이 불가능한 것으로 드러났다. 향후 대부분의 전기차 충전이 가정에서 밤 시간에 완속충전으로 이루어질 것으로 전망되기 때문에 사실상 국내 스마트그리드 환경에서 콤보방식으로는 전기차 충전을 허용할 수 없는 것으로 드러났다.

이 논쟁은 국내 스마트그리드 보급사업이 아직 시험단계에 머물러 있는 상황에서 BMW가 완속충전에 당분간 PLC 통신 기반 서비스를 제공하지 않는 것으로 합의하고, 2014년 1월 29일 콤보기술이 한국자동차공학회의 단체표준[4] (KSAE SAE 1772-2040, 2014.1)으로 제정되면서 일단락되었다.

BMW의 전기차 i3가 국내시장에 진출하고, 그 충전방식이 표준으로 인정되는 과정에서 글로벌 전기차 충전 통신표준(IEEE P 1901, 2010.12)이 국내 스마트그리드 통신표준(ISO/IEC 12139-1, 2009.7)과 충돌한 이 같은 사례는 특정 산업에서의 표준화가 예상치 못한 다른 산업의 표준화 작업과 충돌을 일으킨 특이한 경우이다. 특히, 향후 사물인터넷(Internet of Things, IoT) 기술의 발전에 따라 이종 산업 간 융합현상은 더욱 확산될 것이다. 이는 표준 측면에서 지속적으로 새로운 쟁점들을 낳을 것이라는 점에서 이 연구의 의의가 있다. 또한 이종 산업 간 융합현상에는 단일 산업보다 더 많은 이해관계자가 복잡하게 상호작용할 것이므로 이해관계자 분석이 필요하다.

## 글로벌 전기차 충전표준 트렌드

최근 전기차 보급정책은 전기차 구매부담을 줄이기 위한 보조금 지급

4) 2015년 5월, 콤보 국제표준(2014.6 제정)이 대한민국 국가표준(KSRIEC 62196-3)으로 제정되었다.

을 넘어서, 전기차 사용을 편리하게 돕는 충전시설 확충으로 다변화되고 있다. 여러 종류의 충전설비가 존재하는 상황에서 설비 간 상호운용성(interoperability)을 보장하는 표준이 중요한 쟁점으로 부각되었다. 우선 충전 커넥터(일반 차량의 주유건에 해당)와 차량 인렛(일반 차량의 주유구에 해당)으로 이루어져 있는 충전 커플러 관련 표준(IEC 62196 시리즈)은 충전설비와 전기차 간의 인터페이스를 담당하고 있어 충전인프라 간 상호운용성을 보장하는 중요한 역할을 한다(〈그림1〉). 충전 설비와 관련해서는 직류의 경우 자동차 내부에 장착된 배터리 보호를 위해 충전을 제어해야 하고, 이에 따라 통신 프로토콜의 역할이 매우 중요하다. 통신 프로토콜은 크게 일본에서 제안한 CAN방식(IEC 61581-24, 2012.1)과 유럽과 미국에서 많이 활용하는 PLC방식(IEEE P 1901, 2010.12)이 있다.

〈그림1〉 전기차 충전 커플러 구성

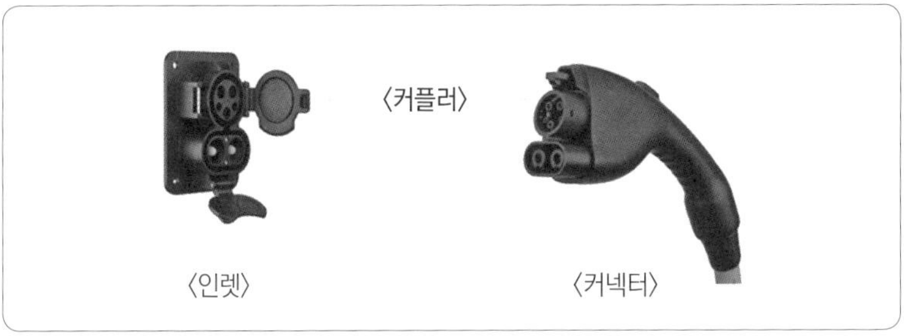

※ 자료: Zero Emission Motoring

전기차 충전방식은 충전속도에 따라 가정에서 완속충전에 사용하는 교류와 공공충전소에서 급속충전에 사용되는 직류로 나누어진다. 교류는 충전 커플러 형상에 따라 북미형 5핀(SAE J 1772, 2010.1)과 유럽형 7핀(IEC

62196-2, 2011.10)으로 나누어진다(〈표1〉). 직류는 일본이 주도하여 개발한 차데모(CHAdeMo)가 대표적이다. 최근에는 직류와 교류 겸용인 콤보(combo)방식이 빠르게 확산되고 있다(〈표2〉). 이러한 충전방식은 국가별로 상이한 표준이 채택되고 있다. 특히, 직류의 경우 차데모는 일본과 미국을 중심으로, 콤보는 유럽과 미국을 중심으로 확산되고 있다. 두 표준 모두 국제표준(IEC 62196-3, 2014.6)으로 인정받았다.

〈표1〉 교류(완속)충전

| 구 분 | AC 5핀 | AC 7핀 |
|---|---|---|
| 충전 커플러 형상 | | |
| 채택 국가 | 한국, 미국, 일본 | 한국, 유럽, 중국 |
| 관련 표준 | 한국(KSRIEC 62196-2, 2012.12)<br>미국/일본(SAE J 1772, 2010.1) | 한국(KSRIEC 62196-2, 2012.12)<br>유럽(IEC 62196-2, 2011.10)<br>중국(GB Part 2) |

※ 출처: 산업통상자원부, 2015

〈표2〉 직류(급속)충전

| 구 분 | 5핀 콤보(북미형) | 7핀 콤보(유럽형) | 차데모(직류) |
|---|---|---|---|
| 충전 커플러 형상 | | | |
| 채택 국가 | 미국, 유럽, 한국 | | 일본, 미국, 한국 |
| 관련 표준 | 미국 5핀 (SAE J 1772 DC, 2012.7)<br>유럽 7핀 (IEC 62196-3, 2012.12)<br>한국(KSRIEC 62196-3, 2015.5) | | 일본(JEVS G105-1993)<br>미국(SAE J 1772 DC)<br>한국(좌동) |

※ 출처: 산업통상자원부, 2015

글로벌 전기차 충전기술은 일본업체 주도의 차데모방식과 미국 및 유럽업체 주도의 콤보방식이 치열하게 경쟁하고 있다. 차데모는 2005년부터 도요타, 닛산, 미쯔비시 등의 자동차업체와 도쿄전력, 후지중공업 등으로 구성된 컨소시엄이 개발하여 보급하고 있다. 국제표준화 작업은 2009년 일본이 차데모방식을 미국 자동차공학회(Society for Automotive Engineers, SAE)의 표준(SAE J 1772 시리즈)으로 제안하면서 시작하였다. 차데모는 2009년 처음 상용화되어 2015년 5월 기준으로 글로벌 8,549개(일본 내 5,418개)의 충전시설이 보급되어 있다.

차데모의 미국 확산과는 별도로 미국 자동차공학회(SAE)는 2010년부터 독자적인 표준개발에 착수하여 급속충전표준 SAE J 1772 DC(2012.7)를 제정하였다. 이는 급속충전과 완속충전 플러그가 하나로 합쳐져 있어 DC 콤보 혹은 콤보라 불린다. 차데모가 CAN방식을 사용하는 것과 달리 PLC 방식 또는 무선방식을 채용하고 있다. 콤보는 2013년부터 보급이 시작되었으나 일본업체들을 견제하는 차원에서 GM, 포드, 폭스바겐, BMW 등 미국과 유럽의 완성차업체들이 적극적으로 채택하면서 사실상 업계 표준으로 인정받고 있다.

## 전기차 충전 통신표준과 스마트그리드 통신표준의 충돌

국내의 경우, 복수의 전기차 충전표준이 인정되고 있다(〈표3〉). 국제전기기술위원회(IEC)의 국제표준(IEC 62196-2, 2011.10)인 교류 5핀과 7핀은 2012년 12월에 국가표준(KSRIEC 62196-2)으로 인정받았다. 국제표준(IEC 62196-3, 2014.6)으로 인정받은 차데모는 2011년 11월에 이미 한국스마트그리드협회 단체표준(SGS 03-003-1885, 2011.11)으로 채택되었다. BMW와 한국GM이 지지한 콤보는 2014년 1월 29일 이전까지 국내 표준으로 인정받지 못했다.[5] 사실상 글로벌 전기차 충전표준으로 인정받고 있는 콤보방식을 국내표준으로 인정하지 않는 정책에 대해 업계 일각의 우려도 있었다.

〈표3〉 국내 자동차업체별 충전표준 채택 현황

| 구분 | 현대/기아 | 르노삼성 | 쉐보레 | BMW | 닛산 |
|---|---|---|---|---|---|
| 차량 모델 | 레이<br>쏘울 | SM3 | 스파크 | i3 | 리프 |
| 표준 | • 교류: 5핀<br>• 직류: 차데모 | • 교류: 7핀 | • 콤보 | • 콤보 | • 교류: 5핀<br>• 직류: 차데모 |

※ 출처: 산업통산자원부, 2015

국내 전기차 충전표준 이슈는 충전시스템의 통신방식에 있었다(〈표4〉). 전기차는 전력망과 데이터 교환[6]을 위한 통신이 필요한데 콤보(충전설비)가 사용하는 통신방식인 HPGP PLC(IEEE P 1901, 2010.12)와 국내 스마트그리드(전력망)의 원격검침(AMI)에 사용되는 통신방식인 HS PLC(ISO/IEC 12139-1, 2009.7)가 주파수 간섭을 일으켰다. 한국전기연구원의 실험에 따르면 콤보방식의 전기차를 완속충전할 경우, 18.9%의 데이터 손실이 발생하여 정상적인 과금이 불가능한 것으로 나타났다.

해외의 경우, 스마트그리드 원격검침으로 무선 셀룰러, ZigBee, 저속

5) 국내표준은 단체표준과 국가표준이 있으며 콤보는 한국자동차공학회의 단체표준(KSAE SAE 1772-2040, 2014.1)및 국가표준(KSRIEC 62196-3, 2015.5)으로 승인되었다.
6) 전기자동차 충전에 필요한 정보의 예로 충전의 시작(초기화)과 종료, 통신채널 설정, 과금 및 지불, 인증 및 보안, 충전제어 및 스케줄링, 차량 부가서비스가 있다(이현기, 2014).

PLC 등의 통신기술을 사용한다. 이 경우 콤보의 HPGP PLC 통신방식과 충돌을 일으키지 않는다. 그러나 국내 스마트그리드는 한국전력이 2009년에 개발하여 국제표준으로 인정받은 HS PLC방식을 사용하고 있다.[7] 콤보의 HPGP PLC 주파수 대역은 2~28MHz인데, 이는 국내 스마트그리드의 HS PLC의 주파수 대역인 2~24MHz와 중첩된다. 이 때문에 통신 간섭이 일어나고 데이터 손실이 발생하는 것이다.

〈표4〉 전기차 충전 통신방식

| 구분 | HPGP PLC (HomePlug GP) | HS PLC | G3-PLC |
|---|---|---|---|
| 표준화 단체 | IEEE P 1901 | ISO/IEC 12139-1 | ITU-T G.hn |
| 주파수 | 2~28MHz | 2~24MHz | 30~490KHz |
| PLC 칩 제조사 | 퀄컴 | 칩 개발 중 | TI MAXIM |
| 특징 | • 홈네트워크용을 변형하여 전기차용으로 개발<br>• BMW 등 주요 자동차 업체들이 전기차용으로 적용 | • 한국전력이 스마트그리드 통신을 위해 개발, 2009년에 국제표준으로 제정<br>• 전기차 충전 통신표준화 추진 | • 해외 전력회사들의 AMI 솔루션 |

※ 출처: 박주승, 2014

국내 스마트그리드 통신표준이 해외와 다르게 결정된 이유는 국내 표준의 글로벌화 정책에서 비롯된 것이다. 정부는 국내의 스마트그리드 통신표준인 HS PLC에 전기차용 칩을 추가로 개발하여 전기차 충전 통신의 국제표준(ISO/IEC 15118-3)으로 제정하는 방안을 추진했다. 하지만 설사 한국

7) 2013년 기준 전국 250만호에 적용하였고, 2020년까지 2,000만호에 설치할 예정이다.

전력의 HS PLC 방식이 전기차 충전 관련 국제표준(ISO/IEC 15118-3) 중 하나로 인정된다고 하여도 글로벌 양대 전기차 표준인 콤보는 HPGP PLC 방식을, 차데모는 CAN(ISO/IEC 61851-24,2012.10) 방식을 이미 채용했기 때문에 국내에서 개발된 HS PLC 표준을 상용화해줄 전기차 시장은 극히 제한적이었다. 일부에서는 한국전력에서 개발한 국내 HS PLC 자체가 국제표준으로 인정받기는 했지만 기술경쟁력이 떨어진다고 평가하기도 한다.

사실 콤보방식의 국내 통신간섭 문제는 2012년부터 인지되었다. 산업통상자원부와 국가기술표준원은 이를 해결하고자 많은 노력을 기울였다. 〈표5〉를 보면 콤보방식의 통신간섭을 둘러싼 논란은 2012년 초부터 제기되어 2014년 1월 29일 한국자동차공학회 단체표준(KSAE SAE 1772-2040, 2014.1)으로 인정되기까지 오랜 시간 지속되었다. 이렇게 논란이 계속된 이유는 국내 전기차 시장을 둘러싼 다양한 이해관계자들의 복잡한 역학관계 때문이었다.

〈표5〉 국내 전기차 표준 이슈 해결을 위한 정부의 노력

| | 주요 활동 |
|---|---|
| 2011.1 | 전기자동차 표준화 추진협의회 출범(당시 지식경제부) |
| 2011.4 | 전기차 표준코디네이터 선발(국가기술표준원) |
| 2012.1 | ISO와 IEC에 국내 통신 간섭 문제 제기 |
| 2012.6 | 난징회의에서 국내 AMI 현황 설명 |
| 2013.4 | 니스회의에서 독일자동차업체들과 테스트 진행 결정 |
| 2013.5 | 벤츠, BMW, 폭스바겐과 공동실험 실시 |
| 2013.9 | 전기차 전장품 표준 담당 ISO TC22/SC3에 문제해결 요청 |
| 2014.1 | DC콤보의 표준제정절차 위반에 대한 공식입장 표명 |

※ 출처: 김무홍, 2011

국내 전기차 충전표준 이슈에는 정부기관, 전력회사, 자동차업체 등 다양한 이해관계자들이 존재한다. 이들은 브리스 외(de Vries, Verheul, & Willemse, 2003)의 '7가지 이해관계자 유형'으로 분류가 가능하다.

브리스 외(de Vries, Verheul, & Willemse, 2003)는 영향력, 정당성, 시급성에 기반을 두고, 표준화 과정의 맥락에서 이해관계자 유형을 '7가지 유형(〈이해관계자 분류〉 그림 참조)'으로 분류한다. 영향력은 해당 영역에서 독점적인 기능을 발휘하는지 여부로 판단한다. 정당성은 실제 이해관계자가 기여(contribution)를 했는가, 요구가 공익성을 갖거나 다른 이해관계자들에 의해 수용되고 있는가, 법적 혹은 규범적 타당성을 갖는가 등을 종합적으로 판단한다. 시급성은 이해관계자의 요구에 대한 즉각적인 주의의 필요성으로 판단할 수 있다.

〈7가지 유형의 이해관계자 분류〉

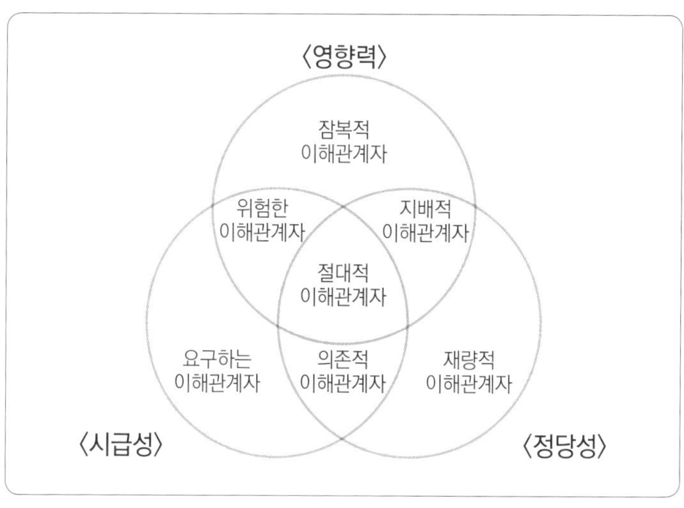

첫째는 '잠복적(dormant) 이해관계자'이다. 해당 집단은 표준화 과정에 영향력을 행사할 수 있는 능력을 가졌지만, 이러한 개입의 정당성을 확보하지 못하였고, 그럴 필요성에 대한 시급함 역시 느끼지 못한다. 둘째는 '재량적(discretionary) 이해관계자'이다. 이들은 영향력과 시급성이 부재하지만, 표준화 과정에 그들이 참여하는 것에 대한 정당성을 다른 이해관계자들로부터 인정받을 수 있다. 예를 들어, 연구기관 또는 관련 산업의 중소기업들이 이에 해당된다. 셋째는 지나친 '요구를 하는(demanding) 이해관계자'이다. 이 집단은 영향력과 정당성 없이 관련 쟁점의 시급성만 강조하여, 자신들의 의견을 관철시키려 한다. 상기 세 가지 유형처럼 영향력, 정당성, 시급성 각각의 특성만 가지고 있는 집단을 '잠재적(latent) 이해관계자'라고 부른다. 이들은 현재 상대적으로 덜 주목받고 있지만, 다른 특성과 결합할 경우, 다른 이해관계자들의 주의를 끌 수 있는 행위자들이다.

넷째는 '지배적(dominant) 이해관계자'이다. 이들은 영향력과 정당성을 보유하고 있지만, 현 시점에서 표준화 과정에 당장 참여해야 할 필요성을 느끼지 못한다. 지배적 행위자 참여는 해당 표준의 품질뿐만 아니라, 향후 표준의 시장보급에 영향을 미치기 때문에, 표준화기구 입장에서는 이러한 행위자에게 표준화 필요성의 시급함을 인식시켜 표준화 참여를 유도하는 것이 매우 중요하다. 다섯째는 '위험한(dangerous) 이해관계자'이다. 이 집단은 정당성이 부재한 상태에서 영향력과 시급성을 가지고 있어서, 일방적으로 자신들의 의사를 관철시키려는 경향을 띤다. 여섯째는 '의존적인(dependent) 이해관계자'이다. 해당 행위자들은 정당성과 시급성이 있음에도 불구하고, 영향력이 부족하기 때문에, 다른 이해관계자에 의존하여 의사결정 과정에 영향을 끼치려는 시도를 한다. 많은 경우, 이들은 재정적 지원, 기술적 전문지식 등 자원의 부족 현상을 겪고 있다. 예를 들어 중소기업들이 이에 해당한다. 이와 같이 두 가지의 속성을 중첩적으로 보유하고 있는 행위자를 '대망적(expectant) 이해관계자'라고 한다. 이들은 공통적으로 무엇인가를 기대하고 있으나, 의사결정 과정에 참여하는 자세는 속성의 결합에 따라 적극적 또는 소극적으로 나누어진다.

마지막으로 영향력, 정당성, 시급성의 세 가지 속성을 모두 갖춘 행위자를 '결정적(definitive) 이해관계자'라고 칭하고, 이들은 표준화 과정에 주도적으로 참여하여 핵심적인 역할을 담당한다. 대부분의 경우 대망적 이해관계자들이 부재했던 나머지 하나의 속성을 획득하면서 결정적 이해관계자로 변하게 된다. 예를 들어, 영향력과 정당성을 보유하여 표준 관련 공동체에서 지배적 이해관계자로 간주되던 기업이 특정 표준화 과정 참여에 대해 시급성을 인식하고, 표준화와 관련한 그들의 요구에 대해 다른 이해관계자들의 주의를 끌기 시작하면, 결정적 이해관계자로 탈바꿈하게 된다.

① 대망적 이해관계자 첫째, 국가기술표준원(이하 국표원)은 영향력과 정당성을 가진 지배적 이해관계자에 속한다. 국표원은 산업통상자원부 소속의 국가표준 제정을 관장하는 기관으로 산업표준화법 제5조에 따라 산업표준을 제정, 개정 또는 폐지할 수 있다. 해당 기관은 콤보 국내 표준화에 관해 법적 정당성을 확보하고 있을 뿐만 아니라, 콤보 표준제정 시 심의과정 중 전문위원회 위원 구성에 영향력을 미칠 수 있다. 국표원은 초기에 콤보의 국내 표준 인정을 반대했는데, 그 정당성을 법적 타당성에 근거하였다. 즉, 국제표준화 추진 중에 있었던 콤보의 HPGP(2014.6 국제표준으로 제정)는 2009년에 국제표준으로 인정받은 한국전력의 HS PLC에 영향을 미치므로 콤보가 국제표준 제정절차를 위반한 것이라는 논리를 내세웠다(박주승, 2014). 한국과 같은 WTO회원국은 WTO협정상의 국제표준과의 조화원칙(TBT협정 제2.4조)에 따라 국내표준 제정 시 ISO와 IEC와 같은 국제표준화기구에서 합의된 국제표준에 기초하여 표준을 제정할 의

무를 지닌다(김동휴 외, 2013). 그러나 인터뷰에 응한 전문가들(정부부처 담당자 제외)을 포함하여 업계의 시각은 사실상 업계의 표준으로 자리잡아가고 있던 콤보의 위상을 고려할 때 회의적이었다(정태영, 2013).

둘째, 한국전력 또한 지배적 이해관계자에 포함된다. 국내 전력공급에 있어 독점적 지위를 누리고 있는 한국전력은 '제주 스마트그리드 실증사업'에 적극적으로 투자하며(전체 사업예산의 10%인 239억원) 차세대 국가전력망사업에 영향력을 미치면서 대규모 투자를 통해 이해관계에 관한 정당성을 확보한 이해관계자이다. 또한 전력 시장에서 스마트그리드가 차지하는 비중에 비해 전기차 충전설비의 전력 수요가 차지하는 부분은 상대적으로 미미하다. 한국전력은 전력산업에서 스마트그리드의 중요성을 강조하며, 전기차 콤보의 PLC 통신 프로토콜 채택으로 인해 스마트그리드 시스템이 불안정해져서는 안 된다고 주장하였다. 국표원 역시 한국전력 주장의 정당성을 지지하였다(박주승, 2014).

셋째, BMW는 정당성과 시급성을 가진 의존적 이해관계자 유형에 속한다. 한국수입자동차협회의 발표에 따르면 2014년 국내 수입차 시장점유율은 13.9%이며, 이중 BMW가 차지하는 비중은 20% 내외였다. 전기차 시장에는 이제 막 새롭게 진출하는 과정이었기 때문에 영향력이 적었다. BMW는 콤보가 사실상 글로벌 표준으로 자리잡아가고 있다는 점을 들어 정당성을 어필했다. 즉, 콤보를 국내 표준으로 인정하지 않을 경우, 국내 전기차 시장은 갈라파고스화될 것이고 전기차 시장이 활성화되기 어려워질 것이라는 주장이었다(김효준, 2013). BMW는 국내 유통업체 이마트와의 협력을 통해 직접 충전인프라를 확대할 계획을 발표하는가 하면 제주도에 전기차 충전기 30대를 기부하는 등 정당성을 높여갔다(조인철, 2013). 이러한 공격적 행보와 더불어 각종 언론보도와 전기차행사를 통해 자신들의 목소리를 높여갔다. 이는 BMW의 '시급성'을 보여주는 행위로 볼 수 있다.

② 잠재적 이해관계자 첫째, 영향력만 가진 잠재적 이해관계자에는 환경부와 현대·기아차가 해당된다. 우선, 국내 전기차 보급 주무부처인 환경부는 콤보의 국내 표준화에 영향력을 가졌다. 또한 전기차 구매에 대한 보조금 지급과 함께 전기차 충전인프라 확충에도 힘쓰고 있었다. 전기차 1대당 1,500만원의 국고보조금을 지급하는 한편, 전기차 1대 구매 시 완속 충전기 1대를 무상으로 설치해주었다. 또한 전국 주요거점에 차데모방식의 급속충전인프라 구축을 추진했다. 콤보방식에 대해서는 국내 표준 인정 이후에 함께 설치한다는 입장이었다(박광칠, 2013). 즉, 영향력은 있었지만 정당성 평가의 대상이 되는 어떠한 요구도 제시하지 않았기에 정당성은 없었다고 볼 수 있다. 또한 환경부 입장에서 콤보의 국내 표준화 여부가 국내 전기차 보급성과를 좌우할 만큼 시급성을 띤 사안도 아니었다.

또 다른 잠재적 이해관계자로는 국내 시장점유율의 70% 내외를 차지하는 현대·기아차를 들 수 있다. 이 두 회사는 자동차 관련 국내의 모든 이슈에 영향력을 행사할 수 있다. 그러나 현대·기아차는 환경부와 마찬가지로 콤보표준에 대해 찬성 혹은 반대의 요구를 내세운 적이 없었기 때문에 정당성은 없었다고 평가할 수 있다. 이들이 콤보표준화에 무관심했던 데에는 이유가 있다. 인터뷰에 응한 현대차 관계자에 따르면 현대차는 2010년 9월 양산형 전기차 블루온을 개발한 바 있으나, 이후 친환경차 전략방향을 전기차 대신 하이브리드차와 수소연료 전지차 개발로 전환하였다. 기아차는 쏘울과 레이의 전기차모델을 생산하고 있으나 카셰어링 서비스업체를 대상으로 하는 법인판매가 주를 이루고 있었다. 무엇보다 양사 모두 차데모방식을 사용하고 있어 국내 전기차 보급에 아무런 문제가 없었다. 현대·기아차는 시급성도 없었다. 국내 전기차 시장이 아직 초기단계였고, 따라서 수입 전기차에 대한 방어 차원의 고민도 필요 없었다. 해외 시장 진출과 관련해서도 콤보형 전기차를 생산하는 것이 크게 어려운 일이 아닌 것으로 판단하고 있었다. 영향력을 행사할 수는 있었지만 시급성과 정당성이 없었던 현대·기아차는 국내 전기차 충전표준을 논의하는 자리에 적극적으로 참여하지 않았다.

둘째, 정당성만 보유한 재량적 이해관계자 그룹에는 다수의 이해관계자들이 속해 있었다. 우선 콤보의 국내 표준화를 주장했던 한국GM이 여기에 속한다. 한국GM은 2014년 12월 기준 내수 자동차 시장점유율이 9.2%였으며(서정훈, 2015), 전기차로는 스파크 한 모델만 출시한 상황이었다. 한국GM의 경우 피앤이솔루션, 시그넷시스템, 한화테크엠과 협력하여 스파크 전기차 전용 급속충전기를 개발하는 등(안희민, 2014) 국내 전기차 및 충전설비 보급에 기여를 하였다. 이에 따라 자신들이 사용하는 콤보방식이 국내 표준으로 인정되지 않을 경우, 이로 인한 손실위험이 존재하였다. 이는 한국GM의 콤보의 국내 표준화 제정요구에 대한 정당성을 보여준다. 하지만 한국GM도 BMW와 마찬가지로 영향력이 약한 입장이었고 시급성이 보일만한 행보를 보여주지 않았다. 이외에도 연구기관인 한국전기연구원, 아직 니치 마켓인 전기차 소비자, 한국전력이 지원하는 스마트그리드협회가 정당성은 갖지만 영향력과 시급성이 없는 이해관계자그룹에 속한다.

셋째, 시급성만 가진 요구하는 이해관계자에는 전기차 충전사업자들이 속해 있었다. 국내 충전설비 제조사나 충전인프라 관련 협의체인 전기차 충전인프라 위원회에서는 콤보의 국내 표준화에 적극 찬성하였다(정태영,

2013). 충전설비 제조사의 입장에서는 해외 시장 진출의 기회가 걸려있고, 충전인프라 운영사업자의 입장에서는 해외 완성차업체들이 국내에 진입해야 시장이 활성화되기 때문에 시급성을 갖고 언론보도와 각종 행사를 통해 목소리를 높였다. 그러나 규모가 영세한 이들의 영향력은 미미했고, 정당성 또한 자신들의 사업성에 근거하였기 때문에 널리 인정받지는 못했다.

이외에 미래부와 르노삼성은 이해관계자에 포함시키지 않았다. 통신표준에 있어서는 미래부가 영향력을 가지지만 전기차 충전 통신과는 크게 관련이 없었다. 르노삼성은 SM3 전기차 모델을 생산하고 있었으며, 제주도 전기차 실증사업에 적극 참여하고 있었다. 그러나 충전표준으로 교류 7핀을 사용하고 있어 통신 간섭 문제와 무관했으며 어떠한 요구도 하지 않았다. 국내 자동차 시장점유율이 높지 않아 상대적으로 영향력이 강

〈그림2〉 콤보 국내 표준화 과정의 이해관계자 분류

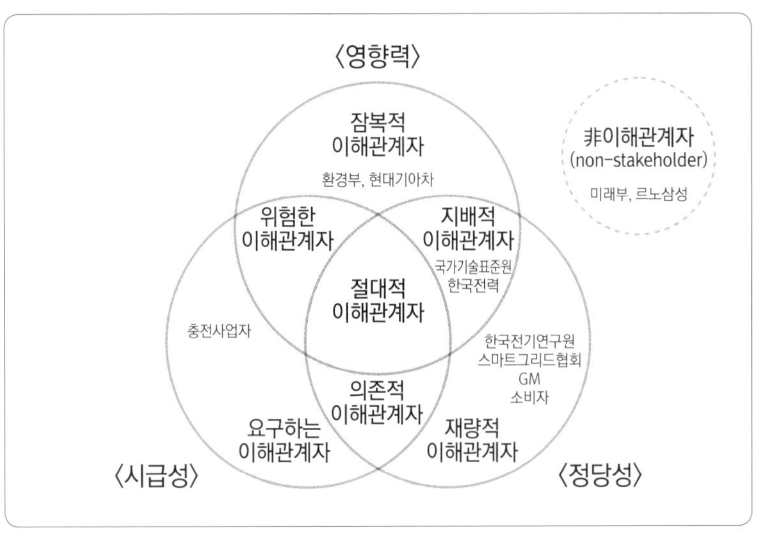

하지 못했을 뿐 아니라 해당 문제와 무관한 위치였기에 시급성도 없었다. 르노삼성은 콤보의 표준화 이슈와 관련하여 관찰자적 입장을 취했다(박정호, 2013).

## 미래 융합산업에서는 표준화 과정의 복잡성 급증

콤보의 HPGP PLC(IEEE P 1901, 2010.12)와 국내 스마트그리드의 HS PLC(ISO/IEC 12139-1, 2009.7) 간 통신 간섭 문제와 관련하여 기술적인 문제가 근본적으로 달라지지 않은 상황에서 2년이 지나, 콤보가 한국자동차공학회 단체표준(KSAE SAE 1772-2040, 2014.1)으로 제정될 수 있었던 이유는 다양한 이해관계자들 간의 복잡한 역학구조 때문이었다. 이 같은 사례를 '이해관계자 이론'을 활용하여 분석한 결과, 다음과 같은 시사점을 얻을 수 있었다.

첫째, 이해관계자 이론을 통해 사례를 분석하는 과정에서 융합산업 표준제정과정의 복잡성을 이해할 수 있다. 일반적으로 전기차 시장을 융합산업으로 보지는 않는다. 그러나 앞에서 다룬 사례에서는 서로 다른 산업이 융합되면서 발생한 문제임을 알 수 있다. 전기를 수급받는 전기차(자동차산업)의 충전시스템 관련 통신표준과 전기차뿐 아니라 모든 수요처에 전기를 공급할 미래 국가전력망인 스마트그리드(전력산업)에 사용되는 통신표준이 서로 충돌하였기 때문이다. 또한 영향력, 정당성, 시급성을 중심으로 이해관계자들의 성격을 파악하고 관계를 분석해 보니, 핵심이 되는 이해관계자 중 서로 직접적으로 대립하는 이해관계자가 서로 다른 산업에 속한 한국전력과 BMW임을 알 수 있었다. 만약 현대·기아차와 BMW의 대립으로 규정되었다면 이는 융합산업이 아닌 기존 자동차산업의 이슈였을 것이다.

또한 한국전력과 BMW를 영향력, 정당성, 시급성 차원에서 비교·분석하는 과정에서 향후 산업 간 융합이 활성화될 경우 표준화 과정의 복잡성이 급증할 것임을 예상할 수 있다. 예를 들어 영향력 차원에서 보면 대립하는 이해관계자 사이에서 한쪽의 영향력이 커지면 쉽게 의사결정이 내려질 것이다. 그러나 서로 다른 산업에 포진해 있는 이해관계자 간의 대립에서는 영향력 크기를 예측하기가 어렵다. 정당성 차원에서는 서로 다른 영역에서의 정당성을 논하게 될 것이다. 글로벌 전기차 충전표준 경쟁에서 콤보와 차데모의 사례를 보면 기술적 우수성, 안전성, 네트워크효과 등 동일한 영역에서 평가를 통해 정당성의 정도를 비교·판단할 수 있다. 그러나 앞의 사례와 같은 융합산업에서는 각 이해관계자가 주장하는 정당성의 영역이 서로 달라 비교·판단이 어렵다. 예를 들어 전기수요처로서 BMW가 가지는 기여가 작다는 한국전력 측의 정당성 주장과 국내 전기차 시장 활성화에는 콤보의 국내 표준인정이 필요하다는 BMW와 관련 이해관계자들의 정당성 주장을 직접 비교하기는 어려운 것이다. 향후 사물인터넷과 같은 정보통신기술이 진화하면서 서로 다른 제품들이 연결되는 가운데 전기차 충전 통신표준과 같은 융합산업 표준제정 사례와 표준 충돌 이슈들이 증가할 것임을 예상할 수 있다.

둘째, 이해관계자 이론에 기반을 둔 사례분석은 표준화 과정에서 중요하고 결정적인 역할을 담당하는 이해관계자가 되는 것과 관련하여 전략적 시사점을 제공한다. 국내 전기차 시장에 진입을 결정한 시점에서 콤보 국내 표준화에 관한 시급성을 가진 BMW는 자신이 부족했던 정당성을 키우기 위해 국내 전기차 시장 활성화와 국내 전기차 충전설비에 대한 투자를 증대시켰고, 영향력 역시 강화하기 위해 이마트, 포스코ICT 등 국내 기업들과 협력을 강화하는 전략을 취하였다. 그리고 콤보의 국내 표준 제정과 관련하여 자신과 유사한 이해관계를 가진 행위자들(예를 들어 전기차 충전인프라 위원회)과 협력하여 의견을 제시하였다. 이 같은 사례분석은 향후 기업들이 표준화전략 수립 시 이해관계자 이론의 영향력, 정당성, 시급성 개념을 통해 자신들이 부족한 부분을 채움으로써 결정적 이해관계자가 되는 것과 관련한 전략을 수립하는 데 기여한다. 또는 다른 이해관계자들의 특성을 파악하여 표준화에 관한 자신들의 요구를 관철시킬 때 타 이해관계자와의 협력전략을 수립하는 데도 유용하다.

셋째, 이해관계자들의 속성은 다른 이해관계자들과 상호작용하면서 지속적으로 변화할 수 있기 때문에, 이에 대한 대응이 필요하다. BMW는 국내 전기차 시장이 성장하기 위해서는 콤보 충전기술의 국내 표준 제정이 시급하다는 것을 인식하고, 콤보 국내 표준(특히 국가표준) 제정을 적극적으로 요구하였다. 그리고 자신의 요구를 관철시키기 위해 정당성을 높이는 활동을 지속적으로 진행하였다. 이에 따라 기존 한국전력의 주장을 지지하여 콤보기술의 국내 표준화를 반대하던 국가기술표준원의 입장도 점차 변해갔다. 한편, 해외시장에서 한국전력이 개발한 HS PLC표준이 실제 채택되어 상용화된 사례가 없음에 따라, 국내 스마트그리드 설비업체들은 설비제조 시 내수용과 수출용을 별도로 제조해야 하는 어려움을 무릅쓰고 HS PLC표준을 지지할 이유가 없었다. HS PLC에 대한 한국전력 요구의 정당성은 시간이 지남에 따라 상대적으로 약해졌고, 이에 따라 국가기술표준원은 통신 간섭이라는 기술적 문제를 해결하지 못한 상황에서도 BMW 요구의 정당성을 수용하는 방향으로 입장을 선회하게 되었다. 이는 정당성과 같은 이해관계자의 특성이 고정되어 있는 것이 아니라 다른 이해관계자의 요구와 행위에 따라 언제든 변화할 수 있다는 것을 의미한다. 따라서 이 변화 가능성을 인식하고, 이에 대한 대응전략을 수립하는 것도 중요하다.

## 융합산업시대, 체계적인 이해관계자 파악과 분석틀 요구

2012년부터 2014년 초까지 국내 전기차 시장에서 논란이 되었던 콤보와 스마트그리드 표준 간 충돌사례를 이해관계자 이론을 활용하여 분석해 봤다. 이 사례의 중요성은 일반적인 표준화 과정에서의 경쟁 및 갈등의 양상과는 달리, 서로 상이한 산업에 속하는 이해관계자들이 표준을 둘러싸고 갈등을 겪게 되었다는 사실이다. 즉, 국내 스마트그리드사업을 주도하는 한국전력과 독일의 자동차기업인 BMW가 예상하지 못한 의외의 곳에서 충돌을 빚게 된 것이다.

이는 일개 산업 자체 내의 표준경쟁만이 아니라, 융합산업시대에 있어서 타 산업의 표준(전기차 충전표준 대 스마트그리드 통신표준)과의 충돌 가능성과 조정의 필요성을 부각시키는 의미있는 사례이다. 특히, 사물인터넷 (Internet of Things, IoT)으로 대변되는 융복합시대에는 각기 다른 산업에서 발전되어온 기술들이 하나의 플랫폼으로 연결되어야 한다. 이를 위해서는 각 산업이나 부문에서 이용되던 표준들이 상호운용될 필요성(interoperability)이 늘어나고, 자연히 이들 간의 표준을 둘러싼 충돌과 갈등이 더욱 자주 발생할 수 있다.

특히, 이러한 융합산업 간 표준 충돌에서는 일개 산업 내 표준경쟁보다 이해관계자의 숫자가 훨씬 많을 것이고, 이들 사이의 대립 또는 상호작용하는 양상이 더욱 복잡하기 때문에 이를 분석하기 위해서는 체계적인 이해관계자 파악과 분석틀이 요구된다.

INSIGHT 03

# 미래산업 이끌 '모듈성'과 '인터페이스 표준'

글 | 김동휴(연세대학교 국제학대학원, hugh1225@gmail.com)
강병구(고려대학교 경영학부, bgkang@korea.ac.kr)
김철식(연세대학교 동서문제연구원, chulsk1@naver.com)

최근 사물인터넷(Internet of Things)과 같이 정보통신기술이 다른 산업의 제품들과 결합하여 새로운 기능을 제공하고 있다. 모듈성은 기술 융합을 촉진하는 데 중요한 역할을 하고 있고, 이는 조직 간의 관계뿐만 아니라 산업 내의 경쟁 구조에도 영향을 미치고 있다. 모듈성이 조직체계와 산업 내 지배구조에 영향을 미치는 데 있어서 핵심 요인은 개별 모듈 간의 연계를 담당하는 인터페이스 표준이다. 모듈성과 인터페이스 표준에 관한 연구들은 기술 체계와 조직 체계 간의 상호 작용과 이로 인해 산업의 역학 구도가 변화하는 과정을 설명하고 있어서, 상기 언급한 현상을 이해하는 데 도움이 될 수 있다. 또한 이들 간의 개방형 인터페이스 표준을 설정하는 것은 향후 새로운 스타트업 기업들이 개발한 모듈이 여러 분야의 산업에 적용될 수 있도록 산업 환경을 조성하는 데 중대한 기여를 할 것이다.

※ 이 글은 2015년 한국표준협회가 주관한 〈제3회 표준정책 마일스톤 연구-국가의 미래전략과 표준〉의 지원을 받아 수행된 연구 논문 '표준화 정책 측면에서 모듈성 연구: 전자산업과 자동차산업 비교 분석'을 칼럼 형태로 재작성한 것입니다. 참고문헌은 한국표준협회(www.ksa.or.kr)에서 확인할 수 있습니다.

최근 모듈성에 대한 연구가 활발히 진행되고 있다. 모듈성은 모듈 간의 연계를 담당하는 인터페이스 표준을 통해 조직과 산업 구조에 영향을 미칠 수 있다. 인터페이스 표준이 특정 조직에 의해 일방적이고 폐쇄적으로 결정될 때, 특정 조직을 정점으로 하는 위계적 산업 지배구조가 형성될 수 있다. 저자들은 모듈화를 통해 핵심기술과 제조 역량을 특화한 공급업체들이 자율성을 가지고 기존 브랜드 대기업과 대등한 거래관계를 형성해나가는 분권적 산업 지배구조를 위해서 개방적 인터페이스 표준의 역할을 강조하고자 한다.

이러한 점을 보여주기 위해 이 글에서는 모듈형 아키텍처를 완전히 도입하여 정착한 가운데 분권화된 산업 지배구조가 나타나고 있는 전형적인 사례로 많이 다루어지고 있는 전자산업과, 현재 모듈형 아키텍처가 도입되고 있지만 여전히 집권적 산업지배구조를 형성하고 있는 자동차산업의 사례를 비교 분석하고자 한다. 모듈성과 관련된 두 개의 사례에 대한 비교 분석은 향후 개방적 산업 지배구조 형성을 위한 표준화 정책의 방향에 대해 중요한 함의와 시사점을 제공해줄 것으로 생각한다.

## 제품생산의 효율을 높이는 모듈형 아키텍처

모듈성(modularity)은 복잡성(complexity)을 제어하기 위해 설계된 체계에서 나타나는 특성이다. 기술의 진화에 따라 체계(system)를 구성하고 있는 요소 간의 상호 작용이 증가하게 되었고, 이로 인해 나타난 체계의 복잡성을 제어하기 위해 구성 요소들을 하위 체계(sub-system)로 분할하는 모듈화(modularization)에 대한 관심이 늘어났다. 모듈화는 체계의 분할가능성(decomposibility)에 기반을 두고 있다. 이는 하위 체계 내(within)의 상호의존성(interdependency)이 증가하고, 하위 체계 간(among)의 상호의존성이 감소함을 의미한다. Simon(1962)은 하위 체계 간의 상호의존성이 무시할 정도는 아니지만, 약한(weak, but not negligible) 수준을 거의 분할 가능한(nearly decomposable) 체계라고 설명하였는데, 이러한 체계에서는 단기적으로 각각의 하위 체계가 서로 거의 독립적으로 행위하며, 장기적으로는 하위 체계의 행위는 오직 전체 체계에만 의존하게 된다.

구성 요소의 분리가능성(separability)뿐만 아니라 결합가능성(combinability) 역시 모듈화의 중요한 특성이다(Salvador, 2007). 분할 가능한 체계를 설계할 경우 구성 요소들을 목적에 따라 다르게 재조합(mix and match)하는 것이 가능해지고, 이는 체계의 다양한 변이를 가져오게 된다. 구성 요소들을 여러 가지 형태로 조합할 경우, 특정한 형태로의 배치(configuration)는 다른 형태로의 배치보다 체계의 목적을 달성하는 데 더 적합할 수 있다.

기능을 각 부품들에 배치하는 방식, 그리고 부품 간의 상호의존정도에 따라 제품 아키텍처는 크게 모듈형 아키텍처(modular architecture)와 통합형 아키텍처(integral architecture)로 구분할 수 있다(Ulrich, 1995). 모듈형 아키텍처는 기능적 요소와 구조적 요소 간 일대일 연계(one-to-one mapping)를 전제로 한다. 이처럼 하위 체계의 경계가 기능에 의해 설정되어 기능 모듈을 형성하고, 모듈 내부의 모든 요소가 하나의 기능을 실행하기 위해 설계되는 것을 기능 결집(function binding)이라고도 부른다(Salvador, 2007). 반면 통합형 아키텍처에서는 구조적 요소와 기능적 요소 간의 일대일 연계가 되지 않고, 구성 요소 간의 섬세하고 치밀한 상호조정을 통해 성능 최적화를 달성하고자 한다.

모듈형 아키텍처에서는 모듈의 재조합 가능성으로 인해 여러 가지 형태의 제품 구현이 가능하게 되고, 이는 다양한 고객의 수요를 만족시키는 대량맞춤화(mass customization)로 연계된다. 모듈형 아키텍처는 또한 동시에 각종 제품 구현을 시도하는 것을 가능하게 하여, 시행착오를 통한 학습기간을 단축시키는 효과를 발생시킨다(Langlois&Robertson, 1992). 대규모의 고객 피드백과 시행착오를 통한 학습은 복잡한 체제의 성능 최적화뿐만 아니라 체제의 진화에 있어서 필수적인 요소이다. 빠르게 진화하는 기술 체계 내에서 새롭게 제품의 아키텍처를 설계하는 것보다 기존의 모듈을 재사용하는 것이 가격 대비 성능의 비율(가성비)이 높은 경우, 모듈형 아키텍처를 채택하는 경향이 높아진다.

### 기술과 조직을 연결하는 핵심은 인터페이스 표준

모듈성에 대한 상당수의 연구는 제품 아키텍처와 조직 체계에 초점을 두고 진행되어 왔다. 실제로 기술 체계와 조직 체계는 밀접하게 연계되어 있다. 제품 아키텍처(기술 체계)가 조직 체계에 영향을 미치는 것을 '거울 가설'(mirroring hypothesis)이라고 한다(Cabigiosu&Camuffo, 2012). 제품 체계가 조직 체계에 거울처럼 반영된다는 것이다.

모듈형 아키텍처 제품은 표준화된 부품 인터페이스를 통해 부품 간의 상호작용을 규율하는 규칙을 제공하는데, 이로 인해 제품개발과정에서 부품 간 조정을 위한 중앙집중적 경영통제를 사용할 필요성이 줄어들게 된다. 또한 느슨하게 연결된(loosely coupled) 조직 구조에 의해 조직 내 서로 다른 하위부서에서 동시적이고 자율적인 부품개발이 가능해진다(Sanchez&Mahoney, 1996).

여기에서 인터페이스 표준의 역할에 주목할 필요가 있다. 제품 아키텍처 내의 모듈이 분할되고, 재결합되기 위해서는 표준화된 인터페이스 설립이 필수적이다. 구성 요소들을 분리시키는 인터페이스(decoupled interface)는 모듈형 아키텍처의 핵심 요소로서 각 모듈 내의 변화가 다른 모듈에 영향을 미치는 것을 차단하는 역할을 한다.

인터페이스 표준은 하나의 모듈이 다른 모듈에 어떻게 연결되는 지를 명시함으로써(예를 들어, 하나의 모듈에서 요구되는 출력(output)에 관한 정보 구조) 모듈 간 상호연결성(interconnectivity)을 보장하고, 모듈 간의 작동에 있어서 상호 제어를 가능하게 하는 상호운용성(interoperability)을 확보할 수 있게 된다.

인터페이스 표준은 모듈 간의 상호 작용에 관한 설계 파라미터를 가시적으로 명시하고, 모듈에 관한 나머지 설계 파라미터는 모듈 내부에 숨겨지게 된다. 이에 따라 기업의 경쟁 우위는 인터페이스 표준을 설정하거나, 핵심 설계 정보를 모듈에 숨김으로써 획득할 수 있게 된다(Baldwin&Clark, 1997).

인터페이스 표준이 수행하는 이와 같은 역할은 모듈형 아키텍처에서 기술과 조직을 연결하는 핵심 기제가 된다. 인터페이스 표준은 조직 내 관계뿐만 아니라 조직 간 관계에도 중요한 영향을 미친다. Sanchez&Mahoney(1996)에 따르면, 표준화된 인터페이스는 조정 과정을 내재화(embedded coordination)하고 있어서 제품 개발 과정 중 조정을 위한 관리 감독의 필요성을 감소시키며, 이는 조직의 구조를 느슨하게 결합된(loosely coupled) 형태로 변화시킨다. 성문화(codified)된 인터페이스 표준을 준수하면 조직 간의 상호의존성이 감소되어 조정과 통제의 필요성이 낮아지고, 이는 생산의 하위 체계 외주화(outsourcing)를 용이하게 한다.

### 산업 내 지배구조와 인터페이스 표준

정책적 측면에서 모듈성과 인터페이스 표준에 관한 제도적 이슈의 핵심은 기업 간 관계를 포괄하는 산업 내의 지배구조이다. 지배구조는 통제(control)의 권한이 소수의 행위자에게 집중화되어 있는 정도에 따라 집권적 또는 분권적(centralized or decentralized) 구조로 유형화될 수 있다.

Langlois&Robertson(1992)은 일본의 자동차산업과 같이 생산 네트워크에서 행위자 간의 연결고리가 소수의 주도기업에 집중되는 것을 집권적 네트워크 구조라고 간주하였고, 이러한 구조 하에서는 주도기업들이 인터페이스 표준을 설정하게 되고, 그 반대인 분권적 네트워크 구조 하에서는 시장 메커니즘이나 행위자들 간의 협상을 통해 인터페이스 표준이 설정된다고 설명하였다. 그들은 분권적 구조와 모듈성이 결합했을 경우 시행착오를 통한 학습 기간을 단축시켜 기술 변화가 빠르고 시장 불확실성이 큰 상황에 적합한 혁신을 이끌어낸다고 주장하였다.

Garud&Kumaraswamy(2003)는 소비자들의 다양성에 대한 수요로 인해 호환성에 관한 네트워크 효과가 점차 증가되고 있고, 이에 따라 분산화된 네트워크 구조가 중요해지고 있다고 보고 있다. 이를 위해서는 모듈이 계속 업그레이드될 수 있도록(upgradibility), 인터페이스 표준을 개방(open standard)하기를 주장하고 있다.

하지만 시장을 주도하는 기업들은 지배력을 상실할 것을 염려하여 개방형 표준을 설정하는 것을 꺼려한다. Grindley(1995) 역시 개방형 인터페이스 표준이 시장 확대, 확장된 외부 지원, 비용 공유 등의 이점이 있음에도 불구하고, 주도기업은 시장 지배력 감소에 따른 경쟁 증가를 우려한다고 판단하였다. 이를 통해 인터페이스 표준을 개방하여 산업 표준으로 제정하는 것이 산업 내 지배구조에 상당한 영향을 미치는 요소임을 판단할 수 있다.

Perrow(1986)는 기술 체계 내의 구성 요소 간의 결합정도(tightly or loosely coupled)와 상호 작용에 따른 복잡성(complexity) 수준에 따라 지배구조의 효율성이 달라질 수 있다고 설명하였다. 그는 모듈형 아키텍처를 가진 제품처럼 느슨하게 결합되고, 복잡한 상호 작용이 일어날 경우는 분권화된 지배구조가 더 적합하다고 판단하였다.

Kitschelt(1991)는 페로우의 분석틀에 정부의 역량과 산업 내 지배구조 발전 과정 등의 제도적 요소를 추가하여 일본 산업의 기술 체계 발전 과정을 설명하였다. 그의 논문은 모듈성 기반의 기술 체계와 조직 간 관계가 상호 작용하는 가운데 나타나는 지배구조를 분석하기 위해서는 특정한 산업 지배구조가 형성되어 왔던 과정과 제도적 요소를 함께 고려해야 함을 보여주고 있다.

## 자동차산업에도 모듈형 아키텍처 도입한다

컴퓨터산업에서 모듈형 아키텍처로 설계된 첫 번째 컴퓨터는 IBM이 1964년에 출시한 System/360 메인프레임(mainframe) 컴퓨터이다(Baldwin&Clark, 1997). System/360 개발자들은 같은 제품군(product family) 내에서는 동일한 명령 집합(instruction set)을 사용하고, 주변기기들을 공유하도록 컴퓨터를 설계하였다. 주변 기기와의 호환성을 확보하기 위해 프로세서와 주변기기들 간의 인터페이스 표준을 설정한 System/360 설계 규칙의 주된 특징은 플러그 호환성(plug-compatible)을 제공하는 방식으로 컴퓨터를 개발한 것이다(Baldwin &Clark, 2000).

특히, 이전 기종과의 호환성(backwards compatible)을 제공하여, 새로운 컴퓨터를 구매할 때마다 주변기기를 변경할 필요가 없게 되었다. 이로 인해 운영체계, 프로세서와 주변기기 간의 상호의존성이 줄어들어 주변기기의 분리가 가능해졌고, 인터페이스 표준을 만족하는 이전 운영체계, 프로세서와도 결합이 가능해졌다.

1981년 IBM이 개인용 컴퓨터인 PC를 출시하면서 바야흐로 모듈형 아키텍처의 전성시대가 다가왔다. IBM PC는 패키지화된 전자기기가 아니라 확장과 재구성, 지속적인 업그레이드가 가능한 기술 체계였다(Dedrick&Kraemer, 1998). IBM PC는 모듈형 업그레이드 가능성이라는 체계 특성을 보이면서 CPU, 메모리, 하드디스크, 파워 서플라이뿐만 아니라 프린터, 스캐너, 모니터, 키보드 등 주변 기기들을 부분적으로 업그레이드하는 것이 가능해졌다. 이로 인해 부분적으로 업그레이드하는 것이 체계 전체를 바꾸는 것보다 가성비가 높아지는 '대체의 경제'(Garud and Kumaraswamy, 1995)가 실현되었다.

자동차산업의 경우 대규모의 작업장에서 단순반복적 노동을 대량으로 동원하여 수만 개의 부품들을 조립함으로써 최종재를 완성하는 포드주의의 대량생산방식(Fordism)이 과거 대표적인 생산방식이었다. 그러나 1970년대 이후 생산성 향상의 둔화, 이윤율 하락, 노동자들의 불만과 저항 등이 나타나면서 포드주의 대량생산방식이 갖는 경직성(rigidity)이 문제시되었다.

이로 인해 1980년대 포드주의의 경직성을 극복할 수 있는 유연한 생산모델로서 일본의 '린생산방식'(lean production system)이 주목받기 시작했다(Womack et al., 1990). 린생산방식은 낭비제거와 노동능력 강화를 통해 생산과정에서 지속적 혁신을 추구하였다. 그러나 일본과 같은 적극적인 충성과 협력을 보여주는 노동자들을 확보할 수는 없었기 때문에, 서구에서 일본의 린생산방식의 작업조직을 도입하려는 시도는 그다지 성공적이지 않았다.

린생산방식의 시도가 한계를 보이는 상황에서 1990년대 들어 서구의 자동차업체들에게서 새로운 생산기술을 적용하려는 시도가 나타났는데, 그 대표적인 것이 모듈화와 플랫폼통합이다. 자동차는 통합형 아키텍처 제품의 전형적 사례로 알려져 있으나(Fujimoto, 2002), 글로벌 경쟁이 심화되고 다양한 고객 수요가 늘어남에 따라, 대량 맞춤화(mass customization)를 토대로 한 주문 조립방식(built-to-order)이 주요 관심사가 되었고, 이에 대한 대응방안으로 모듈형 아키텍처 도입이 논의되어 왔다(Holweg&Pil, 2004).

모듈화와 플랫폼통합은 포드주의의 표준화된 작업과정을 유지하면서도 다양한 제품을 만들어냄으로써 유연성을 달성할 수 있었다. 또한 모듈화된 부품생산과정을 외주화함으로써 비용절감도 달성할 수 있는 새로운 기술로 각광받으면서 전 세계로 확산되었다(김철식, 2011). 폭스바겐은 최근 다른 차급에도 사용할 수 있는 유연한 플랫폼[1]을 바탕으로 '툴킷'(toolkit)이라는 표준화된 모듈을 레고처럼 조립할 수 있는 생산 방식을 도입할 것이라고 발표하였다(김지환, 2014).

자동차산업의 모듈화 아키텍처 진화과정은 전자산업보다 더디게 나타났다. 개인용 컴퓨터가 모듈형 아키텍처라는 것에는 많은 이견이 없으나, 자동차의 아키텍처가 통합형인지 모듈형인지에 대해서는 의견이 나누어지고 있다. 예를 들어, MacDuffie(2013)는 자동차는 아직 기능 결집이 일어나지 않고, 컴퓨터에 비교 했을 때 모듈 간 상호의존성이 높기 때문에 모듈형 아키텍처로 보기 힘들다고 판단하였다. 기능적 측면에서도 자동차 제품은 안전성과 심미성에 관한 최종 소비자의 민감성은 전자 제품보다 더 높기 때문에 이러한 차이가 모듈형 아키텍처를 채택하는 과정에 영향을 미쳤을 것이라고 판단된다.

모듈형 아키텍처 도입이 쉽지 않음에도 불구하고 많은 자동차 회사들은 컴퓨터의 모듈형 아키텍처와 유사하게 자동차의 모듈화를 시도하고 있고(Ro, Liker, Fixson, 2007), 자동차산업 전반적으로 모듈화 수준이 기존

1) 자동차에서 플랫폼이란 하부 차체와 변속기, 조향장치 등 자동차의 기본 구조를 이루는 구성요소 집합을 말한다.

보다 높아진 것은 사실이다. 실제로 적지 않은 자동차 회사들이 통합형 제품 아키텍처에 한계를 느껴 모듈 설계 방식을 적극적으로 도입하고 있다. 예를 들어 닛산 자동차는 신형차에는 CMF(Common Module Family)[2] 설계 기법을 적용하고 있고, 적용 대수를 2016년에는 전체 자동차 생산 대수 대비 58%로 높일 계획이다(김창수, 2012). 현대자동차 역시 유연성과 비용절감을 목적으로 적극적으로 모듈화 수준을 높이고 있다(김철식, 2011). 자동차의 모듈화 수준을 높이기 위해서는 인터페이스 표준을 어떻게 설정하느냐가 매우 중요하다.

## 인터페이스 표준의 개방, 폐쇄 여부가 산업 내 지배구조를 결정한다

IBM은 메인프레임 컴퓨터와 다르게 PC의 경우 인터페이스 표준[3]을 개방형으로 산업 전체에 공유하였다. 이에 따라 외부 업체들이 그래픽 카드, 하드 디스크와 같은 컴퓨터 부품들을 제조하여 IBM 마더보드 슬롯에 연결하는 것이 가능해졌다. IBM이 표준을 개방하게 된 주요 요인은 그 당시 인터페이스 표준을 전유하고 있던 애플 컴퓨터와의 경쟁이다.

인터페이스 표준은 다양한 하드웨어와 소프트웨어가 서로 호환되는 것을 가능하게 설계되었고, 이는 보완재를 통해 네트워크 효과를 일으켜, IBM PC 체계를 컴퓨터 시장에서 고착화시키는 데 기여하였다. 이렇게 보완재 생산업자들로부터의 외부적 지원은 기술적 우위가 있었던 애플 매킨

---

2) CMF를 '4+1 빅 모듈'이라고 부르는데, 자동차 중요 모듈 4개(엔진과 변속기 등의 '엔진룸'(engine compartment), 앞좌석의 인스트루먼트 패널까지 포함한 '운전석'(cockpit), '전면 하부 차체'(front underbody), '후면 하부 차체'(rear underbody))와 전자 계통 부품을 조합한 '전자 모듈'이 그것이다.

3) 컴퓨터 인터페이스 표준의 대표적 예가 버스(bus)이다. 전기적 신호의 연결통로인 버스는 메인보드 슬롯을 통해 연결된 하드웨어 모듈과 마이크로프로세서 간 신호를 교환할 수 있도록 설계되어있다.

토시와의 경쟁에서 IBM PC 아키텍처가 시장에서 지배적 설계(dominant design)로 자리잡는 데에 결정적 역할을 하였다(Dedrick&Kraemer, 1998).

개방형 인터페이스 표준으로 인해 IBM 아키텍처와 호환 가능한 수많은 컴퓨터 모듈 제조업체들이 독립적으로 등장하였고, 이들과의 전략적 제휴가 중요해 지면서 생산 체계의 초점은 조직 내부에서 외부 기업과의 관계에 맞추어지기 시작하였다. 기존 컴퓨터 완성품 제조업체들은 경쟁우위를 형성하는 핵심역량(core competencies)에 해당되는 기능만 조직 내부에 남기고, 비핵심기능을 외주화하였다. 기존 컴퓨터 완성품 제조업체의 설계 기능은 CPU와 각종 모듈들 간 상호 작용에 영향을 미치는 마더보드에 집중되었지만, 마더보드의 생산은 특화된 외주 기업에 의해 생산되었다.

기업들은 여전히 컴퓨터 모듈과 인터페이스 표준 설정을 통해 기술의 진화경로를 통제하는 능력을 보유하고 있었고, 인터넷 및 전자상거래 등 새롭게 등장한 산업 영역에서 표준을 자신들에게 유리하게 설정하며 상당 부분의 이윤을 획득해나갔다.

자동차산업의 경우 최종 제품 생산자인 완성차업체가 자동차 내 부품 간의 인터페이스 설정에 중대한 영향력을 미쳤고, 그 결과 산업 내 조직 간 관계에도 중요한 영향을 미쳤다. 완성차업체가 플랫폼 통합과 모듈화를 통해 자동차 설계에 대한 사내표준을 달성한 상태에서, 인터페이스 설정을 통해 기업 간 거래에서 성문화된(codified) 정보의 교환 비중을 높였고, 이를 기반으로 생산의 상당부분을 외주화하면서 조직의 슬림화를 달성한 것이다. GM으로부터 Delphi의 독립, Ford로부터 Visteon의 독립 등이 그 사례라고 할 수 있다.

이와 다른 사례이지만, 한국의 현대자동차와 기아자동차는 아예 모듈사업을 전담하는 현대모비스라는 계열사를 설립하면서 완성차업체와 모듈계열사 간의 성문화된 정보교환을 달성함과 동시에 기존에 자신이 담당하던 생산의 상당부분을 모듈형태로 현대모비스로 이관함으로써 Gereffi et al.(2005)이 언급한 모듈형 부품업체 관계를 어느 정도 실현했다(조형제&김철식, 2013).

이러한 사례들에서 알 수 있듯이 자동차산업에서 인터페이스 표준의 설정주체는 대부분 완성차업체이다. 완성차업체가 인터페이스 표준을 설정하면서, 완성차업체를 중심으로 하는 사내표준은 모듈화를 통해 상당히 진전되었으나, 산업전체의 표준은 달성되지 못했다. 완성차업체별로 특화된 폐쇄형 인터페이스 표준이 설정된 것이다. 그 결과 특정 완성차업체의 부품이 다른 완성차업체와 호환되지 않고, 성문화된 정보 교환과 처리는 개별 완성차업체와 전담 모듈업체 범위 내로 제한되고 있다.

Sturgeon(2002)은 인터페이스 표준이 설정되면 기업 간 거래가 성문화된 정보 교환으로 투명해지고, 설계, 생산 간의 기능 분리가 가능해진다고 보았다. 또한 분업을 통해 기존 최종 생산업체는 기능 설계, 브랜드 전략 등에 집중하고, 생산 기능을 외주화하는 과정에서 유연한 생산 역량을 가진 생산 특화기업이 등장하여 모듈에 따라 나누어진 산업 영역에서 수평적으로 경쟁하는 모듈형 생산 네트워크가 출현한다고 보았다.

그 대표적인 예는 전자산업이며, 자동차산업의 경우 역시 모듈화 수준을 높이면서 완성차 업체는 기획과 브랜드 전략에 집중하고, 모듈 생산 기능은 현대모비스와 같은 1차 부품업체가 총괄 관리하는 형태의 업무 분업화가 나타났다. 하지만 산업전체에 적용되는 표준이 설정되지 않은 상태에서 조직 간 관계는 개별 완성차업체들에 위계적으로 종속되는 수직적 형태를 띠었다. 이러한 차이가 나타난 중요한 원인은 인터페이스 표준에 있다.

전자산업, 특히 PC산업에서는 인터페이스 표준이 산업 내에 개방되어서 모듈이 특정 상품에 특화되지 않는다. 하지만 자동차산업에서 인터페이스 표준은 폐쇄형으로 특정 기업에게 특화되게 설정되어 있어 다른 업체의 제품과는 호환이 되지 않는다(Takeishi&Fujimoto, 2003). 이에 따라 모듈 제조업체가 인터페이스 표준을 설정하는 완성차의 특정 차종에 강력히 종속된다(김철식, 2011). 즉 인터페이스 표준의 개방, 폐쇄 여부가 산업 내의 지배구조에 영향을 미치게 되는 것이다.

### 전자산업과 자동차산업으로 본 인터페이스 표준

PC 모듈형 아키텍처와 개방형 인터페이스 표준은 컴퓨터산업 지배구조에도 변화를 가져왔다. 수직적으로 통합된 산업 구조에서는 기존 주도기업이 조직 내부에 대규모 생산시설을 보유하고 규모의 경제를 통해 경쟁우위를 유지하였다. 이는 생산시설에 대한 대규모 투자가 불가능한 후발기업에게 진입장벽으로 작용하여, 기존 주도기업이 산업 내 지배력을 유지하는 것을 가능케 하였다.

또한 기존 메인프레임 컴퓨터 시장에서는 IBM이 인터페이스 표준을 전유하여 다른 하드웨어 및 소프트웨어와의 호환성을 제어하였다. 이에 따라 고객들은 IBM 제품에 고착화되었고, IBM은 산업 내에서 독점적인 지배력을 행사하였다.

PC 인터페이스 표준이 개방된 이후 IBM은 핵심 모듈인 마이크로 프로세서와 운영체계에 대한 지배력을 상실하였다. 모듈형 생산 네트워크 상에서 제조 기능에 특화된 기업들이 모듈 단위로 판매되기 시작하면서 후발기업들은 제조 시설에 대한 대규모 투자 없이도 시장에 진입하는 것이 가능해졌다(Sturgeon, 2002). 이렇게 새로운 경쟁자의 시장 진입이 허용되면서 컴퓨터산업에서는 기존 IBM과 같은 컴퓨터 완성품 제조업체들의 지배에서 벗어나 인텔, 삼성 등 핵심 모듈 제조업체들과, 마이크로 소프트, 구글 등 소프트웨어 기업들이 플랫폼을 거쳐 다양한 영역에서 경쟁하는 것이 가능해졌다.

시스코의 사례에서 보듯이, 이러한 모듈형 생산 네트워크 구조 하에서는 소규모 자본으로 출발했지만 글로벌 생산 네트워크를 전략적으로 활용함으로써 전자산업의 여러 분야에서 강한 경쟁력을 가진 기업으로 성장하는 것이 가능해졌다. 즉, PC산업 자체가 모듈 중심으로 수평적 구획화가 이루어져 구획화된 산업 영역에서(예를 들어 마더보드, DRAM, 하드디스크, 소프트웨어) 각각 주도기업들이 등장하여, PC산업 전체를 보면 기존보다 분권화된 구조로 변화하였다(Dedrick&Kraemer, 1998).

자동차산업에서는 모듈 설계 방식의 도입에도 불구하고 완성차업체를 정점으로 하는 위계적인 산업 지배구조가 유지되고 있다. GM, 포드와 같은 미국 완성차업체들은 모듈 생산을 일정 수준 이내로 제한하여 모듈 부품업체의 자율성을 일정 수준 이내로 제약함으로써 자신의 지배력을 유지하고 있는 것으로 보인다(Sturgeon et al., 2008). 도요타자동차를 비롯한 일본의 완성차업체들은 처음부터 모듈 생산을 최소화하여 모듈업체를 별도로 두지 않음으로써 자신의 통제를 유지하는 방식을 선호하고 있다(김철식 외, 2011).

한국의 현대자동차와 기아자동차는 재벌이라는 한국적 기업조직의 특성을 최대한 발휘하여, 모듈을 전담하는 계열사를 설립함으로써 모듈사업을 사실상 기업집단 내로 내부화하는 방식을 취했다. 다시 말해 한국 자동차산업에서는 모듈화 진행 시 통제력과 협상력 상실을 막기 위해 현대자동차가 그룹 계열사(현대모비스)를 육성하여 핵심 모듈 사업을 담당하게 하고, 계열사를 통해 산업 내 부품업체에 대한 지배력을 유지하고 있는 것이다(조형제&김철식, 2013).

모듈형 아키텍처를 도입한 후 전자산업은 수평적 분업에 기반을 둔 분권적 산업 구조가 나타난 반면, 자동차산업은 조직 간 업무 분할과 전문화는 이루었지만, 산업 내 완성차 업체 중심의 수직적 지배구조가 유지되었다. 즉 모듈형 아키텍처와 인터페이스 표준 도입이 조직 체계에 어느 정도 영향을 미쳤지만, 산업에 대한 지배력을 유지하고자 하는 완성차업체들의 전략들이 부품업체들의 자율성과 영향력을 제약하였다.

또한 그러한 전략의 연장선상에서 모듈화의 진전에도 불구하고 인터페이스 표준을 개방하지 않는 일종의 '폐쇄적 모듈화'가 진행되면서 완성차업체 중심의 수직적 지배구조가 유지되고 있다. 모듈형 아키텍처와 인터페이스 표준이 산업 전반의 지배구조에 영향을 미치는 단계에서 정책적 요소 역시 중요한 역할을 담당하였다.

미국의 경우 분업을 통한 전문화와 시장을 통한 효율적 거래에 대한 믿음을 기반으로 산업 내 독점을 일으키는 비효율성을 '시장실패(market failure)'로 규정하고 정책적 개입을 지속해왔다. 이러한 제도적 역사성에서 모듈성에 근거한 조직 간 업무 분할화와 산업 내 분권적 경쟁 구도는 자연스럽게 정착되었다. 한국의 경우 자원 할당과 관련하여 선택과 집중을 강조하며 대기업 중심으로 성장 정책과 그로 인한 낙수효과(trickle-down effect)를 강조해왔다.

이에 따라 정부는 소수 기업이 산업 전반을 지배하는 것을 묵인해왔으며, 중소기업의 성장 역시 대기업의 성장과 결부시키는 계열화 정책을 시행해 왔다. 이러한 제도적 차이는 모듈형 설계 방식, 특히 인터페이스 표준이 조직 체계와 산업 지배구조에 미치는 영향이 제한될 수 있음을 보여주는 반면, 인터페이스 표준과 관련하여 정책의 중요성을 역설하기도 한다. 〈표1〉은 전자산업과 자동차산업을 비교 분석한 것을 정리한 것이다.

〈표1〉 전자산업와 자동차산업 비교 분석

| | 전자산업 | 자동차산업 | 참고 |
|---|---|---|---|
| 제품 아키텍처 | 모듈형 | 통합형<br>(일부 기업 중심으로 모듈형 도입) | 자동차는 아직 부품과 기능 간의 일대일 연계가 일어나지 않고, 전자 제품과 비교 했을 때 모듈 간의 상호의존성이 높음 |
| 인터페이스 표준 | 개방형 | 폐쇄형 | 전자산업과 달리, 자동차산업은 폐쇄형 인터페이스 표준으로 인해 모듈이 특정 기업에게 특화되어, 다른 제품과의 호환이 되지 않음 |
| 조직 간 관계 | 수평적 분업구조 | 중층적,<br>위계적 종속구조 | 전자산업의 경우 유연한 생산 역량을 가진 생산 특화기업이 등장하여 완성품 생산업체와 수평적 분업 관계를 미루는 반면, 자동차산업은 이러한 기업들이 완성차 업체에 종속되는 구조 |
| 산업 지배구조 | 분권적<br>(여러 기업에게 권력 분산) | 집권적<br>(특정 기업에게 권력 집중) | 전자산업과 달리, 자동차산업에서는 소수의 완성차 업체가 자체적 인터페이스 표준을 설정함으로써 모듈업체의 자율성을 제약하고, 산업 내 지배력 유지 |
| 제도 경로의존성 및 정책적 요소 | 미국의 경우 분업을 통한 전문화와 시장을 통한 효율적 거래에 기반을 둔 정부 정책 | 한국의 경우 선택과 집중에 근거를 둔 정부의 대기업 중심 성장 정책 | 제도적 차이는 모듈형 설계 방식, 특히 인터페이스 표준이 조직 체계 및 산업 지배구조에 미치는 영향이 제한될 수 있음을 보여주는 한편, 인터페이스 표준과 관련하여 정책의 중요성을 역설 |

## 개방형 인터페이스 표준으로 사용자 중심 체계 도입한다

모듈형 아키텍처를 도입한 전자산업과 자동차산업을 비교 분석하였을 때, 미국과 한국의 경우 산업 내 분권적 경쟁구조와 위계적 지배구조라는 측면에서 차이를 보였다. 이러한 차이에 기인하는 핵심요소는 인터페이스 표준의 개방성, 폐쇄성 여부이다. 인터페이스 표준이 산업 내 개방되어서 다른 제품과의 호환성이 확보 가능한 전자산업에서는 모듈화를 통해 핵심기술과 제조 역량을 특화한 중소기업들이 기존 대기업과 동등한 협상력을 보이며 빠르게 성장할 수 있었다. 반면에 인터페이스 표준이 하나의 회사에 특정화되어있던 자동차산업의 경우 모듈 생산 부품기업이 완성차 업체에게 종속될 수밖에 없는 구조였다.

개방형 표준은 산업 내 행위자 간의 협상을 통해 설정되어 그 정보가 외부 행위자들에게 공개가 되는 것이고, 폐쇄형은 주로 특정 행위자가 자신의 제품과만 호환이 가능하도록 설정하는 방식이다. 자동차산업에서 보이듯이 인터페이스 표준을 최종 제품 생산자가 폐쇄형으로 설정할 경우 관련 모듈 생산 업체가 완성품 업체에 종속되는 현상이 발생한다. 개방형 인터페이스 표준을 설정하더라도 특허를 표준과 결부시켜 표준을 전유하는(open, but proprietary) 현상이 발생한다. 기업 전략을 연구하는 사람들은 이러한 전략을 기업의 성공전략으로 추천하지만, 산업 전반에 나타나는 파생효과를 고려해야 하는 정책적 측면에서 표준과 특허에 결합하는 것을 허용하여 특정 기업에게 독점적 권리를 허용하는 것에 대해서는 보다 신중할 필요가 있다.

인터페이스 표준을 설계할 때 내부형(internal)과 외부형(external)으로 설정할 수 있다(Chen &Liu, 2005). 자동차 인포테인먼트(infortainment)

장치[4]를 예로 들면, 이러한 장치가 차량 내부에 결합되어 차체 내부에 있는 인터페이스를 통해 다른 장치들과 정보를 교환한다면 이는 내부형으로 설정한 것이고, 이러한 장치와 외부에 보이는 인터페이스를 통해 차량과 결합되고, 손쉽게 분리 가능하다면 이는 외부형으로 표준이 설정된 것이다. 데스크톱 컴퓨터 본체와 모니터 간의 연결, 키보드, 마우스, 프린터 같은 주변기기와의 연결은 모두 외부형 인터페이스 표준을 설정했기 때문에 가능한 것이다. 내부형 인터페이스 표준을 설정한 경우 부품 간의 상호 조정이 외부형 인터페이스 표준보다 더 필요하다. 따라서 모듈화 아키텍처를 통해 다양한 보완재 시장을 키우고, 네트워크 외부효과를 확대하기 위해서는 인터페이스 표준을 외부형으로 설정시킬 필요가 있다. 물론 제품의 특성에 따라 외부형 인터페이스 표준이 어려운 경우가 있다. 예를 들어 외부 충격으로부터 부품 간 분리를 방지하는 것이 중요할 경우 내부형 인터페이스가 선호된다.

최근 구글은 모듈형 설계 방식으로 제품을 제조할 수 있는 핸드폰 아라(Ara)를 선보였고, 전기자동차 역시 레고 블록처럼 제조할 수 있도록 개발하고 있는 것으로 알려졌다(한동희&허경구, 2015). 상기 제조방식은 외부형 인터페이스 표준을 설정했기 때문에 가능한 것이다. 이러한 모듈형 제품의 도입으로 인해 향후 소비자가 각각 모듈을 구매 결합하여 다양한 형태의 제품을 조립하는 것이 가능해질 것으로 예상된다. 이와 같이 외부형 인터페이스 표준 설립은 모듈 제조업체를 위한 시장 확대에 도움이 될 뿐만 아니라, von Hippel&Katz(2002)가 이야기한 '혁신 툴킷(innovation

4) 정보를 뜻하는 information과 오락을 뜻하는 entertainment가 결합된 것으로 차량 내 내비게이션, 오디오와 비디오, 그리고 인터넷 기능 등을 제공하는 장치를 뜻한다.

toolkit)'을 소비자가 사용할 수 있게 함으로써 사용자 중심의 혁신 체계 도입에도 기여할 수 있다.

### 인터페이스 표준화 정책을 수립할 때는 제품, 조직, 제도적 특성을 고려하라

산업 내 개방형 인터페이스 표준을 설정하는 것은 모듈을 생산하는 중소기업 육성과 다양한 보완재에 의한 네트워크 효과 획득, 그리고 소비자 중심의 혁신 체계 도입에 큰 기여를 할 수 있다. 하지만 이러한 효과를 얻기 위해 표준화 정책 수립 시 제품, 조직, 제도적 측면에서 고려해야 할 사항이 있다.

첫째, 제품의 특성을 고려하여 개방형 인터페이스 표준을 내부형, 외부형으로 설정할 것인지 결정해야 한다. 앞서 언급한 중소기업 성장, 보완재 네트워크 효과를 통한 경쟁우위, 소비자 중심의 혁신 등의 표준화 정책의 효과를 얻기 위해서 외부형 인터페이스 표준을 설정해야 한다. 하지만 외부형 인터페이스 표준 설정 시 제품에 따라 성능의 최적화가 어려울 수가 있다. 즉, 경우에 따라서 성능의 최적화와 제품의 다양성은 하나가 다른 하나를 희생시킬 수 있는 트레이드오프(trade-off) 관계에 있을 수 있다는 것이다.

파괴적 혁신(disruptive innovation)을 언급한 크리스텐슨(Christensen)은 시장에서 제품의 성능을 지닌 소비자를 충분히 만족시키지 못할 때는 높은 수준의 성능의 제품을 출시하는 기업이 우위를 가지지만, 시간이 지나 산업 전반에 걸쳐 제품 성능 수준이 상승하게 되면, 모듈형 설계방식으로 다양한 소비자의 수요를 충족시키는 기업이 경쟁력을 갖는다고 주장하였다(Christensen, Verlinden, Westerman, 2002). 결국 시장에서의 고객

수요가 부품 간의 긴밀한 상호 조정을 통한 성능 최적화인지, 아니면 많은 보완재 간의 결합을 통한 제품 다양성 추구인지를 판단하여 개방형 인터페이스 표준을 정립해야 할 것이다.

둘째, 조직 간의 관계에서 지배력을 유지하는 대기업을 어떻게 개방형 인터페이스 표준 설정에 참여시킬 것인지 여부이다. 컴퓨터산업 역사에서 개방형 인터페이스 표준 제정과 다양한 모듈 업체 등장을 통한 PC산업 발전은 그 당시 컴퓨터산업을 주도하던 IBM이 인터페이스 표준을 외부형으로 개방하는 데 적극적이었기 때문이다.

하지만 개방형 인터페이스 표준 정립 이후 산업 내 주도권은 핵심 모듈과 운영체계 개발업체인 인텔과 마이크로소프트로 넘어갔고, IBM은 산업 내 등장한 수많은 경쟁업체로 인해 어려움을 겪었다. 이러한 IBM의 사례로 인해 아직도 많은 완성품 제조업체들이 산업 내 개방형 인터페이스 표준을 설정하는 것에 수동적이다. 과거 미국 자동차산업의 경우 1910년대 자동차기술자협회(Society of Automotive Engineers, SAE)가 자동차에 관한 공통된 표준을 제정하려고 노력하였고, 그 후 1920년대 초까지 많은 중소기업들이 모여 자동차 부품 표준화를 시도하였다(Thompson, 1954).

하지만 포드나 GM과 같은 대기업들이 이러한 산업 내 표준화 제정에 참여하지 않고, 각자의 폐쇄형 표준을 제정하면서 자동차산업 내 개방형 인터페이스 표준 정립은 실패로 돌아갔다. 이는 개방형 인터페이스 표준화 정책의 실효성을 확보하기 위해서는 산업 내 주도기업의 참여 유도가 매우 중요하다는 것을 의미한다. 애플과의 경쟁이 IBM으로 하여금 인터페이스 표준을 개방하게 하는 데 결정적으로 역할한 것을 참고할 때, 주도기업이 개방형 인터페이스 표준 설정 참여의 유도를 이끌기 위해서는 산업

내 경쟁 구도에 영향을 미치는 경쟁 정책적 요소가 표준화 정책 수립 과정에서 함께 고려되어야 한다.

셋째, 제도적 측면에서 산업 내 인터페이스 표준을 국제표준과 연계하는 것이 중요하다. WTO의 기술무역장벽(Technical Barriers to Trade)에 대한 협정문 제2조 4항에 의하면, 기술규정을 관련 국제표준에 기반을 둘 것을 의무화하고 있다. 국제표준에 근거하지 않고, 국가가 주도로 산업 내 표준을 제정하고 이를 시장 내 강제 이행할 경우 외국 기업과의 비차별 문제 또는 필요 이상의 무역제한 문제 등을 일으켜 TBT협정을 위반할 여지가 발생하기 때문이다(김동휴, 이희진, 곽주영, 2012).

이러한 이유로 최근 정부 주도의 표준화 정책을 제정 및 이행하는 중국 역시 산업 내 표준을 제정할 때 국제표준화를 우선 진행하고 있다(Kim, Lee, Kwak, Seo, 2014). 한국 역시 정부가 정책적으로 개방형 인터페이스 표준화를 지원할 경우, 국내 산업 내 표준화를 국제표준화 과정과 연계시키는 것이 향후 다른 나라의 이해관계자와 생길 수 있는 통상마찰을 미연에 방지할 수 있다. 또한 글로벌 시장에서 인터페이스 표준을 한국 모듈 중소기업에게 보다 유리한 방향으로 설정하는 데 중요한 역할을 할 수 있다.

## 인터페이스 표준화로 한국 산업의 미래 준비하자

최근 사물인터넷과 같이 정보통신 기술이 모듈 형태로 다른 제품과 결합되고 있는 상황에서, 이들 간의 개방형 인터페이스 표준을 설정하는 것은 향후 새로운 스타트업 기업들이 개발한 모듈이 여러 산업 분야에 적용 가능하도록 산업 환경을 조성하는 데 중대한 기여를 할 것이다. 이러한 이유로 건축, 조선 등 다른 산업과 전자, 자동차산업을 비교 분석하여 모듈성과 인터페이스 표준의 역할에 대한 연구를 보다 심화시킬 필요가 있다. 또한 폐쇄형 인터페이스 표준을 유지하던 주요 기업들이 개방형 인터페이스 표준화 과정에 참여하게 된 동기 등을 분석하여 산업 내 핵심 기업에 표준화 과정 참여 유도 방안에 대한 연구가 진행되어야 할 것이다.

INSIGHT 04

# 기술표준의 가치와 미래

글 | 김경외, 정성도, 황준석(서울대학교 기술경영정책대학원,
awekim@snu.ac.kr, sungdo81@snu.ac.kr, junhwang@snu.ac.kr)

기술표준은 기술적 특성과 사양에 대한 일종의 사회적 합의로서 기술의 발달과 함께 모든 산업에 걸쳐 존속되어 왔다. 최근에는 정보통신 기술의 발달과 함께 기술의 상호호환성을 제공하고 시장의 우위를 선점할 수 있는 전략적인 요소로 각광받고 있다. 따라서 기술표준 연구는 기술표준의 채택 과정과 이로 인한 경제적 효과를 분석하여 이론 및 정책적 함의를 도출할 수 있다. 문제는 기존의 연구는 기술 고유의 가치와 상호호환성에 대한 고려보다는 경제적인 효과에만 초점을 맞추고 있어 기술 중심의 분석 결과를 도출하기 어렵다는 것이다. 개별 기술의 가치뿐만 아니라 기술들 간의 관계를 파악하는 것은 기술표준을 이해하는 데 있어 매우 중요하다. 이에 기술 네트워크 분석을 반영한 새로운 기술표준 방법론을 통해 보다 기술 중심적인 분석과 시사점을 제안한다.

※ 이 글은 2015년 한국표준협회가 주관한 〈제3회 표준정책 마일스톤 연구-국가의 미래전략과 표준〉의 지원을 받아 수행된 연구 논문 '네트워크 분석을 이용한 기술 표준화 방법론 연구: 사물인터넷 무선 통신 기술 계층을 중심으로'를 칼럼 형태로 재작성한 것입니다. 참고문헌은 한국표준협회(www.ksa.or.kr)에서 확인할 수 있습니다.

-124.65.258.66-
-205.68.325.20-225.35.205.35-
-124.65.258.66-
-124.65.258.66-
-124.65.258.66-
-205.68.325.20-225.35.205.35-

표준(standard)은 ‘서다(stand)’와 ‘굳게(hard)’의 합성어로 과거에는 전쟁터에서 지휘관들의 명령을 알리는 신호 깃발을 세우는 집결지의 의미로써, 공동체 내의 합의를 나타내는 단어로 사용되었다. 비슷한 의미로 기술표준은 소비자와 기업 간의 정보 불균형 문제를 해결하기 위한 수단으로써 시장 내 구성원들 간 일치된 하나의 약속으로 등장하였다. 기술표준을 통해 소비자는 제품의 품질을 신뢰할 수 있고 기업은 자신의 제품을 검증받을 수 있게 되었으며, 이는 우리 사회의 중요한 일부분으로 자리매김하였다.

하지만 정보통신(IT) 기술의 발달과 함께 기술표준은 단순한 품질 보증의 수단이 아닌 제품과 기술 간 상호호환성을 제공하는 전략적인 요소로 인식되기 시작하였다. 스마트폰을 중심으로 다양한 기기 간의 연결이 가능해짐에 따라 기술의 상호호환성은 단순한 부가적인 옵션이 아닌 개별 기술과 제품의 경쟁력을 평가하는 중요한 척도로 사용되었다. 특히 최근에 기술표준을 장악한 기업이 산업의 실질적인 주도권을 잡는 경우가 늘어나면서, 기술표준은 산업 및 국가 경쟁력을 키우는 전략적 요소로 주목받고 있다.

실제로 기술표준은 다양한 연구를 통해 시장 효율성 향상, 시장 영역 확장, 국제 무역 활성화, 낮은 시장 진입 장벽 구축을 통한 시장 경쟁 촉진, 신기술 확산, 인증되지 않은 제품으로부터의 소비자 보호, 그리고 제품 간의 상호호환성 등의 경제 효과뿐만 아니라 국가적 차원에서의 기술 혁신과 기술 지식 개발, 경제 성장에 긍정적인 영향을 미치는 것으로 알려졌다(Hemphill, 2005; Lundvall and Borras, 2005). 다시 말해, 기술표준은 국가적 차원에서 산업과 경제를 활성화시키고, 기업의 입장에서는 기술 개발 비용을 절감하여 제품의 품질을 높일 수 있다는 점에서 기술 개발 못지않게 중요한 요인이라 할 수 있다.

일반적으로 기술표준 관련 용어 중에서 자주 쓰이는 표준화 과정이란 단어는 기술과 관련된 제품의 상호호환성, 소비자의 선호와 효용, 기업의 이익, 그리고 국가 정책 간의 이해관계 속에서 기술표준의 합의를 달성해가는 일련의 과정을 의미한다. 따라서, 표준화 연구는 기술표준 혹은 표준화 과정을 통해 나타나는 일련의 효과를 분석하고 이를 통해 사회적 후생을 최대화하는 정책적 함의를 도출하는 것을 목적으로 한다. 그 예로, 우리가 지금도 사용하고 있는 QWERTY 자판을 들 수 있다. QWERTY 자판은 당시 경쟁 기술보다 기술력이 열등했음에도 불구하고 소비자들 사이에서 표준으로 고정된 사례로서, 특정 제품이 소비자들 사이에서 많이 사용되어 이것이 자리 잡게 되는 기술표준의 '잠김 현상'을 설명하는 데 종종 사용된다.

앞서 언급한 바와 같이 개별 기술의 가치와 함께 기술들 간의 관계를 파악하는 것은 기술표준을 이해하는 데 있어 매우 중요하다. 그러나 기존의 연구는 기술 표준의 주요 요소 중 하나인 상호호환성보다는 이로 인해 창출되는 경제적인 효과에 초점을 맞추고 있어 기술 간의 관계에서 나타나는 기술 고유의 특성을 담아내지 못하고 있다. 이에 본 글에서는 기술 네트워크 분석을 활용해 기술의 특성에 초점을 맞춘 새로운 기술표준 연구 방법론과 그에 대한 분석 사례인 '사물인터넷 무선 팬 기술 분석'을 소개하고자 한다.

## 특허를 이용한 기술표준 분석

특허는 기술 혹은 권리 검색을 통해 기술동향을 분석하거나 특허출원 및 등록에 관한 다양한 통계자료를 이용해 기술경쟁력을 비교·분석하는 도구로 사용되어 왔으며(김대기 외 2명, 2014), 최근 표준 연구에서는 기업과 국가의 축적된 기술적 역량과 표준화 정도를 분석하기 위한 수단으로 재평가 받고 있다(Kang and Motohashi, 2014).

특허 자료의 가장 큰 특징은 다양한 기술적인 특징과 정보들을 집약하고 있다는 것이며, 그중 IPC 코드는 각 나라의 특허 출원 시 공통으로 기입하게 되어 있어 본 연구와 같이 다양한 국가의 특허 자료를 사용하는 데 매우 용이할 뿐만 아니라 필요시에는 검색 범위를 분류 등급에 따라 조절할 수 있다는 장점이 있다. 또한, 특허는 보통 하나 이상의 IPC 코드를 포함하고 있기 때문에 이러한 정보는 특허 간의 연관성과 관련성을 파악하고, 각 특허를 보유한 기업 혹은 국가의 경쟁력과 시장 포지셔닝(Market Positioning)을 분석하는 데 사용될 수 있다.

본 방법론은 한국과학기술정보연구원(KISTI)에서 제공하는 특허정보DB NDSL을 통해 확보한 미국, 한국, 유럽, PCT(Patent Cooperation Treaty) 특허의 IPC(International Patent Code), 국가, 출원인, 출원날짜 정보를 기본 분석 자료로 사용한다. PCT 특허 출원 자료는 조약에 가입한 회원국가에서 동일하게 적용할 수 있는 보다 더 광범위한 특허 권리를 제공하기 때문에 상대적으로 중요도가 높다고 판단되는 기술 풀(Technology Pool)을 다루는 데 적합하다고 판단하였다. 또한 특허를 통한 지적재산권의 주장에 초점을 둔 것이 아니라 시장 참여자의 기술적 경쟁력과 기술채택의 형태를 분석하는 것이 목적이므로 등록 특허가 아닌 출원 특허를 분석 대상으로 하였으며, 동일한 특허가 복수 국가에서 출원된 경우 하나의 특허로 인정하여 분석에 적용하였다.

### 기술표준과 게임이론

기술표준을 둘러싼 경제 주체 간의 이해관계를 고려하기 위한 방법으로는 게임이론 접근법이 사용된다. 게임이론은 효용극대화나 비용최소화와 같이 하나의 목적을 달성하는 것이 아니라 서로 다른 주체들의 선택과 행동에 따른 결과들을 고려한 균형점을 도출한다는 점에서 기술표준 분석에 적합하다고 볼 수 있다. 따라서 본 방법론은 컴퓨터 언어, 운영체제 등과 같은 커뮤니케이션 및 네트워크 기술을 고려한 Belleflamme(1998)의 2단계 균형 모델(Second-stage Equilibrium model)을 기본적인 분석 프레임으로 채택하였으며, 경쟁하는 기업이 2개일 때의 기본적인 게임의 구성은 〈표1〉과 같다.

〈표1〉을 통해 알 수 있듯이 게임이론에서 게임에 참여하는 플레이어(기업 1과 기업2), 그리고 그들의 전략(기술 1과 기술 2)과 보상을 설정하는

〈표1〉 경쟁 기업이 2개일 때의 게임 구성

| | | 기업 2 | |
|---|---|---|---|
| | | 기술 1 | 기술 2 |
| 기업 1 | 기술 1 | $4-2d-4\theta_1+2d\theta_2$(기업 1)<br>$4-2d+2d\theta_1-4d\theta_2$(기업 2) | $2-2\theta_1-d\theta_2$(기업 1)<br>$d\theta_1+2\theta_2-d$(기업 2) |
| | 기술 2 | $2\theta_1+d\theta_2-d$(기업 1)<br>$2-d\theta_1-2\theta_2$(기업 2) | $4\theta_1-2d\theta_2$(기업 1)<br>$4\theta_2-2d\theta_1$(기업 2) |

것은 매우 중요하며, 본 방법론에서는 기술 네트워크 분석을 이용해 게임의 기본적인 설정을 구성하였다. 네트워크 분석은 개인, 조직, 기술, 지역 등 다양한 형태의 분석 대상에 대해 분석의 목적에 맞도록 상호 관련성을 정의하고 개별 혹은 전체 구성원들의 특성을 분석할 수 있어 최근 많은 연구에서 응용되고 있다. 그중 기술 간 관계를 정의해 분석하는 기술 네트워크 분석은 기존의 방법론에서 놓치기 쉬운 기술의 특성을 개별 기술들의 특성, 특정 세부그룹들 및 전체 그룹의 특성으로 구분하여 확인하는 데 있어 매우 효과적이다.

기본적으로 네트워크는 개별 노드와 이를 연결하는 엣지로 구성되며, 본 방법론에서는 IPC를 노드, 특허를 엣지로 구성하는 네트워크를 설정하였다. 예를 들어, A라는 IPC 코드가 특허 1과 특허 2에서 공통으로 사용되고 있다면, 해당 네트워크는 특허 1과 2를 엣지, 그리고 A가 그 둘 사이의 노드가 된다. 이렇게 구성된 네트워크는 특허를 보유한 기업과 나라 및 출원 정보를 내포하고 있기 때문에 다음과 같은 다양한 분석과 결과를 도출할 수 있다.

① 기술표준 내 기술 간 경쟁 관계 먼저, 기술표준 내에서의 기술 간 경

쟁 관계를 확인할 수 있다. 각 기술별 특허 데이터가 제공하는 기술의 정규화된 개별 IPC 수 정보는 각 기술 간의 거리를 나타내는 기술 유사도 정보를 제공하기 때문에 이는 비교대상인 두 사물인터넷 관련 네트워크 기술이 포함하고 있는 정규화된 개별 IPC 수를 벡터로 하는 제곱 유클리디안 거리(squared Euclidean Distance)로 계산이 가능하다(Jeong and Kwon, 2013). 즉 각 기술들이 보유하고 있는 IPC 코드들을 비교해서 서로가 기술적으로 얼마나 관련되어있는지 봄으로써, 어떤 기술들이 서로 유사한 관계에 있는지 혹은 경쟁 관계에 있는지를 확인할 수 있다. 〈표2〉에서 확인할 수 있듯이 값이 작을수록 기술 간의 거리가 가깝다고 볼 수 있으며, 본 분석에서는 문헌 연구를 통해 경쟁 관계를 파악한 저전력 블루투스와 지그비를 선정하였다.

〈표2〉 사물인터넷 주요 기술 간 거리

| | 지그비 | Z-웨이브 | UWB |
|---|---|---|---|
| Z-웨이브 | 0.374 | | |
| UWB | 0.217 | 0.400 | |
| 저전력 블루투스 | 0.314 | 0.493 | 0.394 |

② 기업의 기술선호도와 기술 차별화 정도 또한 앞서 게임이론 모형의 보상 체계에서 나온 개별 기업의 기술선호도($\theta$)와 기술 차별화 정도(d)를 구할 수 있다. 본 방법론은 Amatulli et al.(2011)이 비즈니스 포트폴리오 분석에서 산업의 매력도와 대상 기업의 시장경쟁력을 이용한 관점에 착안하여 개별 기업의 기술선호도를 기업이 보유한 기술경쟁력과 그 기술의

매력도로 구성하였다. 여기서 기업의 기술경쟁력은 기업이 주요 기술 요소를 얼마나 많이 보유하고 있는지를 의미하며, 이는 기업이 보유하고 있는 기술의 연결 중심성, 매개 중심성, 인접 중심성을 통해 구할 수 있다. 기술 매력도는 해당 기술이 혁신적인 활동을 할 수 있는 유인이나 기술의 활용 범위가 얼마나 큰지를 보여주는 값으로, 각 기술의 네트워크 밀도와 크기를 합산한 값으로 도출할 수 있다.

기술 차별화 정도는 특정 기술이 얼마나 다양한 기술들과 사용될 수 있는지를 가늠하는 척도로써, 다변화 지수를 통해 구할 수 있다. 이는 특정 기술이 보유하고 있는 기술 영역이 얼마나 다양하고 또 그 다양성이 얼마나 고르게 분포되어 있는지 보는 것으로, IPC로 산출한 Gini-Simpson index를 통해 구할 수 있다. 〈표3〉은 각각의 식을 계산한 결과 값으로써 각 기술의 기술경쟁력과 기술선호도를 보여주며, 〈그림1〉은 각 기업의 절대적인 기술선호도를 표시하였다.

〈표3〉 저전력 블루투스 대비 지그비의 기술경쟁력 및 기술선호도

| 기업 | 저전력 블루투스 기술경쟁력 | 저전력 블루투스 기술선호도 | 지그비 기술경쟁력 | 지그비 기술선호도 | 지그비-저전력 블루투스 선호도 |
|---|---|---|---|---|---|
| Broadcom | 1.472 | 1.680 | 0.009 | 0.006 | 0.996 |
| Honeywell | 0.314 | 0.358 | 0.111 | 0.081 | 0.816 |
| LG | 0.388 | 0.443 | 0.317 | 0.230 | 0.658 |
| Qualcomm | 1.391 | 1.587 | 0.078 | 0.057 | 0.965 |
| Samsung | 1.585 | 1.808 | 0.784 | 0.570 | 0.760 |

〈그림1〉 저전력 블루투스 대비 지그비 선호도

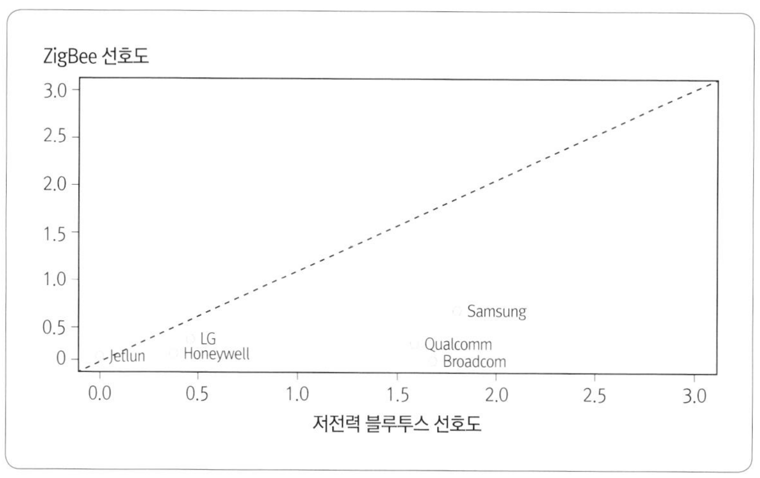


③ 기업 간 시장에서의 균형 도출에 앞서 도출한 기술선호도($\theta$)와 기술 차별화 정도(d)를 대입하여 해당 시장에서의 균형을 도출한다. 〈표4〉에서는 각 기업의 기술선호도와 기술 차별화 정도를 대입하여 보상 함수를 계산하였다. 이때의 균형은 상대방의 최적의 전략 혹은 기술에 따른 나의 최

〈표4〉 저전력 블루투스-지그비 보상 체계

| ($\theta$=0.2398, 0.3424, d=0.964) | | | |
|---|---|---|---|
| | 기업 2 | | |
| 기업 1 | | 저전력 블루투스 | 지그비 |
| | 저전력 블루투스 | 1.773(기업 1)<br>1.214(기업 2) | 1.292(기업 1)<br>-0.048(기업 2) |
| | 지그비 | -0.154(기업 1)<br>1.086(기업 2) | 0.299(기업 1)<br>0.907(기업 2) |

선의 전략을 구함으로써 도출할 수 있다. 예를 들어, 기업 2가 저전력 블루투스를 선택했다고 했을 때 기업 1의 최선의 전략은 나에게 1.773의 보상을 주는 저전력 블루투스가 된다. 이런 식으로 각각의 경우에서 일치되는 균형을 찾게 되면 두 기업 간의 균형이 저전력 블루투스에서 형성됨을 확인할 수 있다.

## 기술의 표준화를 주도하는 기술표준 분석

지금까지 설명한 방법론은 기술표준의 실증적인 경쟁 구도를 파악할 수 있는 구조적인 정보를 제공한다. 이미 언급한 바와 같이 표준 분석을 수행하는 데 있어 각 기술 간의 경쟁 관계 혹은 협력 관계를 파악하는 것은 매우 중요하다. 기술 네트워크 분석은 동일 영역에 있는 표준화 대상 기술과 관련 기술들 간의 관계를 통해 기술표준 내 경쟁 구도에 대한 정보를 제공할 수 있으며, 이러한 접근 방법은 기술표준의 경쟁 구도가 명확하지 않거나 실제 경쟁하고 있는 표준들에 대한 실증 분석이 필요할 경우에 유용하게 사용될 수 있다.

또한, 표준 활동에 참여하는 개별 기업들의 기술선호도 분포와 동일한 표준 기술을 추구하는 기업들의 클러스터 정보, 그리고 해당 클러스터의 표준에 대한 기술적 선호도 범위와 그에 따른 기술표준 균형에 대한 분석 결과를 제공한다. 이러한 연구 방법론은 특허라는 수집 가능한 데이터를 이용해 기술표준의 방향을 실증하는 프레임워크를 제공하고, 시장에서의 기술적 정보를 최대한 사용하여 표준화 균형을 예측했다는 것에 큰 연구적 가치를 갖는다.

마지막으로, 이 방법론에서 도출해낸 기술표준 분석 결과는 보다 실증적인 정책적 제언을 제공한다. 특허 데이터를 이용하기 때문에 시뮬레이션이나 설문 조사 결과를 이용한 기존의 연구에 비해 상대적으로 데이터 확보와 실증적인 분석에 있어 이점이 있다. 또한, 기술의 차별화 정도와 개별 기업의 기술선호도, 그리고 잠재 시장의 크기와 현 시장의 크기를 통해 도출한 기술표준의 균형은 표준화 격차나 기술표준의 불균형 상태와 같은 문제가 발생할 경우, 각 변수들을 조절하여 해당 문제를 해결하기 위해 반영되어야 할 정책적 주안점에 대한 근거를 제공할 수 있다.

기술표준의 상호호환성이 그 어느 때보다 강조되는 현 시점에서 기술이 주는 개별 가치와 네트워크적 가치는 기술표준을 평가하는 핵심적인 요소라 할 수 있다. 지금껏 소개한 연구 방법론은 네트워크 기술 시장을 모델링한 두 단계 게임 모형에 기술 네트워크 분석 결과를 반영하여 보다 기술적인 요소가 고려된 분석 결과를 제공할 수 있다. 또한 이는 기술표준이 개별 산업에 국한되지 않고 사물인터넷과 같이 여러 산업에 걸쳐 나타날 경우에도 적용가능하다는 점에서 다양한 적용이 가능하다.

INSIGHT 05

# 국가 품질인프라를 고도화하는 인정시스템

글 | 서경미(한국표준협회 표준정책연구센터, leaf@ksa.or.kr)

기업의 생산 프로세스 개선, 국내외 규제 준수 확인, 기술적 지원을 목적으로 하는 제도들의 체계를 '품질인프라'라고 하는데, 품질인프라는 표준화, 계량, 적합성평가, 인정 제도로 구성되며 궁극적으로 혁신시스템(Innovation System)의 일부로 기능한다. 품질인프라 내에서 인정의 역할과 효과를 논하기 위해 한국의 인정시스템과 타국의 인정시스템을 비교할 때, 대표적인 사례로 영국의 인정기구인 UKAS(United Kingdom Accreditation Service)를 거론할 수 있다. 2013년 영국 기업혁신부(BIS)에서 '인정의 파급효과(The Economics of Accreditation, Marion Frenz, Ray Lambert, 2013.3)'라는 보고서를 발표하였고, 한국의 경우는 국가기술표준원에서 매년 국가기술표준백서를 발간하고 있다. 여러 항목에서 양 국가 인정시스템의 효과를 비교 분석할 수 있는데, 영국 UKAS 인정의 효과 분석 사례는 향후 한국 인정시스템의 사회경제적 파급효과를 체계적으로 분석하기 위한 정책 참고자료로 활용할 수 있다는 점에서 의미가 있다.

※ 이 글은 2015년 8월 한국표준협회가 발간한 KSA Policy Study 2015-4호 '영국 UKAS 인정시스템의 파급효과 - 시장분석과 품질인프라를 중심으로-'를 칼럼 형태로 재작성한 것입니다. 참고문헌은 한국표준협회(www.ksa.or.kr)에서 확인할 수 있습니다.

'적합성평가'란 제품(서비스 포함), 프로세스, 시스템, 사람 또는 기관과 관련된 규정된 요구사항이 충족됨을 실증하는 것[1]으로 적합성평가는 흔히 '인증'으로 대표되며, 구체적으로 '시험', '인증', '검증'의 3개 부문으로 구성된다. '인정'은 적합성평가 기관이 특정 적합성평가 업무를 수행하는 데 적격하다는 사실을 제3자에 의한 공식적 증명 발행으로 실증하는 것[2]이다.

ISO/IEC 17011(적합성 평가-인정기관에 대한 일반 요구사항)의 기준에 적합한 인정기구가 적합성평가 기관을 인정하며, 적합성평가 기관은 크게 3개 부문(시험, 인증, 검증)의 9개 분야(시험, 의학, 교정, 검사, 제품, 시스템, 자격, 의료기기, 온실가스)로 구분되어 각 분야의 ISO/IEC 규정을 따르고 있다.

기업의 생산 프로세스 개선, 국내외 규제 준수 확인, 기술적 지원을 목적으로 하는 제도들의 체계를 '품질인프라'라고 한다. 품질인프라는 표

1) 출처: KS Q ISO IEC 17000 (적합성평가-용어 및 일반원칙) 2.1
2) 출처: KS Q ISO IEC 17000 (적합성평가-용어 및 일반원칙) 5.6

〈그림1〉 적합성평가 인정 체계

※ 자료: 최금호(2013), 국제무역의 평가인증 핸드북

준화, 계량, 적합성평가, 인정 제도로 구성되며 궁극적으로 혁신시스템(Innovation System)의 일부로 기능한다.

## 영국과 한국의 인정시스템은 어떻게 다른가

품질인프라 내에서 인정의 역할과 효과를 논하기 위해 한국의 인정시스템과 타국의 인정시스템을 비교할 때, 대표적인 사례로 영국의 인정기구인 UKAS(United Kingdom Accreditation Service)를 거론할 수 있다.

2013년 영국 기업혁신부(BIS)에서 '인정의 파급효과(The Economics of Accreditation, Marion Frenz, Ray Lambert, 2013.3)'라는 보고서를 발표하였고, 한국의 경우는 국가기술표준원에서 매년 국가기술표준백서를 발간하고 있다. 여러 항목에서 양 국가 인정시스템의 효과를 비교 분석할 수

〈표1〉 품질인프라의 구성 및 효과

| 품질인프라 구성 | 활동 | 주요 기능 | 수혜자 | 주요 영향력 |
|---|---|---|---|---|
| 표준화 (Standardization) | 표준 구성(준수 선택), 기술 규제(준수 의무) | • 지식 교류<br>• 협력<br>• 제품과 절차조화 | • 기업<br>• 소비자 | • 규모의 경제<br>• 학습의 경제<br>• 혁신<br>• 기술분산<br>• 경쟁<br>• 가격하락<br>• 소비자와 환경보호 |
| 계량 (Metrology) | 측정 절차 구축 및 측정도구의 교정 | • 추적가능<br>• 비교가능<br>• 불확실성 감소 | • 기업<br>• 산업계<br>• 정부<br>• 소비자 | • R&D 효율화<br>• 해외시장 접근<br>• 국제적 가치사슬 통합<br>• 안정적 정부 지출<br>• 소비자 보호 |
| 적합성평가 (Conformity Assessment) | 관리 절차, 표준과 제품(서비스)의 적합성 | • 적합성<br>• 확신<br>• 신뢰성 | • 기업<br>• 소비자 | • 정보 불균형 감소<br>• 혁신 프리미엄 |
| 인정 (Accreditation) | 조직이나 사람의 특정업무 수행 역량에 대한 공적 확인 | • 역량<br>• 추적가능<br>• 투명성<br>• 독립성 | • 품질 인프라 전체 | • 세계시장과 가치사슬의 경제적 통합<br>• 품질서비스의 우수사례 전파 |

※ 자료: Measuring the Impacts of Quality Infrastructure, Jorge Gonçalves, Jan Peuchert, 2011.4

있는데, 양 국가의 인정시스템 차이와 경제효과의 차이를 연계하여 분석하는 것이 의미가 있을 것으로 판단되어 이 연구를 진행하였다.

영국은 인정기구가 UKAS로 단일화되어 있으나, 한국은 한국인정기구(KOLAS, Korea Laboratory Accreditation Scheme), 한국제품인정기구(KAS, Korea Accreditation System), 한국인정지원센터(KAB, Korea Accreditation Board)가 역할을 구분하여 인정 업무를 수행하고 있다.

인정시스템의 성격에서도 양국 간 다소 차이가 발생하는데, 영국은 민간 인정기구로 단일 지정된 UKAS가 영국정부(기업혁신부)와 양해각서를 체결하여 업무를 수임하고 있다. 반면 한국은 민간과 정부 역할이 혼재되

〈표2〉 양국 인정시스템 명칭, 성격, 업무[3)]

| | 분야 | | | | |
|---|---|---|---|---|---|
| | 시험 | 교정 | 검사 | 인증 | |
| | | | | 제품 | 시스템 |
| 영국 | UKAS(민간) | | | | |
| 한국 | KOLAS(정부) | | | KAS(정부) | KAB(민간) |

어 있는데, 구체적으로 KOLAS와 KAS는 산업통상자원부 국가기술표준원이 관할하고, KAB은 산업통상자원부 산하 민간 법인으로 KOLAS와 KAS의 업무를 지원하는 형태이다.

양국은 인정받은 적합성평가 기관의 규모 측면에서도 차이가 있다. 시험, 교정, 검사, 인증 분야에서 UKAS로부터 인정받은 기관은 총 1,966社이며 , 한국의 KOLAS, KAS, KAB에서 인정받은 기관은 총 800社이다. 분야별로는 양국 모두 시험 분야의 비중이 가장 높고 유사하며(58%), 한국은 영국 대비 교정 분야의 비중이 다소 높다(24%).

〈표3〉 양국의 인정 서비스 수요(2013년 기준)

| | 총계 | 시험 | 교정 | 검사 | 인증 | |
|---|---|---|---|---|---|---|
| | | | | | 제품 | 시스템 |
| 영국 | 1,966社 (100%) | 1,145社 (58%) | 345社 (18%) | 177社 (9%) | 299社 (15%) | |
| 한국 | 800社 (100%) | 460社 (58%) | 192社 (24%) | 52社 (7%) | 17社 (2%) | 79社 (10%) |

3) 'The Economics of Accreditation'의 분석에 포함된 분야에 국한함(시험, 교정, 검사, 인증)
4) 인정받은 적합성평가 기관 수 총계 출처: UKAS 2013 Annual Report, 분야별 기관 수 출처: Frenz, Lambert (2013), The Economics of Accreditation
5) 출처: 국가기술표준원 통계, 2014.6, 분야별 기업 중복 가능성이 있어 해석 상의 주의를 요함

인정 서비스의 수요 측면에서 보면, 2013년 UKAS 인정 서비스의 수요는 2009년 대비 50% 가량 증가했으며, 인정 시장의 고성장은 의료분야(병리학, 영상진단) 등 非전통 분야의 성장에 기반하고 있다. 국가기술표준원 기술표준통계에 따르면 한국은 2009년 대비 12% 증가하였다.

양국 인정시스템의 매출을 비교해보면, UKAS의 2013년 총매출은 361억원[6]이며 한국의 경우 KOLAS, KAS는 정부 운영으로 매출이 없고 KAB의 2014년 총매출은 약 30억원[7] 규모이다. 2013년 기준 UKAS에서 인정받은 시험, 교정, 검사, 인증 분야 적합성평가 기관의 매출은 총 9조 4,620억원이며, 한국 적합성평가 기관의 매출은 확인되지 않고 있다.

〈표4〉 인정받은 적합성평가 기관의 총매출

| | 총계 | 시험 | 교정 | 검사 | 인증 |
|---|---|---|---|---|---|
| 영국 | 94,620억원 | 55,112억원 | 16,600억원 | 14,392억원 | 8,515억원 |
| 한국 | n/a | n/a | n/a | n/a | n/a |

UKAS 인정의 정량적 파급효과는 두 가지 조사 결과를 기반으로 분석할 수 있는데, 한 가지는 UKAS 인정을 받은 적합성평가 기관을 대상으로 2012년 7월 진행된 웹서베이로 총 176개 기관에서 응답한 결과로 분석을 진행하였다. 또한 2011년 IAF(International Accreditation Forum)를 통해 수행된 조사 결과도 일부 적용되었다.

6) 출처: UKAS 2013 Annual Report
환율: 1 GBP = 1,660 KRW(2015.2 기준, 본 리포트 내 모든 GBP 금액 환산에 적용)
7) KAB의 인정 업무 관련 매출은 18억원

본 정량적 분석에서 '인정의 파급효과'는 '인정 후 가격상승에 따른 추가비용 지불의향'에 초점을 두고 있으며, 인정의 경제적 효과 전반에 대한 포괄적 분석은 아님을 미리 밝힌다.

176개 기관의 업무분야는 시험(69%), 교정(27%), 검사(16%), 인증(13%) 순이며, 응답기관의 54%가 직원 50명 미만의 소규모 기관이고 250명 이상 대규모 기관은 26% 수준이었다.

〈표5〉 응답기관의 업무분야 및 규모

| 분야 | 응답률(복수) | 규모 | 응답률(단수) |
|---|---|---|---|
| 시험 | 69% | 직원 1~9명 | 18% |
| 교정 | 27% | 10~49명 | 36% |
| 검사 | 16% | 50~249명 | 19% |
| 인증 | 13% | 250명 이상 | 26% |
| 기타[8] | 17% | 총계 | 100% |

전체 응답기관의 82%가 인정을 매우 중요하다고 평가했으며, 분야별로는 시험(86%) 인증(86%), 교정(83%)에서의 중요도가 검사(79%) 분야 대비 상대적으로 높게 나타나고, '매우 중요'와 '중요'의 합산치를 고려하면 시험 분야의 중요도가 가장 높게 나타났다(98%).

기관 규모별로는, 규모가 커질수록 인정을 중요하게 인식하다가 일정 수준 이상 되면 중요도가 감소하는 것으로 나타나며, 직원 수 50~249명 규모에서 인정의 중요성을 가장 높게 인식하고(88%), 250명 이상의 대규모에서 상대적으로 가장 낮았다(75%).

8) '제조(In-house 시험소)' 11% 포함

〈표6〉 인정의 중요성

| 구분 | 전체 | 분야별[9] | | | | 적합성평가 기관 규모[10] | | | |
|---|---|---|---|---|---|---|---|---|---|
| | | 시험 | 교정 | 검사 | 인증 | 직원 1~9명 | 10~ 49명 | 50~ 249명 | 250명 이상 |
| 매우 중요 | 82% | 86% | 83% | 79% | 86% | 81% | 86% | 88% | 75% |
| 중요 | 15% | 12% | 13% | 18% | 9% | n/a | n/a | n/a | n/a |
| 중요도 낮음 | 1% | 2% | 4% | 4% | 5% | n/a | n/a | n/a | n/a |
| 중요하지 않음 | 1% | 0% | 0% | 0% | 0% | n/a | n/a | n/a | n/a |

인정의 편익 측면에서는 51%가 인정의 최대 편익으로 '마케팅·평판 효과'를 언급했으며, 다음으로 '서비스 품질 제고'(19%), '소비자 요구'(16%)의 순서로 나타났다.

〈그림2〉 인정의 최대 편익

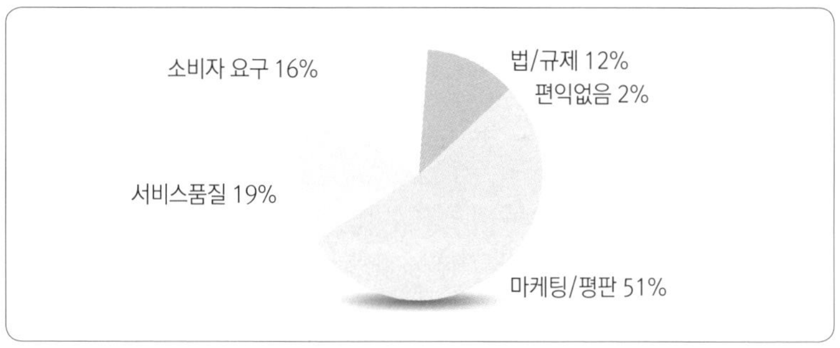


인정 후 서비스 가격변화는 시험, 교정, 검사, 인증의 모든 분야에서 6~11% 수준의 가격상승률을 보였으며, 분야별로는 교정 분야의 가격상승이 두드러졌다(평균 11%). 교정 분야는 인정 후 10% 이상의 가격상승

9) '인정의 파급효과' 본문 상에서 '제조(In-house 시험소)' 데이터 생략(매우 중요 80%, 중요 20%)
10) '인정의 파급효과' 본문 상에서 '매우 중요' 항목 외의 세부 수치 생략

응답률이 65%에 달해 타 분야 대비 독보적인 가격상승 효과를 보였으며, 가장 낮은 시험 분야도 10% 이상의 가격상승 응답률이 33%에 달했다.

UKAS의 인정을 받은 적합성평가 기관을 통해 유통되는 전체 서비스의 45% 가량이 UKAS 인정을 받은 것으로 분석되며 구매보다는 판매 측면의 점유율이 상대적으로 더 높았다. 구체적으로 구매 측면에서는 교정 서비스의 점유율이 가장 높고(59%), 판매 측면에서는 시험 서비스의 점유율이 가장 높았다(62%).

〈표7〉 인정 후 서비스 가격변화

| 구분 | 시험 | 교정 | 검사 | 인증 |
|---|---|---|---|---|
| 가격상승(10% 이상) | 33% | 65% | 43% | 54% |
| 가격상승(10% 미만) | 15% | 25% | 16% | 19% |
| 가격변동 없음 | 49% | 8% | 37% | 24% |
| 가격하락(10% 미만) | 1% | 1% | 4% | 4% |
| 가격하락(10% 이상) | 2% | 1% | 0% | 0% |
| 가격상승률 평균 | 6% | 11% | 7% | 8% |

※ 무응답 제외 100% 환산

〈표8〉 인정받은 서비스 점유율[12)]

| 구분 | 전체 | 시험 | 교정 | 검사 | 인증 |
|---|---|---|---|---|---|
| 인정받은 서비스 구매율 | 40% | 47% | 59% | 20% | 36% |
| 인정받은 서비스 판매율 | 51% | 62% | 40% | 29% | 43% |
| 점유율 평균 | 45% | 50% | 50% | 25% | 40% |

11) 무응답률: 시험 10%, 교정 12%, 검사 48%, 인증 44%

12) IAF의 별도 데이디에 따르면 인정받은 적합성평가 기관의 인증서 발행률은 전체의 88% 수준으로 본 데이터(인정받은 인증서비스 구매율 36%)와 큰 차이를 보이는데, 이는 품질경영표준에 대한 자기인증(Self-certifying)과 인정받은 적합성평가 기관에서 인정마크가 없는 인증서를 발행하는 비중 때문으로 추정됨

전술한 바와 같이 정량적 효과 분석의 초점을 '인정 후 가격상승에 따른 추가비용 지불의향'으로 두고, 이를 산출하기 위해 UKAS 인정을 받은 적합성평가 기관의 총매출액, 인정 후 가격상승률, 인정받은 서비스의 점유율 데이터를 활용하였다. 그 결과, 인정 후 가격상승에 기반한 매출증가 효과는 약 3,090억원에 달하는 것으로 나타났다.

〈표9〉 인정 후 매출증가 효과

| 구분 | UKAS 인정 적합성평가 기관 총매출액① | 인정 후 가격상승률 평균② | 인정받은 서비스 점유율 평균③ | 인정 후 매출증가액 ①*②*③ |
|---|---|---|---|---|
| 시험 | 55,112억원 | 6% | 50% | 1,653억원 |
| 교정 | 16,600억원 | 11% | 50% | 913억원 |
| 검사 | 14,392억원 | 7% | 25% | 251억원 |
| 인증 | 8,515억원 | 8% | 40% | 272억원 |
| 총계 | 94,620억원 | - | - | 3,090억원 |

UKAS의 인정을 받은 적합성평가 기관들이 응답한 매출액 성장은 약 1,162억원으로 도출되었다.[13] 다만, 매출성장 가치는 상술한 '인정 후 서비스 가격상승에 따른 추가비용 지불'과는 별개로 판단한다.

UKAS의 유관기관인 국립물리연구소(NPL)[14]를 통해 간접적으로 분석한 결과, 파생사업을 통한 부가가치를 약 5,312억원으로 추산했는데, 이때 산출방법으로 NPL의 교정 분야 파생사업 관련 매출과 UKAS의 나머지

13) 다만, 저자는 본문에서 재무적 가치 금액을 제시하면서, 수치의 신뢰성이 불충분하므로(△응답률이 15% 수준인 단일문항에 근거하여 금액 산출 △응답 금액의 분포가 넓어 평균 대신 중앙값 채택) 재무적 가치의 규모를 개괄적으로 가늠하는 데 의의를 두는 것이 타당하다고 언급함

14) 국립물리연구소(National Physical laboratory): 영국의 측정표준 관련 기관

분야 파생사업 매출 추정을 활용하였다.

NPL의 교정 분야 파생사업 관련 매출은 약 996억원(2011년)이며, 매출의 구분이 불가한 시험, 검사, 인증 분야의 경우 UKAS 매출과 적합성평가기관 규모별 비중을 감안하여 각 분야의 파생사업 매출을 추정하였는데, 이 때 파생사업은 교육훈련, 측정 관련 교정·컨설팅·지식판매 서비스, 측정 네트워크 및 협력, 행사, 간행물 등을 포함하고 있다.

상술한 인정 후 서비스 가격상승(3,090억원), 매출성장(1,162억원), 파생사업을 통한 부가가치(5,312억원)의 금액을 합산하면 약 9,564억원에 달한다.

Frenz와 Lambert(2012)는 혁신과 관련하여 품질인프라 내에서 어떤 독립변수가 어떤 종속변수와 시계열적 상관관계를 보이는지에 대한 분석을 실시하였는데, 이를 위해 우선 요인분석을 통해 25개의 기업 혁신 관련 변인에서 6가지의 요인(혁신 유형)을 정리하여 독립변수로 제시하였다.

연관성의 설명력을 높이기 위해 측정 지식, 품질경영시스템(ISO 9001) 인증, 산업계 내 표준 건수, 산업계 내 계측장비 구입의 4개의 독립변수를

〈표10〉 기업의 혁신 유형

| 유형 | 주요 변인 |
|---|---|
| 지적재산 기술 혁신 | 특허 사용, 디자인 및 저작권 등록, 사내 R&D |
| 무형자산 투자 | 내부 또는 외부조달 R&D, 지식, 설비 및 장비 구매, 교육훈련, 신제품 디자인 및 마케팅 |
| 성문화된 지식 이용 | 표준 이용, 산학연 간행물 및 정보, 혁신에 대한 협력 |
| 혁신 확대 | 신규 전략, 경영 기법 혹은 조직 구조, 신규 마케팅 전략 |
| 시장주도형 혁신 | 신제품 소개, 마케팅 비용 지출 |
| 외부 절차 현대화 | 외적 혁신, 신규 생산 프로세스 또는 서비스 유통 방법의 소개 |

추가하였다. 또한 2007년과 2009년 발표된 영국 혁신 조사[15] 결과에 기반하여 '생산성', '매출액', '고용률' 측면에서 총 8개 종속변수를 도출하였고, 통제변수는 학위 소지율, 해외시장 진출, 직원 수, 산업 더미변수의 4가지를 선정하였다.

회귀분석 결과, '측정 지식', '표준 건수', '성문화된 지식 이용', '지적재산 기술 혁신'은 '생산성'과 강한 양의 상관관계가 있으므로, 인정 과정을 통해 측정 지식을 높이고 성문화된 지식을 이용하며 표준 건수 증가나 지적재산 기술 혁신을 위한 노력을 하는 것이 기업의 생산성 향상에 높은 영향력을 보이는 것으로 분석되었다.

특히 '측정 지식'은 생산성의 증가에도 강한 양의 상관관계를 보이며, 그 외에 '표준 건수', '품질경영시스템 인증', '성문화된 지식 이용'이 생산성 증가에 비교적 강한 상관관계를 보였다.

또한 '혁신 확대'는 매출액 증감과 강한 상관관계를 보이며, 그 외에 '품질경영시스템 인증'도 비교적 강한 상관관계를 나타내므로, 인정시스템을 통해 기업의 품질경영시스템 인증 참여와 혁신 확대를 촉진하는 것이 기업의 매출에 영향력을 발휘한다고 결론내릴 수 있다.

### 적합성평가를 받는 기업을 지원하고, 품질인프라 기반을 마련하라

요약하자면, 단일 인정기구를 채택한 영국과 달리 한국은 3개의 인정기구가 존재하며, 복수 인정기구 시스템의 효율성 저하에 대해 그간 다양한 논의가 있었다(강병구, 2012 등). 영국 인정시스템(UKAS)의 인정을 받은

15) 영국 혁신 조사(UK Innovation Survey, UKIS): 중소기업을 포함한 영국 기업의 제품·프로세스·투자·관리 등 혁신 활동 전반을 분석하기 위해 기업혁신부(BIS)가 수행

〈표11〉 기업 혁신 변인 요인분석 결과[16)]

| 변수 \ 요인 | 지적재산 기술 혁신 | 무형자산 투자 | 성문화된 지식 이용 | 혁신 확대 | 시장 주도형 혁신 | 외부 절차 현대화 |
|---|---|---|---|---|---|---|
| 제품 혁신 | 0.23 | 0.13 | -0.01 | 0.14 | 0.92** | 0.14 |
| 절차 혁신 | 0.21 | 0.23 | 0.08 | 0.19 | -0.73** | 0.41* |
| 시장 최초 | 0.46* | 0.31* | 0.06 | 0.10 | 0.43* | 0.41* |
| 전략 | 0.12 | 0.11 | 0.10 | 0.85** | 0.02 | -0.02 |
| 경영 | 0.12 | 0.13 | 0.14 | 0.71** | -0.12 | 0.05 |
| 조직 구조 | 0.07 | 0.09 | 0.15 | 0.81** | 0.00 | -0.03 |
| 마케팅 전략 | 0.00 | 0.23 | 0.06 | 0.74** | 0.23 | 0.09 |
| 사내 R&D | 0.49* | 0.66** | 0.13 | 0.08 | 0.09 | -0.31* |
| 조달 | 0.26 | 0.60** | 0.16 | 0.15 | -0.05 | -0.08 |
| 기계 | 0.02 | 0.80** | 0.12 | 0.08 | -0.09 | 0.09 |
| 교육 훈련 | 0.05 | 0.81** | 0.14 | 0.18 | -0.05 | 0.15 |
| 디자인 비용 지출 | 0.41* | 0.64** | 0.09 | 0.08 | 0.12 | -0.13 |
| 마케팅 비용 지출 | 0.31* | 0.66** | 0.12 | 0.18 | 0.35* | -0.07 |
| 외부 혁신 | -0.05 | -0.05 | 0.04 | 0.00 | 0.00 | 0.90** |
| 협력 | 0.38* | 0.17 | 0.50** | 0.12 | -0.14 | 0.04 |
| 정보 시장 | 0.21 | 0.05 | 0.84** | 0.12 | -0.05 | 0.04 |
| 정보 시장 기반 | 0.21 | 0.20 | 0.68** | 0.15 | -0.08 | -0.03 |
| 표준 | 0.02 | 0.12 | 0.83** | 0.12 | 0.02 | -0.03 |
| 간행물 | 0.09 | 0.15 | 0.81** | 0.04 | 0.06 | 0.07 |
| 특허권 | 0.86** | 0.12 | 0.19 | 0.01 | 0.00 | -0.03 |
| 의장권 | 0.85** | 0.17 | 0.14 | 0.11 | 0.08 | 0.02 |
| 저작권 | 0.70** | 0.20 | 0.10 | 0.16 | 0.13 | 0.04 |

**요인적재량 0.5 이상/-0.5 이하 높은 상관관계
*요인적재량 0.3~0.5/-0.3~-0.5 비교적 높은 상관관계

16) UKIS 2009 기반, 혁신 활동 중인 기업만 해당, n=2,743

적합성평가 기관은 1,966社로, 한국에서 KOLAS, KAS, KAB 인정을 받은 800社와 대비해 약 2.5배 수준이다. 양국 모두 시험 분야 비중이 58% 수준으로 가장 높고, 한국은 영국 대비 교정 분야 비중이 낮은 편이다.

UKAS 인정 서비스의 수요는 최근 5년 내 약 50% 증가했으나, 한국의 인정 서비스 수요는 동일 기간 내 약 12% 증가하여 인정을 통한 시장의 품질인프라 강화 및 혁신 추진에 있어 상대적으로 미흡한 것으로 나타났으며, UKAS 인정 서비스 수요의 증가는 의료분야 등에서 두드러졌다. 영국 UKAS의 연 매출은 약 361억원이고, 한국의 경우 민간 영역인 KAB의 연 매출은 약 30억원으로, 영국 UKAS 인정을 받은 적합성평가 기관은 매출은 총 9조 4,620억원으로 분석되었다.

〈표12〉 품질인프라 회귀분석 결과 요약

| 종속변수 / 독립변수 | 생산성 | 생산성 증감 | 매출액 증감 | 고용 증감 |
|---|---|---|---|---|
| 측정 지식 | *** | *** | | |
| 표준 건수 | *** | ** | | |
| 계측장비 구입 | ** | | | |
| 품질경영시스템 인증 | | ** | ** | * |
| 성문화된 지식 이용 | *** | ** | * | |
| 지적재산 기술 혁신 | *** | | * | |
| 무형자산 투자 | | | | |
| 시장주도형 혁신 | | | | |
| 혁신 확대 | | | *** | ** |
| 외부 절차 현대화 | | | | |

***유의수준 1%에서의 상관관계
**유의수준 5%에서의 상관관계
*유의수준 10%에서의 상관관계

UKAS 인정을 받은 적합성평가 기관의 82%가 인정을 매우 중요하다고 인식하며, 시험 분야와 중견기업(직원 50~249명)에서 중요성을 가장 높게 응답하였다. 특히 검사 분야와 대규모 기관(직원 250명 이상)에서 중요도가 상대적으로 낮게 나타났다. 인정의 파급효과는 서비스 가격상승(3,090억원), 매출성장(1,162억원), 파생사업을 통한 부가가치(5,312억원) 측면에서 총 9,564억원으로 산출되었다.

인정이 품질인프라와 혁신시스템의 중요한 구성 요인인 점을 감안하여 회귀분석을 실시한 결과, '측정 지식', '표준건수', '성문화된 지식 이용', '지적재산 기술 혁신', '계측장비 구입', '품질경영시스템 인증' 측면에서 '생산성(증감)'과 상관관계를 보였으며, '혁신 확대'와 '품질경영시스템 인증'은 '매출액 증감'과 상관관계를 보이므로, 향후 인정 절차에 있어 적합성평가 기관들이 해당 변수들의 중요성을 숙지하고 실행방법을 구체화함으로써, 적합성평가를 받는 기업들을 지원하고 품질인프라와 혁신에 기여할 수 있는 기반을 마련할 필요가 있다.

향후 한국 인정시스템도 사회·경제적 파급효과를 체계적으로 분석함으로써 산업에 대한 기여 범위를 파악하고 지속적인 발전방안 마련의 토대로 활용할 가치가 있으며, 분석 시 '인정의 파급효과' 보고서의 분석 방법 활용을 검토할 필요성이 있다.

# Part 2.
# 新표준경영시대가 온다

## .06.

표준화
교육 활동이
중소기업 혁신성과
높인다

## .07.

사실상 표준 등장과
기업의 시장 생존전략

## .08.

4차 산업혁명이 온다

## .09.

ISO 9001과
14001 개정의 초점,
조직과 리더십
강화하라

INSIGHT 06

# 표준화 교육 활동이 중소기업 혁신성과 높인다

글 | 노용휘(명지대학교 경영학과, acipco@hanmail.net)

세계화가 빠르게 진행되면서 표준화의 중요성은 날로 증대되고 있으며 표준화를 통한 제품의 호환성 확보는 해외 시장에서의 경쟁력을 결정하는 필수요소가 되고 있다. 이러한 세계적인 흐름을 고려해 볼 때 중소기업의 혁신 역량과 기업 내 표준화 교육 활동 및 그 성과 간의 관계를 분석해 보는 것은 의미 있는 일이라 하겠다. 이에 국내 정보통신과 전기전자 업종 중소기업 약 900여개를 대상으로 분석을 수행했고, 그 결과를 바탕으로 표준화 교육 활동이 기업의 생산과 품질개선 정도와 R&D 활동개선에 미치는 영향에 대해 살펴보고자 한다. 또한, 그 과정에서 R&D 투자비율의 조절효과에 대해서도 논의를 하고자 한다. 이러한 논의는 중소기업의 표준화 교육 활동, 교육성과, 혁신 활동의 관계를 규명함으로써 중소기업과  관계기관의 의사결정자가 혁신과 표준화 활동의 성과를 극대화하는 데 도움을 줄 수 있는 실질적인 시사점을 제공한다는 점에서 그 의의가 있다.

※ 이 글은 2015년 한국표준협회가 주관한 〈제3회 표준정책 마일스톤 연구–국가의 미래전략과 표준〉의 지원을 받아 수행된 연구 논문 '중소기업의 혁신역량, 표준화 교육 활동 및 혁신성과의 관계: 정보통신 및 전기전자 산업을 중심으로'를 칼럼 형태로 재작성한 것입니다. 참고문헌은 한국표준협회(www.ksa.or.kr)에서 확인할 수 있습니다.

치열한 글로벌 경영환경에서 살아남기 위해 세계 각국의 기업들은 표준의 선점과 전파에 많은 노력을 기울이고 있으며 국가적으로도 표준화의 지원에 관심을 기울이고 있다. 우리 정부 역시 표준화 지원을 위한 각종 정책을 입안하고 있는데 표준화 활성화를 위한 핵심요소 중 하나는 표준과 표준화에 대한 체계적인 교육이다. 표준화 교육은 표준의 효과적인 전파라는 측면에서 표준화의 핵심적인 역할을 담당한다고 할 수 있으며, 표준을 적절히 이해하는 전문 인력 양성이라는 측면에서도 매우 중요하다고 할 수 있다. 특히 기업의 경쟁력을 결정하는 주요한 요인이 기업을 구성하는 인적자원의 능력 향상이라는 점을 고려할 때 표준화 교육은 표준화 성공의 핵심이라고 할 수 있다.

이렇게 기업의 경쟁력 확보에 필수적인 표준화 교육 활동은 기업의 혁신역량과 일정한 관계를 가지고 있을 개연성이 있다. 혁신역량은 기업의 경쟁력을 보여주는 주요한 척도로서 이종 산업 간 기술의 융합이 강조되는 현대 사회에서 기업의 생존에 필수불가결한 요소라고 할 수 있다. 일반적으로 기업의 혁신역량이 신제품 개발 및 생산 프로세스의 성과 향상에 매우 중요하고 그 과정에서 표준화가 중요한 역할을 수행하기 때문에 기업의 혁신역량과 표준화 활동 간에는 상관관계가 있는 것으로 받아들여지고 있다. 따라서 혁신역량이 뛰어난 기업일수록 직원들에 대한 표준화 교육 활동에 더 많은 투자와 노력을 기울일 것이라고 추정할 수 있다.

연구개발 활동과 신제품 개발을 통해 상품화된 제품과 서비스를 성공적으로 시장에 진입시키기 위해서는 표준화를 통해 규모의 경제를 달성하고 수요를 촉진시킬 필요가 있다. 그 과정에서 표준화 교육 활동이 필수적이며, 따라서 기업의 혁신역량과 기업 내 표준화 교육 활동 사이의 관계를 고찰해보는 것은 표준화의 중요성이 더해가는 현시점에서 매우 필요한 과제라고 할 수 있다.

한편 중소기업의 경우 혁신역량과 표준화 활동의 관계에서 대기업과는 다른 패턴을 가질 가능성이 존재한다. 대기업의 경우 게임의 룰을 형성하고 선도할 수 있는 종합적인 역량을 바탕으로 표준특허 등을 통한 경쟁우위 확보가 혁신과 표준화를 통한 경쟁전략이 될 수 있다. 그러나 대기업에 비해 경쟁전략을 지원할 제반 자원이 제한적인 중소기업의 경우 산업 주도를 목표로 한 전략을 실현하는 데 어려움을 겪을 수 있다.

오히려 대기업과의 직접적인 경쟁을 피하고 시장에서 형성된 표준의 적극적인 활용을 통해 품질을 향상시키고 제조 프로세스의 혁신을 도모하는 것이 현실적인 경쟁전략이 될 수 있다. 또한, 연구개발 활동을 표준화 활동을 통해 관리하고 기업 성과를 극대화할 수 있다. 이 과정에서 중소기업은 대기업과는 다른 전략적 관점에서 표준화 교육 활동을 수행할 수 있다. 따라서 중소기업에 적합한 혁신역량과 표준화 교육 활동의 관계를 살펴보는 것은 큰 의미가 될 수 있다.

그러나 현재까지 중소기업의 혁신역량과 표준화 활동의 관계에 관한 연구가 많지 않으며, 특히 그 관계를 표준화 교육 활동 관점에서 접근한 연구는 거의 없는 실정이다. 그럼에도 불구하고 표준화 교육 활동에 대한 정형화된 측정 방법이 부족한 실정이기 때문에 측정이 용이하지 않아 지금까지 연구에 어려움이 많았다. 또한, 표준화 교육을 통해 축적된 지식이 경영 성과와 기업의 연구개발 활동에 미치는 영향에 관한 연구도 부족한 실정이다. 더욱이 이러한 관계를 중소기업을 대상으로 진행한 연구는 매우 드문 상황이다. 이 글에서는 이러한 필요를 반영하여 국내 중소 제조기업의 혁신역량과 표준화 교육 활동 및 성과간의 관계를 분석한 결과를 바탕으로 표준화 교육의 유용성과 잠재력을 살펴보려고 한다.

## 표준화 교육 활동과 경영성과 향상

표준화 활동이 기업의 경영성과에 긍정적인 영향을 미친다는 인식은 어느 정도 공유되어 있다. 또한 표준화 활동의 효과를 극대화하기 위해서는 표준화 교육이 중요하며 조직 구성원에 대한 체계적인 교육훈련은 기업의 경영성과에 직접적인 영향을 주는 것으로 알려져 있다. 이러한 인식을 바탕으로 국내의 많은 기업들이 표준화 교육을 실시하고 있는데 우리나라의 경우 세계적으로도 표준화 교육 수준이 높고 체계화되어 있는 편이다. 그러나 개별 기업 수준으로 확대해 보면 기업마다 주어진 환경과 활용 가능한 자원이 다르기 때문에 표준화 교육 역시 서로 다른 수준에서 이루어지고 있는 것을 예상해 볼 수 있다. 특히 중소기업의 경우 대기업에 비해 제약된 자원을 바탕으로 경쟁을 해야 하기 때문에, 표준화 교육에 있어서도 실시 정도에 편차가 크게 나타날 것으로 추측해 볼 수 있다.

표준화 교육의 의미를 알아보기 위해서 표준의 정의를 살펴보면 상품, 절차, 방법 등에 대한 기준을 표준이라 하고, 표준화란 조직이 이러한 표준을 지정, 발전시키고 활용하는 행위를 의미한다. 이러한 표준과 표준화는 과거 산업사회에서 뿐만 아니라 정보혁명을 통한 후기산업사회에 이르기까지 경제적, 기술적 통합을 통한 생산성 향상을 위해 매우 중요하다.

표준화 교육이란 기술 표준의 도입과 과정에 대한 교육이다. 1990년대 이후 전 세계적인 시장 통합과 글로벌화가 급속도로 진행됨에 따라 표준화 교육에 대한 관심이 점차 커지기 시작하였으며 특히 한국, 일본과 같은 동아시아 국가에서 표준화 교육에 대한 체계가 마련되기 시작하였다. 한국의 경우 한국표준협회(KSA)를 중심으로 표준정책의 마련과 표준화 교육이 체계적으로 실시되고 있다.

표준화 교육과 교육성과의 관계에 대한 연구는 많이 이루어지지 않았으나 직원들에 대한 체계적인 교육훈련이 기업의 성과를 향상시킨다는 연구는 다양하게 이루어져 왔다. 특히 조직의 인적자원 관리에 있어서 지속적인 교육과 훈련은 빠르게 변화하는 경영환경에 효과적으로 대응할 수 있는 전문 인력을 꾸준히 양성한다는 의미에서 조직의 목적 달성에 필수불가결한 요소이다. 국내 중소기업의 경우 서로 상이한 환경에서 경쟁을 하고 있기 때문에 상이한 표준화 교육 수준을 가진 기업의 경영성과를 비교하는 것은 표준화 교육 활동의 효과를 파악하는 데 의미 있는 시도라고 할 수 있다.

### 기업의 혁신역량이 표준화 교육 활동과 교육성과의 관계를 조절한다

일반적으로 표준화 활동은 기업의 혁신역량 내지는 혁신 활동과 밀접한 관련이 있는 것으로 받아들여진다. 기업이 신제품이나 신기술을 개발한 후 시장을 선점하기 위한 방편으로 표준이 활용되고 있으며, 표준화에 성공할 경우 법적 보호를 바탕으로 시장 지배력을 강화할 수 있기 때문에 기업의 혁신과 표준화는 상호 보완적인 밀접한 관계에 있다고 할 수 있다. 또한 표준의 확산을 통해 규모의 경제 효과를 향유함으로써 재무적 성과를 제고할 수 있고, 이러한 성과를 다시 R&D 활동에 재투자하는 선순환 사이클을 통해 지속적인 기업 경쟁력 제고를 꾀할 수 있다.

그러나 기업의 혁신 활동이 표준화 성과와 항상 긍정적인 관계에 있는 것은 아니다. 미성숙한 신기술이 성급하게 표준화될 경우 참여 기업의 비용을 증가시키고 시장에 부정적인 영향을 미칠 수 있으며, 독점적 표준의 경우 오히려 기업의 경쟁을 저해함으로써 소비자의 선택권을 제한하는 역효과를 낳기도 한다. 이렇게 표준화 활동과 혁신 활동 간의 관계는 단순히 일방향의 관계로 규정하기 어렵기 때문에 표준화 교육 활동과 교육 성과의 관계를 혁신 활동의 관점에서 규명해 보는 것은 충분히 의미 있는 시도이다.

표준화 활동을 탐색적(Exploratory) 표준화 활동과 활용적(Exploitative) 표준화 활동으로 나누어 보았을 때 연구개발 활동이 활발한 중소기업의 경우 그렇지 못한 중소기업에 비해 탐색적 표준화 활동이 상대적으로 많을 것으로 추측할 수 있다. 이에 비해 연구개발 활동이 부족한 중소기업의 경우 검증된 외부 표준을 사내에 전파하기 위한 활용적 표준화 활동이 주류를 이룰 것으로 예상해 볼 수 있다. 따라서 혁신 활동이 활발한 중소기업의 표준화 교육 성과와 혁신 활동이 상대적으로 부족한 중소기업의 표준화 교육 성과를 비교하는 것은 탐색적 표준화 교육(Exploratory standardization education)과 활용적 표준화 교육(Exploitative standardization education)의 성과를 간접적으로 비교할 수 있다는 점에서 의미가 있다.

March는 조직학습에 있어 활용적(Exploitation) 표준화 활동이 탐색적(Exploration) 표준화 활동에 비해 단기간에 더 나은 성과를 창출할 수 있으나 장기적으로는 성과를 저해할 수 있다고 하였다. 대기업에 비해 제약된 자원을 활용해 경쟁해야 하는 중소기업 입장에서는 불확실성을 안고 장기적 성장을 위한 탐색적 활동에 투자하기보다는 단기적인 성과가 보이는 활용적 활동에 투자하는 것이 현명한 결정일 수도 있다. 만약, 혁신 활동이 상대적으로 부족한 중소기업에서 표준화 교육 성과가 더 높게 나타난다면 활용적 표준화 교육이 탐색적 표준화 교육에 비해 중소기업의 단기 성과를 더 크게 향상시킨다고 볼 수 있을 것이다.

즉, 제한된 자원을 보유한 중소기업 입장에서는 활용적 표준화 교육을 통해 경영성과 제고를 도모할 수 있을 것이다. 이상의 논의를 정리해 보면 중소기업의 경우 March의 지적과 같이 탐색적 활동이 커질수록 표준화 교육의 성과가 낮아지는 방향으로 혁신역량의 조절효과가 발생할 것을 추정해 볼 수 있다. 반대로 활용적 활동이 많아지면 표준화 교육의 성과는 증가할 것을 예상해 볼 수 있다. 즉, 기업의 혁신역량이 표준화 교육 활동과 교육성과의 관계를 조절할 것이다.

### 활용적 수준의 표준화 교육 활동 vs. 탐색 수준의 표준화 교육 활동

이상의 논의를 실증해보기 위해 정보통신산업과 전기전자산업에 속한 국내 약 909개 중소기업의 표준화 교육 실태 데이터를 바탕으로 분석을 수행한 결과 다음과 같은 흥미로운 사실들을 발견하였다.

우선 표준화 교육 활동은 중소기업의 생산 및 품질 개선과 R&D 활동 개선에 긍정적인 영향을 주는 것으로 나타났다. 표준화 교육 횟수와 교육비용 모두 유의한 것으로 나타났으며 특히 표준화 교육 횟수가 교육비용에 비해 상대적으로 교육성과 향상에 중요한 것으로 분석되었다. 이는 단순히 고비용의 표준화 교육을 적은 횟수로 실시하는 것보다 상대적으로 저비용이더라도 표준화 교육을 자주 실시하는 것이 성과 향상에 더 긍정적인 영향을 미치는 것으로 해석할 수 있다. 대기업에 비해 제한된 자원으로 경쟁해야 하는 중소기업에서 주목할 만한 대목이라 할 수 있다. 생산 및 품질개선과 R&D 활동개선을 원하는 중소기업이라면 비록 재원이 부족하더라도 저비용 고효율의 표준화 교육을 자주 실시함으로써 교육성과 향상을 꾀할 수 있을 것이다.

또한, R&D 투자비율은 표준화 교육 횟수가 생산 및 품질개선에 미치는 영향을 조절하는 것으로 분석되었다. 연구개발 관련 투자가 이미 활발히 이루어지고 있는 기업에 비해 그렇지 않은 기업에서의 표준화 교육 활동의 효과가 크게 나타났다. 이 결과로부터 기존 연구개발 성과를 활용하기 위해 실시하는 표준화 교육보다 연구개발 성과가 별로 없는 상태에서 검증된 외부 표준에 대한 표준화 교육 활동이 생산과 품질개선에 더 큰 영향을 미친다는 것을 추론해 볼 수 있다. 이는 활용적(Exploitative) 측면의 자원배분이 단기적으로 탐색적(Exploratory) 측면의 자원배분보다 더 나은 성과를 가져온다는 선행연구의 결과와 일치한다. 이러한 결과 역시 제약된 연구개발 자원을 보유한 중소기업이 주목할 만한 것이라고 판단된다.

대기업의 경우 막대한 재원을 투자해 연구개발 활동을 지속적으로 수행할 수 있으며 연구개발 성과를 전파하기 위해 표준화를 추진하고 표준화 교육을 실시하기 때문에 탐색적(Exploration) 측면의 표준화 교육 활동이 중소기업에 비해 많을 것으로 추측할 수 있다. 이에 비해 중소기업의 경우 제한된 자원으로 인해 충분한 연구개발 투자를 할 수 없으며 이로 인해 자체적인 연구개발 성과에 의해 뒷받침되는 표준화보다는 기존의 검증된 외부 표준을 교육하는 활용적(Exploitation) 수준의 표준화와 표준화 교육을 시도할 개연성이 대기업에 비해 크다고 할 수 있다.

이러한 연구 결과는 이러한 활용적 수준의 표준화 교육 활동이 탐색 수준의 표준화 교육 활동에 비해 효과가 더 클 수 있다는 가능성을 보여준다. 이를 통해 중소기업의 경우 표준화 교육을 활용하기에 따라서 연구개발 투자가 다소 부족하더라도 더 나은 경영성과를 얻을 수 있다는 것을 알 수 있다.

급변하는 글로벌 경영환경에서 표준화의 중요성은 날로 증대되고 있으며 표준의 전파와 확산을 위한 표준화 교육 역시 중요해지고 있다. 특히 중소기업의 경우 제한된 자원으로 치열한 경쟁에서 생존해야 하기 때문에 대기업보다 표준화 교육의 중요성이 더욱 크다고 하겠다. 이 글에서는 국내 중소기업을 대상으로 표준화 교육 활동이 교육성과에 미치는 영향을 제시함으로써 표준화 교육의 효과를 살펴보았다. 또한 기업의 R&D 투자 비율이 표준화 교육 효과를 어떻게 조절하는지 알아보았다. 이러한 논의는 제한된 자원을 활용할 수밖에 없는 중소기업의 경영자가 표준화 교육을 수행하는 데 도움이 될 것이다.

INSIGHT 07

# 사실상 표준 등장과 기업의 시장 생존전략

글 | 강광욱(UNIST 경영학부, gangk@unist.ac.kr)

사실상 표준 등장은 산업의 경쟁적 상황의 변화를 가져오는 주요한 사건이며, 등장 이전의 디자인 경쟁에서 등장 이후 제품 경쟁으로 경쟁상황을 변화시킨다. 이는 사실상 표준 등장이 산업의 발전과 기업의 전략수립에 주요한 변환점이 된다는 의미이다. 이러한 상황에서 산업은 어떠한 변화된 경쟁상황을 맞이하게 되고, 기업은 어떠한 전략을 취해야 할까? 1983년부터 2002년까지 미국의 레이저 프린터 산업을 대상으로 연구한 결과를 보면, 사실상 표준 등장 이전에 진입한 기업일수록 퇴출될 확률이 높다는 것을 알 수 있다. 또한, 사실상 표준 등장 이후, 시장에서 경쟁기업 수가 많은 경우에는 기업의 퇴출 확률이 줄어들었으며, 제품 경쟁이 심해질수록 퇴출 확률이 증가하는 것으로 나타났다. 이를 통해 사실상 표준 등장 이후 산업의 독특한 경쟁상황과 그에 따른 산업의 경쟁적 환경에 대한 전략적·정책적 함의를 알아본다.

※ 이 글은 2015년 한국표준협회가 주관한 〈제3회 표준정책 마일스톤 연구–국가의 미래전략과 표준〉의 지원을 받아 수행된 연구 논문 '사실상 표준 등장 이후 기업퇴출에 관한 연구: 미국 레이저 프린터 산업을 중심으로'를 칼럼 형태로 재작성한 것입니다. 참고문헌은 한국표준협회(www.ksa.or.kr)에서 확인할 수 있습니다.

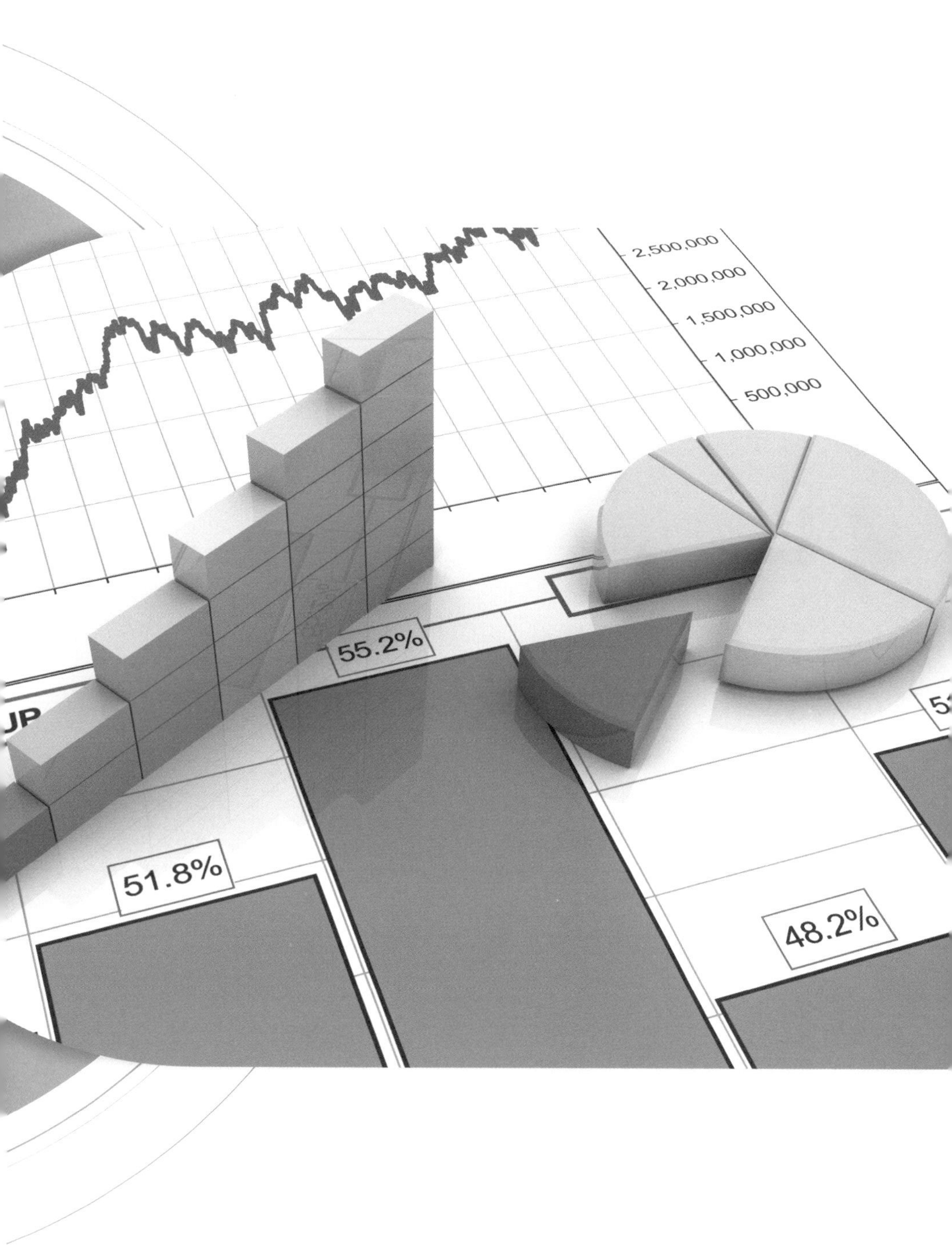
2,500,000
2,000,000
1,500,000
1,000,000
500,000
55.2%
51.8%
48.2%

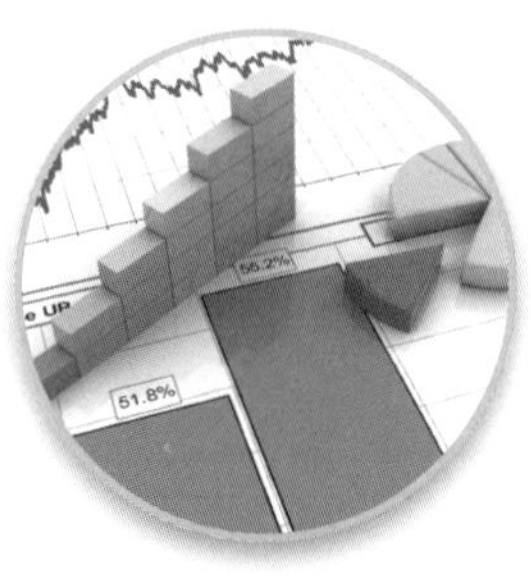


신기술이 발명되고 시장에서 선택됨에 따라서 새로운 시장이 출현하게 된다. 새로운 시장이 출현하면 회사들은 시장에 진입하게 되고, 이러한 진입은 신시장의 경쟁적 상황의 변화와 함께, 산업의 발전을 이끌게 된다(조영란 외 2012). 새로운 시장 초기에는 시장의 불확실성으로 인해 기업들이 다양한 제품을 출시하여 디자인 경쟁을 하게 되는데 이 시기를 "Era of ferment"라고 정의한다. 이후 사실상 표준(de facto standard)이 출현함에 따라서, 산업은 "Era of ferment"에서 "Era of incremental change"로 변화하게 되어 새로운 경쟁적 구도를 형성하게 된다. 이 모형을 기술순환모델이라 하는데, 사실상 표준의 출현은 신산업의 경쟁적 상황을 결정짓는 중요한 요소가 되고 있다(Anderson & Tushman, 1990).

산업조직론적(industrial organization) 입장에서 살펴보면, 새로운 기술혁신으로부터 산업발전이 시작하게 되고, 다양한 기업들이 새로운 틈새시장을 만들어 하부시장(submarket)을 생성하게 된다. 이후 점차 많은 기업들이 시장에 진입하게 되고, 하부시장의 수도 늘어난다. 그렇지만, 성장기에 접어들면서 기술발전을 통한 하부시장이 융합되기 시작하고, 충분한 R&D 역량을 갖추지 못한 기업의 경우 대량도태(shakeout)를 경험하게 된다. 따라서 시장의 규모는 S-curve의 형태를 띠게 되며, 이를 산업진화모델이라고 한다(Klepper, 1997).

위에서 제시한 기술순환모델과 산업진화모델을 결합하면, 산업이 진화하는 형태에서 공통적인 점을 찾아볼 수 있다. 사실상 표준 등장 이전에는 시장과 제품의 불확실성이 크고 다양한 디자인 경쟁을 수행하는 시기이기 때문에 직접적인 경쟁의 형태를 띤다고 볼 수는 없다. 그러나 사실상 표준이 등장하면 시장과 제품에 대한 요구가 비교적 명확해지기 때문에, 기업들은 사실상 표준을 바탕으로 점진적 혁신을 통해 틈새시장을 지속적으로 찾게 되고 제품 수준에서 직접적인 경쟁을 경험하게 된다. 위와 같이, 산업이 발전함에 따라 시장 구조가 변화하게 되면, 기업은 그에 맞는 전략을 수립할 필요가 있으며 그렇지 않을 경우 시장에서 도태될 수밖에 없다.

이러한 관계는 최근 산업조직론에서 하부시장의 진화를 연구하는 학자들에게 주목을 받고 있는데, Bhaskarabhatla & Klepper(2014)의 최근 논문에서는 산업진화를 두 단계로 나누고 있다. 초기에는 불확실성과 디자인 경쟁에 따른 기업의 순증이 이루어지고, 다양한 하부시장이 생성되며, 후기에는 여러 하부시장이 기술적 우위가 있는 시장으로 통합된다. 이 과정에서 대량도태가 발생하면서 기업의 수가 줄어들지만 시장의 규모는 유지되기 때문에 산업진화에서 사실상 표준 등장이 산업의 경쟁 환경을 변화시키게 된다. 따라서 기업은 지속적인 성장을 위해 변화된 경쟁 환경에 맞는 전략을 수립하여야 한다.

그렇다면, 산업의 진화에 있어서 사실상 표준 등장 이후, 기업은 어떠한 변화된 경쟁 환경을 맞이하게 될 것인가? 이 질문은 기업의 궁극적 목적인 지속적인 성장을 가능하게 하는 요인을 파악하는 데 중요하다. 질문에 대한 답을 찾기 위해 1983년부터 2002년까지 미국 레이저 프린터 산업의 119개 회사를 대상으로 사실상 표준 등장 이후 산업의 변화를 알아보고, 그에 맞는 기업의 전략적, 국가의 정책적 지원에 대한 시사점을 도출하고자 한다.

## 발효의 시대와 점진적 변화의 시대

Anderson & Tushman(1990)의 기술순환모델은 불연속적 기술의 발명(Technological discontinuties)을 통해서 신산업 발전이 시작되며, 산업의 발전은 '지배적 디자인(Dominant design)'으로 불리는 사실상 표준(de facto standard)의 등장 전후로 구분할 수 있다고 기술하였다. 또한, 사실상 표준 등장전의 시기를 발효의 시대(Era of ferment)로 정의하고, 등장 후의 시기를 점진적 변화의 시대(Era of incremental change)로 정의하였다. 발효의 시대에는 시장에서 제품과 기술에 대한 불확실성이 크고, 대중적 기호에 맞는 제품을 생산하기 위해 기업 간 디자인 경쟁이 이루어진다고 하였다. 반면에, 점진적 변화의 시대에는 각 제품별 특성화를 통하여 틈새시장을 만족시키기 위한 혁신이 지속되긴 하지만, 그 지배적 디자인 자체가 변화하지는 않고 이러한 시대는 다음 불연속적 기술의 발명이 이루어질 때까지 지속된다고 하였다.

기업의 입장에서 사실상 표준 등장 전에 시장진입을 시도하는 이유는, Schumpeter가 주장한 바와 같이 지배적 위치를 가진 기업이 없을 때 우선적으로 시장을 선점하여 그 시장에서 발생하는 이득(Rent)을 차지하려고 하기 때문이다(Schumpeter, 1942). 또한 자신의 제품을 산업의 사실상 표준화로 만들어 관련된 라이센싱 등의 수입을 얻을 수 있기 때문이다. 하지만 산업의 초기단계에는 불확실성이 크기 때문에 큰 위험을 감수해야 하고, 기존회사의 경우, 자사 제품에 대한 자기잠식효과(Product cannibalization)가 나타날 수 있기 때문에 시장 진입 자체를 미루게 된다(Mitchell, 1989). 이렇듯 기업의 선진입 전략은 장단점을 동시에 가지게 되어, 기업의 성과를 결정짓는 중요한 요인이 된다.

위에서 제시한 기술순환모델을 산업발전모형에 대비시켜 보면, 사실상 표준 등장 전후로 산업의 경쟁적 환경이 변화하는 것을 알 수 있으며 특히, 많은 기업들이 대량도태(Industry Shakeout)되어 시장에서 퇴출된다(Klepper & Simons, 2005).

Klepper & Simons(1997)에 따르면 대량도태의 원인으로 산업의 경쟁적 상황이나 지배적 디자인의 등장 유무보다는 지속적인 기술개발을 통한 기술역량의 보유 유무를 주장하였다. 이는 사실상 표준 등장 이전인 발효의 시대에서는 다양한 기업들이 디자인 경쟁을 수행하게 되지만, 기술과 시장의 불확실성으로 인해 사실상 표준이 되지 못한 디자인의 경우 기술경쟁력에서 상대적으로 뒤처지게 되고 결국, 시장에서 퇴출된다는 의미가 된다. 실제로 레이저 프린터 산업의 경우, HP가 1984년에 사실상 표준이 되는 제품을 시장에 출시하게 되는데, 이러한 시장 우위적 위치를 활용하여 현재까지 지속적인 혁신을 통해 생존하게 되는 것이다(de Figueiredo & Kyle, 2006). 그렇지 못한 기업의 경우, 시장의 불확실성으로 명확한 소비자군을 형성하지 못한 제품을 생산하다 시장에서 점차 도태된다. 연구

결과, 미국 레이터 프린터 산업에서 사실상 표준 등장 이전에 등장한 기업일수록 시장에서 퇴출될 가능성이 높은 것으로 나타났다.

## 사실상 표준으로 인한 기업의 도태와 시장지배

산업의 경쟁상황은 기업의 혁신전략에 영향을 미치게 되고, 이러한 혁신전략은 시장에서 기업의 생존을 결정짓는 주요한 요인으로 연구되어 왔다. Schumpeter와 그의 추종자들은 낮은 산업경쟁은 기업으로 하여금 보다 많은 자원을 활용 가능하게 하고, 이는 결과가 불확실한 R&D 프로젝트로 이어짐을 주장하였다 (Schumpeter, 1942). 이러한 관계는 향후 많은 연구자들로부터 지지를 받게 되었다(Arrow, 1962; Blundell et al., 1999; Geroski, 1990, Loury, 1979; Nickell, 1996; Scherer, 1980). 예를 들어, Loury(1979)의 경우 높은 경쟁은 R&D 투자에 대한 동기부여를 줄이게 된다고 이야기 하였고, 유사하게 Geroski(1990) 또한 영국의 산업에서 경쟁적 상황은 기업의 혁신성을 줄이며, 이는 기업이 가격전쟁(price wars)에 몰입하였기 때문으로 결론지었다.

그러나 Schumperian 가설은 아직 일반적인 경우에 받아들여지지 못하는 경우도 많이 발생한다. 예를 들어, Aghion et al.(2005)의 경우 산업의 경쟁상황과 혁신성은 비선형관계를 가진다고 주장하였고 Levin et al.(1985)의 경우는 산업의 경쟁상황과 기업의 R&D 투자는 명확한 관계를 가지고 있지 않음을 보여주었다. 따라서 아직까지 경쟁과 기업의 혁신성의 관계를 명확하게 규정짓고 있다고 볼 수 없다. 이와 같은, 경쟁상황과 기업혁신 전략의 복잡한 관계는 산업의 경쟁상황이 기업의 생존에 미치는 영향을 명확히 하는 데 문제가 된다. 따라서 이러한 관계를 명확히

하기 위해서는 산업의 경쟁상황을 구분해서 볼 필요가 있다.

특히, 산업이 어느 정도 성장하여 사실상 표준이 등장했을 때 충분한 혁신역량을 갖추지 못한 기업의 경우 대량도태(Industry shakeout)를 경험하게 되며(Klepper, 1997), 대량도태에서 살아남은 기존 기업은 과점형태로 시장의 대부분을 차지하게 된다. 사실상 표준 등장 이후 시장에 진입하는 신생 기업의 경우, 현재 시장의 대부분을 차지하는 기존 기업과 직접적인 경쟁을 하기보다는 틈새시장을 공략한 우회 진입을 선택하게 된다. 이러한 기업들의 전략적 선택은 사실상 표준 이후 새로운 경쟁적 상황을 설정하게 된다. 그러나 신생 기업의 경험 및 자원 부족(liabilities of newness and smallness)으로 인해 기존 기업들에게 직접적인 경쟁 대상이 되지 못한다. 이러한 변화와 함께, 시장과 기술의 불확실성이 사실상 표준 등장을 통해서 낮아져 기업이 시장에서 실패할 확률이 줄어들게 된다. 따라서, 사실상 표준 등장 이후, 기업 단위 경쟁이 늘어나더라도 기업의 퇴출확률에는 영향을 미치지 않게 된다.

또한, 종종 산업에서는 신생 기업이 진입한 틈새시장의 발전 속도가 기존에 존재하던 하부시장의 발전 속도를 따라잡으며 시장을 대체하는 경우가 발생한다. 이를 와해성 혁신(disruptive innovation)이라고 설명한다(Christensen et al., 1998). 이 파괴적 혁신의 주체가 되기 위해 신생 기업은 지속적으로 혁신을 수행하게 되고, 기존 기업 역시 새로운 틈새시장에 빨리 반응하기 위해 지속적인 혁신을 수행한다. 신생 기업과 기존 기업 모두 혁신을 통해 기술역량이 늘어나게 되고, 이는 결국 기업들의 생존율을 늘리게 된다. 미국 레이저 프린터 산업에서는 사실상 표준 등장 이후, 기업 간의 경쟁상황이 심각해질수록 기업이 시장에서 퇴출될 확률이 줄어듦을 알 수 있다.

## 제품의 표준화와 경쟁을 촉진하는 사실상 표준

사실상 표준 등장 이전의 경우, 산업에서 기업들은 지속적인 혁신을 통해 새로운 디자인의 제품을 출시하게 되고 이러한 노력은 사실상 표준이 시장에서 등장할 때까지 이루어지게 된다. 이 시기에는 시장의 대부분을 차지하는 하부시장(submarket)이 존재하지 않기 때문에, 기업들이 하부시장 수준에서 직접적인 경쟁을 하지 않을 가능성이 크다.

하지만, 사실상 표준 등장 이후 시장에서 제품이 표준화되고 소비자의 요구가 명확해지게 되면, 기업은 대표적인 하부시장을 중심으로 제품단위의 경쟁을 하게 되고, 다양한 제품출시 전략을 통해 경쟁우위를 가지기 위해 노력한다(Boone, 2000; Giachetti & Dagnino, 2013; Lancaster, 1990). 기업은 경쟁적 상황에서, 주로 세 가지의 제품출시 전략을 수립한다. 첫째는 새로운 제품을 출시하여 기업의 제품군을 늘려 다양한 수요에 대응한다. 둘째는 기존의 제품군을 그대로 유지하면서 판매를 촉진한다. 셋째는 현재의 제품군을 줄여 자원의 낭비를 줄이는 동시에 제품의 질 향상을 위해 기술개발 한다(Draganska & Jain, 2005; Putsis Jr. & Bayus, 2001; Shankar, 2006).

앞서 설명한 바와 같이, 사실상 표준의 등장 이후 기업들은 유사한 하부시장에서 직접적인 경쟁을 하게 된다. 대량도태에서 살아남은 기존 기업들은 자신들의 이익을 극대화하기 위해 다양한 소비자군을 대상으로 제품군을 늘려가게 된다. 특히, 시장에서 선도적인 위치를 차지하는 기업의 경우 보다 나은 성과를 위해서 지속적으로 제품군을 늘려나가게 된다. 하지만, 기업은 한정된 자원, 제품자기잠식(product cannibalization) 위험성으로 제품군을 무한정 늘릴 수는 없다(Giachetti & Dagnino, 2013). 따라서 기존 기업들은 한정된 자원에서 불확실성이 낮은 하부시장을 중심으로 유사한 제품 포트폴리오를 갖게 되고 이는 직접적 제품경쟁을 의미한다.

이러한 특징은 신생 기업의 시장 진입전략에서도 나타나는데 불확실성이 높은 상황에서 신생기업이 시장에 진입할 때 선도기업(혹은 기존기업)의 제품 전략을 따라가게 된다. 이를 모방적 동조화(mimetic isomorphism)라고 한다(DiMaggio & Powell, 1983). 이러한 모방적 동조화는 기업 간 경쟁이 심해질 때 그 위험성을 줄이고 한정된 자원의 활용을 극대화하기 위해 나타난다. 즉, 기존 기업뿐만 아니라, 신생 기업까지 모방적 동조화를 통해 유사한 제품군을 가지게 된다는 것이다. 또한, 신생 기업이 혁신을 통해 틈새시장을 발굴했다 하더라도, 자원과 경험이 풍부한 기존 기업들은 쉽게 신생 기업의 틈새시장으로 진입이 가능하다. 이는 기업이 제품 수준에서 경쟁으로 제품 단위별 퇴출이 일어날 가능성이 커진다는 의미가 되고, 결국 시장에서 퇴출될 확률이 커진다는 의미이다. 미국 레이저 프린터 산업의 경우, 사실상 표준 등장 이후 제품 간의 경쟁이 심해질수록 기업의 퇴출확률이 증가함을 보여주었다.

## 사실상 표준, 기업전략, 국가 표준정책 방향

기업의 시장 진입 전략은 그 성과를 결정짓는 주요한 요인으로 연구되어져 왔다. 빠른 시장 진입은 이를 통해 선점효과(first mover advantage)를 얻을 수 있는 반면에 시장과 기술의 불확실성을 가지게 된다. 특히, 사실상 표준 등장 이전은 다양한 디자인이 경쟁하는 특성을 가지고 있다. 이는 다른 말로 하자면, 사실상 표준이 되지 못한 제품을 가진 기업들은 그만큼 시장에서 퇴출될 확률이 높아진다는 의미가 된다. 따라서 기존 문헌들이 이러한 특성의 고려 없이 진입 시점을 살펴보았다면, 본 연구에서는 사실상 표준을 기점으로 결과를 도출하였고, 그 의미를 살펴보았다는 점에서 의의가 있다.

또 하나의 의미는, 사실상 표준 이후 시장의 경쟁상황이 달라진다는 점이다. 본 연구에서는 이러한 상이점을 기업과 제품 수준의 경쟁을 통해서 보여주었다. 기존의 연구에서 기업의 수를 통해 일반적인 경쟁적 압박(Competition pressure)을 나타내었다면, 본 연구에서는 기업의 수뿐만 아니라 제품의 수를 함께 고려하여 사실상 표준 이후 경쟁 환경의 변화를 살펴보았다. 특히, 사실상 표준 등장 이후 기업 수준의 경쟁이 심화되더라도 기업의 퇴출에는 영향이 없고 오히려 시장의 긴장도를 높여 기업의 생존율을 높인다는 결과는 기존 연구와는 차별성 있는 결과로 그 의미가 크다고 할 수 있다.

위의 연구결과는 산업적 측면에서 사실상 표준 등장이 산업의 경쟁적 상황을 변화시키는 하나의 큰 사건이 되고 있음을 시사한다. 이는 기업의 표준 활동을 지원하는 정책 또한 이러한 변화를 감안해야 한다는 의미가 된다. 현재까지의 표준지원 정책이 표준의 개발에 중점을 두고 있었다면, 산업이 발전함에 따라서 그 주요 목적 자체가 바뀌어야 된다는 것이다. 따라서 본 연구결과에 따른 표준정책에 대한 제언은 다음과 같다.

산업에서 사실상 표준의 등장 이전과 이후에 표준 활동에 대한 정책적 지원의 방향이 달라야 한다는 것이다. 사실상 표준을 기점으로 산업의 특징이 디자인 경쟁을 중심으로 하는 시기와 사실상 표준을 바탕으로 발전을 시키면서 실질적인 제품 경쟁을 경험하게 된다. 따라서, 표준 활동에 대한 지원도 산업별로 사실상 표준이 없는 산업의 경우는 기업이 선도적으로 표준 활동을 할 수 있도록 하여 사실상 표준을 제시할 수 있도록 하는 정책적 지원이 필요할 것이다. 반면에 사실상 표준이 존재할 경우에는, 해당 표준을 바탕으로 하여 다양한 수요를 반영하여 틈새시장에 맞는 제품을 생산토록 지원하여야 할 것이다. 특히, 사실상 표준이 존재할 경우는 기업으로 하여금 보다 명확한 목표시장과 그 특성을 이해토록 하는 것이 필수적이다. 또한 궁극적으로 차세대 표준을 개발하기 위한 연구개발에 적극적으로 나서고 이를 위한 포럼 등의 국제적 커뮤니티 활동을 지원하는 것이 바람직해 보인다.

INSIGHT 08

# 4차 산업혁명이 온다

글 | 이상동(한국표준협회 표준정책연구센터, sdlee@ksa.or.kr)

2020년 제4차 산업혁명을 이끌 '스마트공장'은 미래 제조업의 뉴 패러다임이다. 스마트공장은 제품의 기획·설계, 생산, 유통·판매 등 전 과정을 정보통신기술로 통합하여 최소의 비용과 시간으로 고객맞춤형 제품을 생산하는 미래형 공장. 스마트공장은 사물인터넷, 사이버물리시스템 등 최근 부각되는 ICT융합기술과 접목되어 제조의 모든 단계가 자동화·디지털화되고, 가치사슬 전체가 하나의 공장처럼 실시간 연동되는 생산체계를 지향한다. 미래 제조업의 큰 변화는 사물인터넷(IoT)에 의한 소재·제품·기기의 지능화를 통하여 과거의 경직된 중앙집중식 생산체계에서 모듈단위의 유연한 분산·자율제어 생산체계를 구현하는 데 있다. 독일과 미국 등 제조강국은 이를 통해 제조업 위상강화, 고급인재 유치, 양질의 일자리 창출 등을 목표로 생산공정, 조달물류, 서비스까지 가치사슬 전체를 통합하고 있는 중이다.

※ 이 글은 2015년 7월 한국표준협회가 발간한 KSA Policy Study 2015-3호 '스마트공장의 글로벌 추진동향과 한국의 표준화 대응전략'을 칼럼 형태로 재작성한 것입니다. 참고문헌은 한국표준협회(www.ksa.or.kr)에서 확인할 수 있습니다.

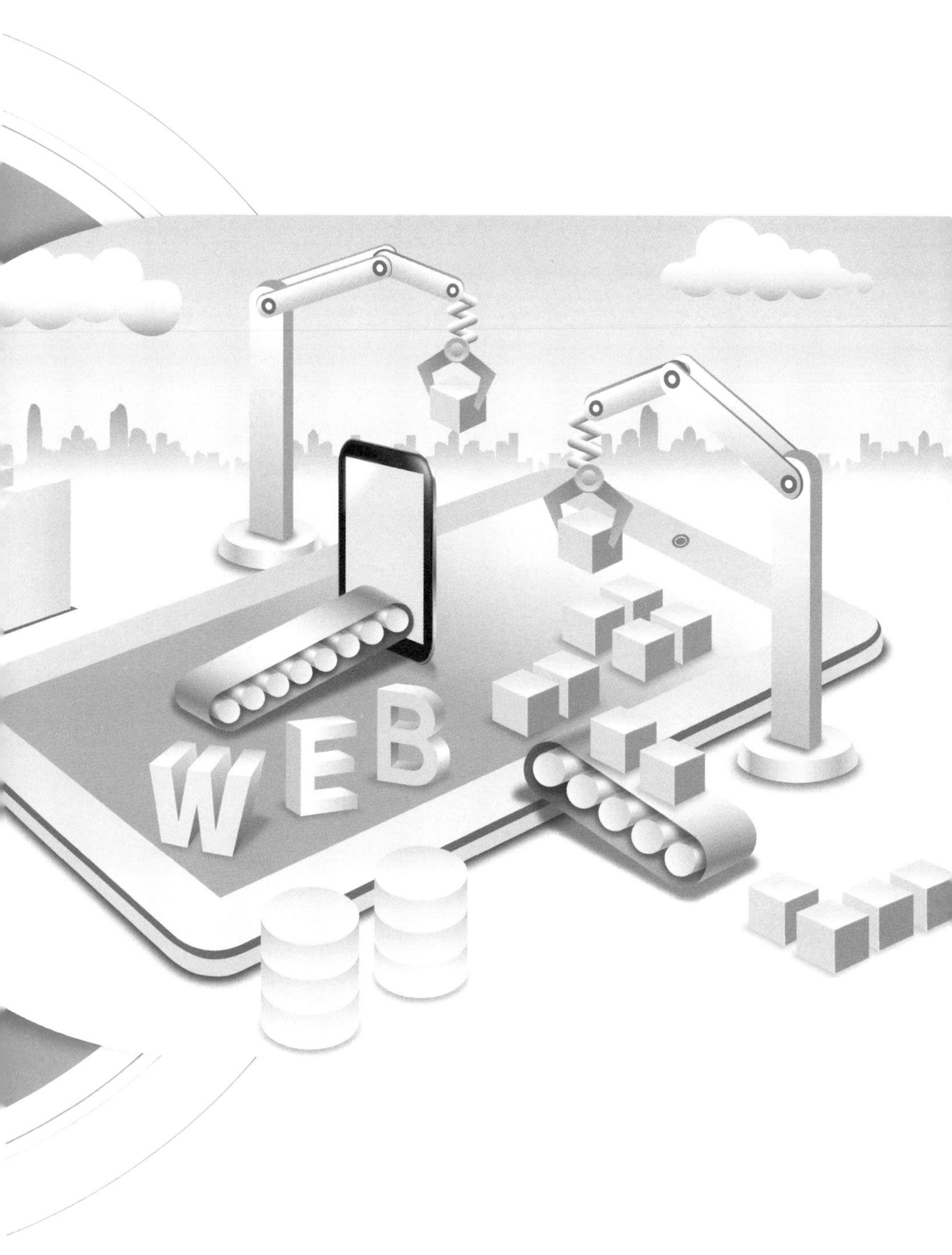
WEB

2020년 제4차 산업혁명을 이끌 '스마트공장'은 현재 독일과 미국이 주도하고 있는 미래 제조업의 뉴 패러다임이다. 이 글에서는 스마트공장에 관한 글로벌 최신 동향을 분석하고, 한국의 대응전략을 표준화활동 중심으로 살펴본다.

## 가장 경제적인 '미래형 공장'의 탄생

스마트공장은 제품의 기획·설계, 생산, 유통·판매 등 전 과정을 정보통신기술로 통합하여 최소의 비용과 시간으로 고객맞춤형 제품을 생산하는 미래형 공장을 말한다. 스마트공장은 사물인터넷(IoT: Internet of Thing), 사이버물리시스템(CPS: Cyber Physical System) 등 최근 발전하고 있는 ICT융합기술과 접목되어 제조의 모든 단계가 자동화·정보화(디지털화)되고, 가치사슬 전체가 하나의 공장처럼 실시간 연동되는 생산체계를 지향한다.

미래 제조업의 큰 변화는 사물인터넷(IoT)에 의한 소재·제품·기기의 지능화를 통하여 과거의 경직된 중앙집중식 생산체계에서 모듈단위의 유연한 분산·자율제어 생산체계를 구현하는 데 있다. 독일, 미국 등 제조강국은 이를 통해 제조업 위상강화, 고급인재 유치, 양질의 일자리 창출 등을 목표로 생산공정, 조달물류, 서비스까지 가치사슬 전체를 통합하고 있다.

경영관리 측면에서는 생산성향상, 에너지절감, 인간중심의 작업환경을 구현하고, 개인 맞춤제조, 제조·서비스 융합 등 새로운 제조·비즈니스 환경에 능동적으로 대응하고 있다. 기술혁신 측면에서는 센서, 액추에이터, 모바일 디바이스 등 물리적 세계의 사물이 사이버물리시스템이라는 매개체를 통해 인터넷상의 생산관리, 재고관리, 고객관리 등의 서비스와 연결하는 스마트화로 진화하고 있다.

## '제조업 위기'가 혁신을 일으키다

2000년대 후반부터 독일은 제조업 비중이 하락함에 따라 사회·경제·산업의 측면에서 직면하게 된 다양한 문제에 대응하고자 '인더스트리 4.0'이라 불리는 제조업 진화전략을 마련해왔다. 같은 시기에 글로벌 제조업 중 독일이 차지하는 비중이 점차 줄고, 제조업 생산인구가 감소하는 등 인구의 구조적 변화가 급격하게 진행되고 있다.

글로벌 금융위기 이후 세계 제조업은 장기적인 경기침체, 노동원가와 원자재비용 상승 등으로 경제성장의 한계에 봉착해왔다. 이를 극복하기 위한 돌파전략으로 독일·미국 등 제조강국은 첨단 제조업의 새로운 패러다임을 통한 생산효율 증대, 친환경 고객맞춤형 생산으로 제조업 경쟁력을 강화해야 한다는 인식이 대두되고 있다.

특히, 기업들 사이에서는 해외생산품 운송비용, 지적재산권 침해, 지지부진한 공정혁신, 인건비 상승 등의 이유로 해외진출 공장들의 회귀(reshoring: 해외에 나가 있는 자국 기업을 각종 세제혜택과 규제완화 등을 통해 국내로 불러들이는 정책) 분위기가 확산되고 있다. 또한 기업은 숙련공 부족, 고령화뿐만 아니라 고객수요의 급격한 변화로 제품수명주기가 점차 짧아짐에 따라 다양한 환경변화에 대응하기 위하여 높은 품질수준과 생산성 효율을 확보해야 생존이 가능한 시대에 직면하고 있다.

### 독일 '인더스트리 4.0'의 진화

세계 2위의 제조강국인 독일은 자국의 첨단기술전략 2020에 포함된 인더스트리 4.0으로 민·관·학 프로젝트를 추진하여 2012년부터 2015년까지 2억 유로의 정부예산을 투자해 왔다. 스마트공장의 핵심동력은 '정보통신기술(ICT)'이다. 네트워크에 연결된 기기 간 자율적으로 공동 작업하는 M2M(Machine to Machine), 네트워크를 통해 얻을 수 있는 빅데이터 활용, 생산부문과 개발-판매-ERP(Enterprise Resources Planning)-SCM(Supply Chain Management)-PLM(Product Life-cycle Management) 등의 업무시스템과 사물인터넷으로 연계되어 있다.

독일의 인더스트리 4.0 전략의 최종 결과물은 ICT와 융합된 제조업의 자동생산체계를 구축하여 스마트공장을 구현하는 데 있다. 2000년대 초반부터 RFID(Radio Frequency Identification), USN(Ubiquitous Sensor Network), 무선네트워크, 휴대용 기기 등 유비쿼터스 기술을 제조공장에 접목해 스마트공장 혹은 유비쿼터스공장으로 불리고 있는 혁신적인 제조공장의 실현에 대한 연구를 실시해 왔다.

독일은 제조업 지원정책을 활성화하여 세계시장 수출점유율 1~3위를 기록하는 히든챔피언을 현재 1,300개 이상 보유하고 있다. 또 글로벌 대기업과 B2B 중심의 중소기업들은 자동차, 기계, 화학, 의약 산업 등에서 세계 최고 수준의 위상을 확보하고 있다.

독일 전역에 300여 개의 클러스터가 존재하며 각 클러스터 내에서는 기업, 연구기관, 대학이 협력관계를 형성하고 함께 기술개발에 참여하고 있다. 사회적으로 기술 인력을 우대하는 조직분위기가 뒷받침되어 체계화된 직업훈련으로 전문가를 양성하고 온·오프라인의 표준화된 현장 중심의 직업교육을 제공하고 있다.

독일은 지난 2년간 추진해 온 제조업 혁신전략 인더스트리 4.0의 성과

〈표1〉 '인더스트리 4.0' vs '플랫폼 인더스트리 4.0'

| | 인더스트리 4.0 | 플랫폼 인더스트리 4.0 |
|---|---|---|
| 주체 | • 산업협회(BITKOM, VDMA, ZVEI) | • 경제에너지부와 교육연구부 |
| 형태 | • 연구 어젠다 중심. 독일은 국가 차원의 미래 첨단기술전략 10개 핵심주제에 포함 | • 정부기관 책임 하에 산업, 노조, 연구기관이 함께 참여하는 현 정부 핵심 추진과제 |
| 핵심 추진 과제 | • 인더스트리 4.0 개발/발전 및 적용 전략 도출 | • 기존 인더스트리 4.0의 적용전략 제안을 바탕으로 5개 핵심 분야로 세분화, 각 분야별 실제 적용 가능한 결과물 도출<br>- 참조 아키텍처 및 표준<br>- 연구 및 혁신<br>- 네트워크 시스템의 보안<br>- 법적·정책적 조건<br>- 인력의 육성과 교육 |
| 목표 결과물 | • 인더스트리 4.0 실행 기획안<br>• 2015년 4월 적용전략 제안문서 발표 | • 각 핵심 분야에서 손에 잡히는 결과물 도출<br>• 정부주최의 IT 최고정책회의(IT Gipfel)에서 1차 결과물 발표(2015년 11월 19일) |

※ 자료: BMWi(경제에너지부) 자료 종합, 포스코경영연구원 '다시 시작하는 인더스트리 4.0'(2015.6)에서 인용

를 분석하고, 취약점으로 제기되었던 실용성과 실행력을 강화해 '플랫폼 인더스트리 4.0'으로 재추진하겠다고 2015년 4월 15일 선언하였다. 기존 추진과정에서 특히, 사물인터넷, 사이버물리시스템 등 스마트공장과 관련된 기술표준의 개발 지연과 데이터 보안문제 미해결로 실용화가 멀어졌다는 각계의 지적이 제기되었고, 중소기업의 입장에서는 막대한 초기 투자 규모와 경쟁사에 자사 제조공정 데이터가 유출될 가능성 등이 적극 수용하는 데 걸림돌로 작용하고 있었다.

그러나 독일이 정책시행 초기의 문제점을 냉철하게 분석하고 빠른 정책 개선을 통해 골든타임에서 다시 돌파구를 찾는 것은 후발참여국인 한국에 시사하는 바가 매우 크다. 최근 선언한 '플랫폼 인더스트리 4.0'은 기존 '인더스트리 4.0'의 초기 접근방법을 보완하기 위해 제조공정 디지털화 전략 개선, 표준화, 데이터보안, 제도정비와 인력육성 등 5개 분과로 작업그룹을 신설하여 추진하고 있다.

독일은 2년간(2013~2015) 인더스트리 4.0 활동의 추진성과 분석(자료: Hasso Platt Institut 'Tagung zu Industrie 4.0', Bosch Connected World 2015)을 통하여 기존 정책활동이 확산되는 데 가장 큰 저해요인은 '중소기업의 이해부족'으로 파악하고 있다.

첫째, 제품을 기술적인 향상에만 집중하고, 고객의 니즈를 고려하지 않았다. 둘째, 기업은 활용·응용시나리오 또는 사업모델을 고려하지 않은 채, 기술적 엔지니어링 관련 연구의 사고틀에 빠져 있다. 셋째, 미국은 시장이 필요로 하는 제품을 시의 적절하게 만들어 내는 임시표준 중심으로 접근하지만, 반대로 독일은 이론적으로 완벽한 표준을 만들어 내기 위한 노력에 과도하게 치우쳐 있다. 넷째, 프로세스 효율화 측면에서만 바라보기 보다는 협력업체나 고객사와 연결된 제조공정으로 새로운 서비스와 제품을 만들어 내려는 노력을 하지 않고 있다.

### 미국 '스마트제조 프로그램'으로 첨단 제조능력 확보

독일의 인더스트리 4.0과 양축을 이루고 있는 미국의 '스마트제조 프로그램(smart manufacturing program)'에 대해 살펴보자. 미국은 지난 2011년 6월, 대통령 과학기술자문위원회(PCAST: President's Council of Advisors on Science and Technology)의 권고로 '첨단제조파트너십(AMP: Advanced Manufacturing Partnership) 프로그램'을 발족하였다.

미국 첨단제조파트너십 운영위원회는 대통령에게 첨단제조 경쟁력 확보를 위한 16가지 정책 권고와 이에 대한 조속한 시행을 요청(2012년 7월)하였다. 최근에는 'AMP 2.0'으로 보완(2014년 10월)하여 운영 중이다.

미국은 정부 주도의 첨단 제조능력 확보를 목표로 산·학·연·정 협의체의 성격을 갖는 비영리기관으로 범국가 차원의 연구개발 컨소시엄인 '스마트제조 선도기업연합체(SMLC: Smart Manufacturing Leadership Coalition)'를 발족하였다.

스마트제조를 위한 개념의 수립부터 기술 목표, 로드맵 및 역할분담 등의 구체적 실행방안을 제안하고, 이를 시행하는 것을 목표로 삼아 '21세기 스마트제조' 모범사례[정보기술(IT)과 운영기술(OT) 간의 원활한 협력 및 통합을 가능하게 하는 기준 아키텍처를 적용하는 것]를 구현하는 데 주력하고 있다. 주요 기술은 인터넷 프로토콜(IP)이 가능한 네트워크(산업용 이더넷), 정보인프라(하드웨어 및 소프트웨어), 지능형 연결장비(센서, 액

추에이터)를 활용하고 있다.

스마트제조 선도기업연합체는 관련 연구를 통하여 2020년 기준으로 달성해야 할 정량적·정성적 평가항목과 목표를 〈표2〉와 같이 제시하고 있다.

〈표2〉 스마트제조의 평가항목과 목표

| 평가항목 | 정량적·정성적 목표 |
|---|---|
| 제품 사이클 단축 | 제품의 시장진입 사이클의 10배 가속화 |
| 스마트제조용 모델 및 툴의 비용절약 | 현 벤치마킹 소프트웨어 및 시스템 대비 80~90% 수준의 구현비용 감소 |
| 스마트제조 콘셉트의 전사적 구현 | 제조기업 내 공장 운영 75% 수준에 대한 공장 자산(장비 및 시스템) 90% 수준의 모델링화 및 구현 |
| 수요기반의 자원효율성 | • 운영 효율성 20% 증가 및 운영비용 30% 감소<br>• 안전사고 25% 감소<br>• 에너지 효율성 25% 증가<br>• 제조 소요시간 40%까지 단축<br>• 공급사슬망에서의 제품 추적성 확보 |
| 제품 지속가능성의 공통 이해 창출 | • 제품 지속성을 위한 데이터 및 모델링 프레임 워크 개발 |
| 현 산업 기반 유지 및 성장 | • 신산업 발굴을 통한 25% 수익 증가<br>• 신제품 및 서비스 개발을 통한 25% 수익 증가<br>• 중소기업의 역량 두배 강화<br>• 고숙련을 요구하고 안정적인 일자리 증가 |

※ 자료: Report to the President on capturing domestic advantage in advanced manufacturing, PCAST, 2012.

## 한국 스마트공장 2020년까지 1만개

한국은 2015년 스마트공장 1,000개, 2017년 4,000개, 2020년 1만개 확산을 통해 중소·중견기업 공장(20인 이상)의 약 1/3을 IT기반 생산관리 이상 수준으로 스마트화하는 것을 목표하고 있다. 전자(삼성), 자동차(현대) 등 업종별 대표기업을 중심으로 스마트공장 확산, 스마트공장 표준·인증 도입 등 민간 주도로 자발적인 확산방안을 마련 중이다. 전자(삼성·LG) 120개, 자동차(현대) 100개, 기계(두산·효성) 50개, 패션(제일모직) 25개 등 2015년 8개 업종, 350개 이상 협력기업의 스마트공장 구축을 지원했다.

기술개발은 2015년 현장자동화, 모델공장 구축 등 국내 중소·중견기업의 스마트공장을 위한 현장밀착형 핵심기술을 집중 개발(113억원=산업부 스마트공장고도화 50억원+미래부 커넥티드스마트팩토리 63억원 투입)하여 ICT기반 공장운영 솔루션(SW) 및 현장자동화(HW), 성공모델 구축을 위한 총 6개*의 과제(공정설계·품질분석·설비보전 SW, 빅데이터 분석기술, IoT 스마트공장 플랫폼, 데이터 전송처리 시스템/디바이스, 표준규약 개발 등)를 기획하여 추진(2015년 7월)했다.

인증모델은 스마트공장의 진단 분야와 분야별 진단 항목(① 자동화+IT 시스템 구축, ② 업무프로세스의 확립, ③ 운영성과)을 담고 있는 인증모델 프레임워크를 개발하여, 향후 대기업, 전문가 등과의 협의를 통하여 프레임워크를 확정하고 올해 3/4분기 내 평가항목 세부화, 심사매뉴얼 개발 등 모델개발을 완료할 예정이다.

향후 스마트공장정책의 효율화를 위해 현행 분산적 추진체계를 일원화하고, 정책수요자 중심의 사업전개를 위해 5개 실무팀으로 구성된 '스마트공장추진단'을 2015년 7월 설립하여 운영하고 있다. 특히, 국제표준 등 국가 간 경쟁에 대응하고 인증제, 상호호환성센터 운영 등 사업규모의 확대가 예상됨에 따라 컨트롤타워 역할을 수행할 전담기구를 두어 스마트공장 추진전략 수립, 보급사업 총괄, 표준·인증 개발·운영, 인력양성, 고도화 기술개발 기획, 공급산업 경쟁력 강화 등에 역량을 집중하고 있다.

## 스마트공장 국제표준화 활동 트렌드

독일과 미국 중심의 제조강국이 스마트공장 관련 기술의 국제표준을 선점할 경우, 무역장벽으로 활용될 수 있어 한국은 더 늦기 전에 스마트공장의 기술표준 개발과 이의 국제표준화 활동에 적극적으로 참여할 필요가 있다. 스마트공장 국제표준화 활동을 주도하고 있는 독일의 경우 다국적 기업, 대학 및 연구기관 간 협력(예: DIN, DKE, Fraunhofer 등)으로 테스트베드 구축과 표준화 활동을 주도하고 있다.

공적 국제표준화기구는 산업데이터, 산업기기 및 시스템 등 표준 간 상호운용성 확보에 초점을 두고 현재 스마트공장 관련 기술위원회(TC)를 준비하기 위한 IEC SG8 활동을 비롯하여 기존 IEC TC 65와 ISO TC 184 활동과 연계하는 방안을 마련하고 있다. 사실상의 표준화기구는 oneM2M과 IEEE P2413이 주도적으로 활동하고 있다.

〈표3〉 스마트공장 관련 국제표준화기구

| | |
|---|---|
| IEC SG8 | Industry 4.0 - Smart Manufacturing |
| IEC/TC 65 | 산업공정 측정, 제어 및 자동화<br>(Industrial process measurement, control and automation) |
| ISO/TC 184/SC 4 | 산업데이터(Industrial data) |
| ISO/TC 184/SC 5 | 전사적 시스템과 자동화 응용을 위한 상호운용성, 통합 및 아키텍처<br>(Interoperability, integration, and architecture for enterprise systems and automation applications) |
| ISO/IEC JTC 1/WG 9 | 빅데이터(Big data) |
| ISO/IEC JTC 1/WG 10 | 사물인터넷(Internet of thing) |
| OneM2M | 사물인터넷 서비스 플랫폼 표준기술을 개발 |
| IEEE P2413 | 사물인터넷의 구조 프레임워크에 대한 표준을 제정 |

IEC 표준화관리이사회(SMB)는 2014년 6월 SG(전략그룹)8: Industry 4.0 - Smart Manufacturing을 구성하여, 2014년 11월(Singapore)부터 2015년 3월(Sao Paulo), 2015년 10월(Frankfurt)까지 9개국(미국, 독일, 스웨덴, 일본, 중국, 프랑스, 영국, 브라질, 한국)이 참여하여 3차례 국제회의를 진행하였다. IEC SG8에서의 결과물은 2016 Frankfurt IEC Plenary Meeting에서 보고하기로 Singapore회의에서 2014년 11월 결정하였다.

스마트그리드 표준로드맵(Link-http://smartgridstandardsmap.com/)은 IEC SG3의 아키텍처 프레임에 근거하여 작성됨에 따라, SG8에서도 이를 참조하여 표준로드맵 초안 작성 후 2016년 3월 발표할 예정이다.

〈IEC SG8의 활동 결과물〉

① 로드맵 문서(Roadmap document)
② 아키텍쳐 제안(Suggested architecture)
③ SMB와 CAB에 권고안 제출(List of recommendations to the SMB and CAB)
④ TC와 SC에 상호협력에 대한 권고안(Collaborative recommendations to TCs and SCs)

그외 주요 활동으로는 IEC SC3D에서 국제표준으로 제정된 IEC 61360 Common Data Dictionary(CDD)를 채택하고, IEC의 모든 TC에서 데이터 모델을 위하여 해당 규격의 사용을 촉진할 것을 권고하기로 결정(2015년 3월)하였다. IEC SMB가 ITU-R에게 무선통신의 보안과 안전을 위하여 산업자동화 설비에 1.4에서 6.0 GHz 대역에서 최소 80MHz 대역폭의 전용 주파수 할당을 요구하도록 권고할 것을 결의(2015년 3월)한 바 있다.

IEC TC 65에서는 공장 제어 및 자동화 설비에서 디바이스와 통신망 그리고 시스템과 관련된 모든 표준을 다루고 크게 4개의 분과로 활동 중이며 다음과 같다. ① SC65A-System Aspects, ② SC65B-Devices, ③ SC65C-Industrial Networks, ④ SC65E-Devices & Integration in Enterprise System. 주요 표준으로는 IEC 61508-Functional Safety, ISO 26262- Functional Safety Network, IEC 62439-High Availability Network, IEC 61158-Real Time Network, IEC 62541-OPC-UA(OLE for Process Control Unified Architecture Specification)이 포함되어 있다.

〈IEC TC 65의 주요 표준〉

① (SC65A) 산업 프로세스 측정 및 제어를 위한 시스템의 포괄적인 측면에 대한 표준
② (SC65B) 산업 프로세스 측정 및 제어를 위한 장치의 특정 측면에 대한 표준
(예: 측정장치, 분석기기, Programmable Logic Controller 등)
③ (SC65C) 산업공정 측정 및 제어를 위한 디지털 데이터 통신에 대한 표준
④ (SC65E) 디바이스의 특성 및 기능, 방법, 응용 프로그램의 디지털 표현을 지정하는 표준

ISO TC 184는 산업자동화 및 통합을 담당하는 기술위원회이며, 아키텍처 및 프레임워크, 데이터모델에 대한 표준을 진행하고 있으며, 관련 주요 표준은 다음과 같다.

〈ISO TC 184의 주요 표준〉

① (ISO 15745) 어플리케이션 통합 프레임워크를 위한 개방형 시스템 표준
② (ISO 16100) 제조영역에서 사용되는 상위소프트웨어 제품(MES 등)의 호환성을 위한 프레임워크 및 프로파일, 서비스 정의에 대한 표준
③ (ISO/IEC 62264) 기업 전체 관점에서 제조 관련 각 영역(도메인), 구성요소(액터) 및 인터페이스 정의에 대한 표준
④ (ISO 20242) 테스트 영역에서 사용되는 가상 디바이스와 실제 디바이스 간 호환성을 위한 인터페이스 및 서비스 정의에 대한 표준

사실상의 표준화 활동으로는 전 세계 7개 표준화기관[TTA(한국), ETSI(유럽), TIA, ATIS(북미), ARIB, TTC(일본), CCSA(중국)]이 글로벌 사물인터넷 서비스 플랫폼 표준기술을 개발하기 위하여 결성된 파트너십 프로젝트(2012년 7월)인 oneM2M이 대표적이다.

oneM2M은 이동통신 사업자, 솔루션 업체, 네트워크 및 장치 제조사 등 226개 회원사가 가입, 크게 2개 조직으로 구성되고 기술총회 산하에는 실제 기술규격 개발을 담당하는 5개 워킹그룹이 있다. 워킹그룹 1에서는 유저 케이스 및 요구사항을 개발하였으며, 개발된 요구사항을 바탕으로 워킹그룹 2에서 시스템 구조 설계를, 워킹그룹 3에서 상세프로토콜을 개발하고 있다. 현재까지 12차 기술총회를 진행했으며, 첫 번째 후보 릴리즈를 완성하여 배포(2014년 8월)하였다.

또한 IEEE는 P2413 프로젝트를 공식 개시(2014년 6월)함으로써 IoT 아키텍처 구축을 통해 더욱 다양한 산업과 기술 영역으로 확장하고 있다. 대표적으로 Cisco Systems, Huawei, GE, Oracle, Qualcomm, ZigBee Alliance 등 23개사의 개발 업체 및 조직이 참여하고 있다. 홈 자동화 시스템과 산업 시스템 등 향후 IoT가 적용될 것으로 기대되는 부문의 커넥티드 기기와 어플리케이션들 간의 상호운용성을 담보하는 프레임워크를 구성하는 것이 목표로서 IEEE P2413 워킹그룹의 최우선 과제는 타 플랫폼에서 유입되는 데이터를 공동의 이해 가능한 데이터 객체로 변환하는 것으로, 2016년 표준 배포를 목표로 추진하고 있다.

## 한국 '스마트공장 표준화 로드맵' 개발

한국은 산업계의 스마트공장 관련 표준활용 현황과 요구사항을 조사·

분석하여, 제조현장에서 적용 가능한 표준 라이브러리 제공과 스마트공장 표준화 로드맵 개발(2015년 하반기)을 하고 있다. 표준 라이브러리 구축은 국내외 주요 표준과 표준개발기구 현황, 산업계 표준 활용 현황과 표준화 요구사항 등을 내용으로 하는 영역별 기술표준 현황을 조사하고 표준화 영역을 발굴·선정하는 것이다. 표준 라이브러리에서 도출된 표준 현황, 표준 GAP분석을 바탕으로 장기적으로 국내 기업이 활용 가능한 표준화 로드맵을 마련하고자 한다.

〈표4〉 스마트공장 관련 표준 라이브러리(예시)

| 영역 | 관련표준 | 표준설명 |
|---|---|---|
| 산업 구조 | IEC 62264 | 기업에서의 시스템 통합 구조 |
| 제조공정관리 | IEC 62264-6 | 제조공정관리를 위한 업무스케줄 교환 |
| 공정 장비 자동화 및 제어 | ISO 18435, ISO 13374<br>ISO 15746, IEC 61131-3<br>IEC 61131-3<br>IEC 61360, ISO 22745, ISO 15926<br>EtherNet/IP, IEC 61987, IEC 62683 | 공정 모니터링/진단<br>공정최적화<br>공정 및 제어 시뮬레이션<br>공정자동화를 위한 CAD 데이터 교환<br>디바이스 관리 |
| 원자재 및 에너지 수급 | ISO 22745, IEC 61360<br>IEC 61850, ISO 20140 | 공급자 카탈로그<br>공정 최적화(공정 및 제어 시뮬레이션) |
| 통신 | IEC 61158<br>IEC 61784<br>IEC 62591 | 측정 및 제어를 위한 디지털데이터<br>산업용통신네트워크-프로파일<br>산업용통신네트워크-무선통신 프로파일 |
| 기능 안정성 | IEC 61508<br>IEC 61511 | 전기전자 안정과 관련된 시스템<br>공정산업용 안정성기능이 구현된 시스템 |
| 정보보안 | IEC 62443 | 자동화 정보보안 |

우리 정부는 스마트공장 국제표준 활용 및 대응력을 강화하기 위하여

표준개발협력기구(COSD), 전문위원회 등 기존 국내외 표준화 대응조직을 정비한다. 또한 국제표준 적시 도입과 활용을 확대하여, 국제시장과 연계된 스마트공장을 확산시킴으로써 국내 기업의 수출기반을 마련한다.

2016년도부터 스마트공장 국제표준의 KS를 도입하고, 표준 적용 가이드라인을 개발하며, 기계·설비·제어-전기·전자-정보·통신 등 다양한 스마트공장 산업계 간 정확한 의사소통을 위해 '스마트공장 표준용어사전'도 개발하여 운영할 예정이다.또한 부품 및 공정번호, 장비버전 등 제조정보를 관리할 수 있는 스마트공장 객체식별자 관리체계를 구축한다.

또한 스마트공장에 대한 국내 저변확산을 위하여 국내외 스마트공장 표준화 주요 이슈에 대응하고, 국내 전문가 네트워크를 활용한 표준화 활동체계를 마련하고 있다. 이에 대한 활동으로는 국내 표준화 프레임워크를 개발한 후 스마트공장 인증기준을 KS규격화한다.

이와 함께 스마트공장과 관련된 기술개발과 표준화 활동에 필요한 인적네트워크를 구축하기 위하여 핵심이슈별 대응전문가를 발굴하여 표준기술연구회를 탄력적으로 운영하고, 2016년부터 이를 구성·운영할 표준화 포럼을 기획하고 있다. 그리고 스마트공장 관련 국제표준회의를 국가차원에서 전략적으로 유치하여, 국제표준기반의 국내 스마트공장 보급·확산에 기여하고자 한다.

## 한국이 4차 산업혁명을 이끌기 위해서는

한국은 글로벌 추진방향에 발맞추어 스마트공장 확산에 요구되는 참조아키텍처 모델, 산업통신망 표준 통합, 미들웨어 표준화 등 국제적인 공조와 노력을 기울여야 한다. 스마트공장 표준화에 있어 우리나라의 기술수준과 글로벌 시장에서의 업계 리더십을 고려하여 적용대상(산업) 등 전략적인 선택이 필요하다.

국제표준화 활동에 있어 IEC SG8 등 국제동향을 신속히 파악하고 국내 현황에 맞게 해석하여 아직 표준화되지 않은 틈새영역을 발굴하고 글로벌 리더십을 확보하는 데 역점을 두어야 한다.

국내 스마트공장의 저변을 확산시키기 위해서는 다양한 아이디어를 수렴하는 의사소통채널과 적합한 추진체계를 갖추어야 한다. 스마트공장의 핵심이슈별 전문가를 발굴하여 표준기술연구회를 탄력적으로 운영하고, 2016년부터 구성할 표준화포럼도 기획해야 한다. 스마트공장정책의 선두그룹인 독일과 미국의 다양한 유스케이스를 접할 수 있도록 국제표준화회의와 컨퍼런스를 전략적으로 유치해야 한다.

독일과 미국은 스마트공장 확산활동에 있어 테스트베드 구축과 국제표준화에 집중하고 있는 반면, 한국은 스마트공장의 양적 확산에 집중하는 경향이 있다. 국내 스마트공장 보급·확산과 더불어 지속가능한 정책추진을 위해서는 중소·중견기업의 입장에서 벤치마킹할 수 있는 테스트베드 구축이 선결돼야 한다. 대외적으로는 독일과 미국 중심의 국제표준화 활동 독주에 대응 가능한 국내전문가의 발굴과 인적네트워크를 활용하여 국제표준화 대응체계를 갖추는 균형있는 정책추진이 요구된다.

우리는 '인더스트리 4.0'으로 글로벌 선두에 있는 독일이 기존 추진성과에 대한 냉철한 평가를 본보기로 하여 한국 스마트공장 정책의 현주소와 표준화 전략에 대한 종합점검이 필요하다. 우리나라가 향후 미래 제조업 혁명을 이끌 주역이 되기 위해서는 획일적인 스마트공장 보급·확산사업을 넘어 국제표준화 추진, IT보안과 데이터 거버넌스, 법적·정책적 장애요인 해소, 인재육성과 교육, 그리고 가치사슬 전체의 참가 등 실질적인 해결방안을 다 함께 모색해야 할 것이다.

INSIGHT 09

# ISO 9001과 14001 개정의 초점, 조직과 리더십 강화하라

글 | 서경미(한국표준협회 표준정책연구센터, leaf@ksa.or.kr)

ISO 9001과 14001은 전 세계에서 가장 많은 인증서가 발행된 경영시스템 인증의 표준으로, 2015년 대폭 수정된 개정판이 발간되면서 인증 받은 조직과 관련 전문가들이 개정 범위와 내용에 관심을 기울이고 있다. 두 표준의 개정판은 2015년 9월 발간되었으며, 해당 인증을 유지 중인 조직은 개정일로부터 3년 이내에 2015년 개정판을 기반으로 인증을 갱신해야 한다. 이번 ISO 9001과 14001 개정의 핵심은 '조직의 상황 분석 강조', '요구사항에 포함된 일부 개념의 확대', '리스크의 강조', '최고경영자 리더십 강조' 등을 들 수 있다. 이번 개정이 다양한 분석과 내외부 요구를 반영하였음을 감안할 때, 인증 받은 조직은 신속히 변화 대응을 시작하여 인증 전환을 조기에 완료하는 것이 조직의 경영에 도움이 될 것이다. 또한 인증기관에게는 변화된 요구사항에 대해 일관된 심사 가이드라인이 필요할 것이다.

※ 이 글은 2015년 8월 한국표준협회가 발간한 KSA Policy Study 2015-4호 '2015년 ISO 9001, 14001 개성의 시사점 - FIDS(Final Draft) 버전을 중심으로-'를 칼럼 형태로 재작성한 것입니다. 참고문헌은 한국표준협회(www.ksa.or.kr)에서 확인할 수 있습니다.

INTERNATIONAL STANDARD
ISO 9001
Fifth edition
2015-09-15
Quality management systems —
Requirements
Systèmes de management de la qualité — Exigences
Reference number
ISO 9001:2015(E)
© ISO 2015
ISO

1987년에 최초 제정된 ISO 9001(품질경영시스템 - 요구사항)은 '운영의 일관성과 지속적 개선을 통한 고객만족도 향상'을 목적으로 하며, 지금까지 제정된 표준 중 가장 성공적인 경영관리 도구로 평가되고 있다. ISO 9001은 1994년(1차), 2000년(2차, 대폭 개정), 2008년(3차) 이후 2015년에 4차 개정되었다.

1996년 '조직의 환경성과 개선'을 모토로 제정된 ISO 14001(환경경영시스템 - 요구사항 및 사용지침) 역시 전 세계적으로 활용되는 표준으로, 2004년 1차 개정 후 2015년에 2차 개정이 완료되었다.

ISO 9001, 14001 인증은 대표적인 경영시스템 인증으로, 2013년 12월 현재 국내에서 각각 52,831건, 24,104건이 발행되었다.[1] 전 세계적으로는 2013년 12월 현재 각각 1,129,446건, 301,647건이 유효한 상황이다.[2] 전 세계 ISO 인증서 발행 규모는 2013년 12월 현재 1,538,782건으로, 이 중

1) 〈2013 국가기술표준백서〉, 국가기술표준원, 2014.7
2) ISO Survey 2013 Executive Summary, ISO, 2014.10

ISO 9001 인증서의 비중은 73%, ISO 14001 인증서는 20%의 비중을 차지하여 두 시스템경영 인증이 압도적 비중을 점유하고 있다.

〈표1〉 ISO 9001, 14001 인증서 발행 건수

| ISO 9001 | | ISO 14001 | |
|---|---|---|---|
| 국내 | 전 세계 | 국내 | 전 세계 |
| 52,831 | 1,129,446 | 24,104 | 301,647 |

## ISO 개정과 경영시스템 기본구조(HLS)의 적용

2015년 개정의 주요사항을 살펴보면, 우선 경영시스템 기본구조 (High Level Structure, HLS)의 적용을 들 수 있다. 국제표준화기구인 ISO의 TMB(Technical Management Board)는 경영시스템 간 통합을 더 간편히 하여 효율성을 제고하고 비용을 절감하기 위한 목적으로 2012년에 '경영시스템 기본구조(HLS)와 용어 정의 통일'을 포함하는 Annex SL을 발표하였다. Annex SL 발표 이후에 모든 기술위원회(Technical Committee, TC)는 경영시스템 표준 제·개정 시 기본구조, 문장, 용어와 정의를 일치시켜야 한다.

HLS는 모든 경영시스템에 적용 가능한 10가지 범용 항목으로 구성되어 있으며, ISO 9001:2015와 ISO 14001:2015도 본 구조를 따른다.

HLS 항목 간 관계를 살펴보면, 경영시스템을 구축하기 위한 입력요인으로 '고객의 요구사항' 외에 '조직의 상황'과 '이해관계자의 니즈 및 기대'를 추가하였고, '리더십'을 중심으로 '기획', '지원, 운영', '성과평가', '개

3) 번역된 용어의 출처: 「통합경영시스템으로 변신한 ISO 9001」, 홍종인, 2015.1, 월간 〈품질경영〉

선'의 PDCA 구조를 반영함과 동시에 결과 단계에서 의도된 결과물을 '제품 및 서비스'로 명시하고 있다.

〈표2〉 HLS 범용 구조

| ISO 9001:2008 구조 | ISO 14001:2004 구조 | HLS |
|---|---|---|
| 1. 적용범위 | 1. 적용범위 | 1. 적용범위 |
| 2. 인용표준 | 2. 인용표준 | 2. 인용표준 |
| 3. 용어 및 정의 | 3. 용어와 정의 | 3. 용어 및 정의 |
| 4. 품질경영시스템 | 4. 환경경영시스템 요구사항 | 4. 조직의 상황 |
| 5. 경영자 책임 | 4.1 일반 요구사항 | 5. 리더십 |
| 6. 자원 관리 | 4.2 환경방침 | 6. 기획 |
| 7. 제품 실현 | 4.3 기획 | 7. 지원 |
| 8. 측정, 분석 및 개선 | 4.4 실행 및 운영 | 8. 운영 |
| | 4.5 점검 | 9. 성과 평가 |
| | 4.6 경영검토 | 10. 개선 |

〈그림1〉 PDCA 싸이클 관점에서의 HLS 구조

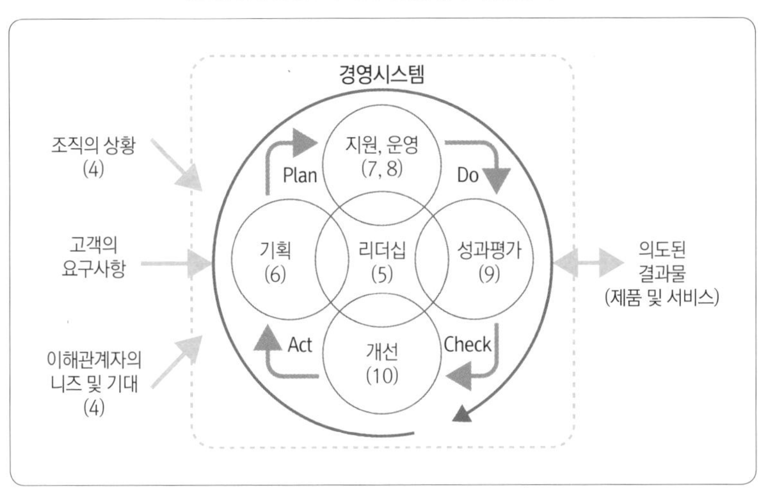

HLS 구조를 따라 '조직 및 조직의 상황 이해', '이해관계자의 니즈 및 기대 이해', '리더십과 경영자 의지', '리스크와 기회를 위한 활동', '문서화된 정보 항목'은 ISO 9001:2015와 ISO 14001:2015에서 공통적으로 개정되었다.

또한, 조직이 다른 경영시스템 표준의 요구사항과 품질경영시스템을 통합할 수 있도록 '프로세스 접근방법'과 'PDCA 사이클'을 유지하되, 표준 구조에 반영하였다. 프로세스 접근방법을 유지하여 프로세스 간 상호작용을 지원하였고, PDCA 싸이클을 통해 프로세스에 필요한 자원이 적절히 투입되고 관리되며, 개선 기회들이 식별되고 실행됨을 확인하고 있다.

① 리스크 기반 사고(Risk-based thinking) 강조 ISO 9001:2015의 주요 개정사항을 보면, 우선 리스크 기반 사고(Risk-based thinking)를 강조하고 있다. ISO 9001:2015에서는 리스크 관리에 대해 더 광범위한 접근을 시도하며, 조직은 리스크와 기회를 다루기 위한 조치를 기획하고 실행할 필요가 있다고 명시하고 있다. 그리고 최고경영자는 프로세스 접근방법과 함께 리스크 기반의 사고를 독려해야 한다.

기존 ISO 9001:2008에서 리스크의 개념이 기획, 검토, 개선 등의 요구사항에 함축되고, 예방조치의 실행으로 언급된 것에 비해 중요성이 강조됐다고 할 수 있다. 이를 통해 조직의 프로세스와 품질경영시스템에 영향을 주는 요인들을 결정하고 부정적 결과를 최소화하기 위해, 예방조치들을 실행하며 기회의 활용을 극대화하는 효과를 기대할 수 있다.

ISO 9001:2015에서는 예방조치에 대한 조항이 제외되고 리스크 관리에 대한 규정된 방법이나 문서화된 리스크 관리 프로세스의 요구사항도 없으므로, 조직은 리스크 기반의 사고를 적용하고 활동하는 책임 하에서 조직의 프로세스에 적합한 리스크 관리 방법론을 수립할 수 있다.

② 성과 중심(Performance based)의 강조 다음으로 성과 중심(Performance based)의 강조를 들 수 있다. ISO 9001:2008이 '성과 획득 방법'에 초점을 두었던 데 비해, ISO 9001:2015는 '성과의 내용'을 더 강조하며 '성과' 및 '성과지표(Performance Indicator)' 설정을 언급한다. 성과 강조를 위해 프로세스 접근방법과 리스크 기반의 사고를 결합하며, 조직이 운영되는 상황을 고려함과 동시에, 모든 수준과 기능에서 PDCA 사이클을 채택하였다.

③ ISO 9001:2015의 조항 구조와 일부 용어 변경 ISO 9001:2015의 조항 구조와 일부 용어는 다른 경영시스템 표준과의 일관성을 위해 〈표3〉과 같이 변경되었다. 다만, 조직에서 사용하고 있는 용어를 본 표준의 용

〈표3〉 ISO 9001:2008과 ISO 9001:2015 간 용어 변경 사항

| ISO 9001:2008 | | ISO 9001:2015 |
|---|---|---|
| 제품(Products) | ▶ | 제품 및 서비스(Products and services) |
| 제외(Exclusions) | ▶ | 없음(A.5 가용성의 명확성(Clarification of applicability) 참고) |
| 경영대리인(Management representative) | ▶ | 없음(유사한 책임과 권한은 명시되었으나 경영대리인에 대한 요구사항은 없음) |
| 문서화(Documentation),<br>품질매뉴얼(Quality manual),<br>문서화된 절차(documented Procedure),<br>기록(Records) | ▶ | 문서화된 정보(Documented information) |
| 업무환경(work environment) | ▶ | 프로세스 운영 환경<br>(Environment for the operation of processes) |
| 모니터링장비 및 측정장비<br>(Monitoring and measuring equipment) | ▶ | 모니터링 및 측정자원<br>(Monitoring and measuring resources) |
| 구매된 제품(Purchased product) | ▶ | 외부에서 공급된 제품 및 서비스<br>(Externally provided products and services) |
| 공급자(Supplier) | ▶ | 외부공급자(External provider) |

어로 교체하는 것에 대한 요구사항은 없으므로, 조직은 운영에 적합한 용어를 유지할 수 있다. 예를 들어, '문서화된 정보' 대신 '기록', '문서화', '절차서' 등의 용어 사용, '외부제공자' 대신 '공급자', '파트너', '벤더' 등의 용어 사용이 가능하다.

또한 ISO 9001:2008에서 서비스를 포함한 프로세스의 모든 결과물을 '제품'이라 명시한 데 비해, ISO 9001:2015는 '제품 및 서비스'라는 용어로 변경되었다. 이는 요구사항의 적용에 있어 제품과 서비스 간 구분을 강조하기 위한 것으로, 조직이 고객에게 제공하거나 또는 외부공급자를 통해 공급하는 대부분의 산출물은 제품과 서비스를 모두 포함한다.

'가용성'이라는 측면에서, ISO 9001:2015는 품질경영시스템 요구사항 적용과 관련하여 '제외'라는 표현을 사용하지 않으며, 대신 조직은 조직의 규모, 복잡성, 적용하는 경영모델, 활동의 범위, 리스크와 기회의 특성을 고려하여 요구사항의 가용성을 검토할 수 있다. 따라서 조직은 어떤 요구사항의 제외가 제품 및 서비스의 적합성 획득에 부정적 영향을 끼치지 않는 경우에만 해당 요구사항의 적용 여부를 결정할 수 있다.

ISO 9001:2008의 '경영대리인(5.5.2항)'이라는 용어가 ISO 9001:2015에서 제외되었다. 경영대리인 관련 기존의 요구사항을 최고경영자에 대한 요구사항으로 명시하여 최고경영자의 책임과 의무를 강화하였다.

ISO 9001:2008에서 중시된 '문서(4.2.3항)', '기록(4.2.4항)'의 구분은 '문서화된 정보'라는 개념으로 통합되었으며, ISO 9001:2008이 '기록'을 '적합성의 증거'로 명시하는 데 비해, 이번 개정 표준에서는 문서화된 정보를 '보유(retain)'하는 개념으로 변경하였다. ISO 9001:2008이 '문서', '문서화된 절차', '품질매뉴얼', '품질계획서' 등의 특정 용어를 사용한 데 비해, 이번 개정 표준에서는 '문서화된 정보를 유지(maintain)'하는 요구사항을 규정하였다.

ISO 9001:2008의 '업무환경(6.4항)'에 명시된 물리적 환경 요인 외에 사회적, 심리적 환경이 추가되었다. 또한, 기존에는 모니터링 및 측정이 '장비 관리(7.6항)'에 초점을 맞추고 있었던 데 비해, 이제는 더 넓은 개념

〈표4〉 ISO 9001:2015 주요 개정 요약

| No | 조항 번호 | 제목 | 구분 |
|---|---|---|---|
| 1 | 0.2 | 품질경영 원칙<br>(Quality management principles) | 변경 |
| 2 | 4.1 | 조직 및 조직의 상황 이해<br>(Understanding the organization and is context) | 신규 |
| 3 | 4.2 | 이해관계자 니즈 및 기대 이해<br>(Understanding the needs and expectations of interested parties) | 신규 |
| 4 | 4.4 | 품질경영시스템과 프로세스<br>(Quality management system and its processes) | 강화 |
| 5 | 5.1 | 리더십과 경영자 의지<br>(Leadership and commitment) | 강화 |
| 6 | 6.1 | 리스크와 기회를 위한 활동<br>(Actions to address risks and opportunities) | 신규 |
| 7 | 6.2 | 품질목표와 기획<br>(Quality objectives and planning to achieve them) | 강화 |
| 8 | 7.1.4 | 프로세스 운영 환경<br>(Environment for the operation of processes) | 강화 |
| 9 | 7.1.5 | 모니터링 및 측정자원<br>(Monitoring and measuring resources) | 강화 |
| 10 | 7.1.6 | 조직의 지식<br>(Organizational knowledge) | 신규 |
| 11 | 7.5 | 문서화된 정보<br>(Documented information) | 변경 |
| 12 | 8.5.5 | 제품 및 서비스 인도 후 활동<br>(Pre-delivery activities) | 강화 |
| 13 | 8.5.6 | 변경 관리<br>(Control of changes) | 강화 |
| 14 | 9.3 | 경영 검토<br>(Management review) | 강화 |

으로 요구사항을 담고 있다. '외부에서 공급된 제품 및 서비스'에는 '공급자로부터의 구매', '관련 회사와의 합의', '외부공급자에게 외주 처리한 프로세스' 등도 포함된다. '외부공급자'라는 개념을 통해 전통적 개념의 공급처·구매처(Supplier) 외에 협력사 등 외부에서 협력하는 대상으로 고려 범위를 확대하였다.

## ISO 9001:2015의 주요 개정 사항

① 품질경영 원칙 ISO 9001:2015에서 8대 품질경영 원칙은 〈표5〉와 같이 7대 원칙으로 변경되었다. '고객중심', '리더십', '프로세스 접근법'은 기존과 동일한 데 비해, '적극참여', '개선', '증거기반 의사결정', '관계 관리 원칙'은 기존 원칙이 개념적으로 강화, 확대되거나 명확해지는 방향으로 변경되었으며, 기존의 '경영에 대한 시스템 접근방법'은 제외되었다.

② 조직 및 조직의 상황 이해 조직은 목적 및 전략방향과 연관된 내·외부적 중요 이슈를 결정, 모니터링 및 검토를 해야 한다는 조항이 추가되었

〈표5〉 ISO 9001:2015의 품질경영 원칙 변경 사항

| ISO 9001:2008 | ISO 9001:2015 |
|---|---|
| 1. 고객중심 | 1. 고객중심(Customer Focus) |
| 2. 리더십 | 2. 리더십(Leadership) |
| 3. 전원참여 | 3. 적극참여(Engagement of people) |
| 4. 프로세스 접근방법 | 4. 프로세스 접근법(Process approach) |
| 5. 경영에 대한 시스템 접근방법 | 5. 개선(Improvement) |
| 6. 지속적 개선 | 6. 증거기반 의사결정(Evidence-based decision making) |
| 7. 의사결정에 대한 사실적 접근방법 | 7. 관계 관리(Relationship management) |
| 8. 상호 유익한 공급자 관계 | |

다. 이슈는 긍정적·부정적 요인을 포함할 수 있으며, 조직이 이해해야 하는 외부 상황에는 국제적, 국가적, 지역적 측면을 망라한다. 법, 기술, 경쟁, 시장, 문화, 사회, 경제적 측면을 고려할 수 있으며, 조직의 가치, 문화, 지식, 성과 또한 고려 가능하다.

③ 이해관계자 니즈 및 기대 이해 '이해관계자(Interested parties)'란 조직의 의사결정 또는 활동에 이해관계를 갖는 개인 또는 그룹[4]으로, 좁게는 고객, 협력업체, 공급업체, 투자자, 관계당국, 조직 내 근로자 등이 포함되고, 넓게는 지역사회, 경쟁사, 미래세대 등을 아우르는 개념이다.

ISO 9001:2015에서 고려할 이해관계자는 품질경영시스템과 유관한 범위 내에서의 이해관계자로 한정되며, 이해관계자의 특정 요구사항이 품질경영시스템과 관련되어 있는지 여부는 조직이 결정하게 된다. 조직은 품질경영시스템을 수립함에 있어 중요한 이해관계자 식별, 니즈 파악, 요구사항의 결정, 요구사항의 충족을 위한 목표수립 활동을 해야 하며, 이해관계자와 그 요구사항에 대해 모니터링하고 검토해야 한다. 이에 따라 기존 고객과의 의사소통에서 이해관계자까지 의사소통의 범위가 확대되었다.

④ 품질경영시스템 프로세스 '품질경영시스템과 프로세스' 측면에서는 조직이 품질경영시스템과 그 프로세스를 구축, 실행, 유지, 지속 개선함에 있어, '기준과 방법(모니터링, 측정, 관련 성과지표)의 결정', '프로세스에 필요한 자원 결정과 가용성 보장', '리스크와 기회 중시', '프로세스 평가 및 의도된 결과 획득을 위한 변경의 실행' 등을 다루어야 한다.

⑤ 리더십과 경영자 의지 ISO 9001:2008에 명시된 경영대리인(5.5.2

4) ISO 26000(사회적책임에 대한 지침) 2.20항

항)이라는 용어가 제외되면서, 기존 요구사항이었던 경영대리인의 책임과 역할은 ISO 9001:2015에서 최고경영자의 책임과 역할로 명시되었다. 즉, ISO 9001:2015에서는 품질경영시스템의 효과성과 고객 요구사항 실현에 있어 최고경영자 본인의 책임과 역할을 더 강조하고 있다.

⑥ 리스크와 기회를 위한 활동 품질경영시스템 기획에 있어 조직은 조직의 상황 이해와 이해관계자 니즈 및 기대 이해의 이슈들을 고려하고 조직의 주요 리스크와 기회를 결정해야 한다. 이때, '품질경영시스템'이 의도한 결과를 획득할 수 있다는 보증, '긍정적 효과의 강화', '부정적 효과의 예방 또는 감소, 개선'을 고려해야 하며, 조직은 품질경영시스템 프로세스 내에 리스크 및 기회와 관련된 활동들을 통합·실행해야 하며, 그 효과를 평가해야 한다.

⑦ 품질목표와 기획 '품질목표와 기획' 측면에서 조직 내 관련되는 기능 및 계층에서 품질목표를 수립해야 한다. 조직이 설정하는 품질목표가 '품질방침과 일관성', '측정가능', '적용 가능한 요구사항들을 고려', '제품과 서비스의 적합성 및 고객만족 강화와 관련', '모니터링', '의사소통', '적절한 업데이트' 등의 요구사항에 적합해야 한다. 또한 품질목표 달성을 위한 기획은 '획득성과', '필요자원', '책임자', '완료시기', '결과물 평가방법' 등을 고려해야 한다.

⑧ 프로세스 운영 환경 조직이 결정, 제공, 유지해야 하는 환경의 범위가 기존에는 물리적 환경 중심이었으나, ISO 9001:2015에서는 '사회적 환경(비차별, 비대립 등)', '심리적 환경(스트레스 감소, 탈진 예방, 감정 보호 등)', '물리적 환경(온도, 열기, 습도, 조명, 기류, 위생, 소음 등)' 등으로 확대 적용되었다.

⑨ 모니터링 및 측정자원  기존 ISO 9001:2008의 7.6항(모니터링장비 및 측정장비의 관리)이 장비 차원의 요구사항이었다면, ISO 9001:2015는 모니터링 및 측정의 자원에 대해 더 폭넓은 요구사항을 담고 있다. 또한 조직은 제품 및 서비스의 적합성을 검증하기 위해 모니터링이나 측정이 필요한 경우, 유효하고 신뢰할 만한 결과를 도출할 수 있도록 자원을 결정하고 제공해야 한다.

⑩ 조직의 지식  조직이 프로세스 운영과 제품 및 서비스의 적합성 획득에 필요한 지식의 유지 여부를 결정하고 관리할 필요가 있다고 표명하고 있다. 조직의 지식은 조직의 경험에서 나오는 지식으로, 조직의 목표 달성을 위해 이용되고 공유되어야 한다. 또한 조직의 지식은 '내적 자원(지적 재산권, 경험에 기반한 지식, 실패와 성공의  교훈, 문서화되지 않은 지식과 경험의 공유, 개선결과 등)'과 '외적 자원(표준, 교육, 컨퍼런스, 고객과 외부공급자로부터의 지식 등)'에 기반해야 한다.

⑪ 문서화된 정보  조직의 문서화된 정보는 조직의 규모와 활동·프로세스·제품 및 서비스의 유형, 프로세스의 복잡성, 수행하는 인적자원의 역량에 따라 상이하다.

문서화된 정보 운영에 있어 식별 및 기술(제목, 날짜, 기록자, 번호 등), 포맷(언어, 소프트웨어 버전, 그래픽 등), 매체(종이, 전자장치)를 확인하는 동시에, 적절성에 대한 검토 및 승인 또한 적절함을 확인해야 한다. 또한 조직은 문서화된 정보의 관리를 위해 배포·접근·회수·사용, 저장·보존, 변경관리, 보관·처분 측면에서 가용한지를 확인해야 하며, 동시에 품질경영시스템의 기획 및 운영에 필요한 외부 출처의 문서화된 정보 또한 식별되고 관리되어야 한다. 이때, 적합성의 증거인 문서화된 정보는 의도되지 않는 변경으로부터 보호되어야 한다.

⑫ 제품 및 서비스 인도 후 활동 인도 후 활동(post - delivery activities)은 보증, 계약 의무사항(보수·정비 서비스 등), 부수적 서비스(재활용, 제품폐기 등)를 포함한다. 인도 후 활동의 범위를 결정할 때는 '법적, 규제적 요구사항', '발생 가능한 잠재적 부정적 결과', '제품 및 서비스의 특성, 이용, 의도된 전과정', '고객 요구사항', '고객 피드백'을 고려해야 한다.

⑬ 변경 관리 조직은 생산이나 서비스 제공에 있어 요구사항의 적합성 유지와 관련된 변경을 검토하고 관리해야 하며, '변경 검토의 결과', '변경을 승인한 자', '검토 후 행위에 대한 문서화된 정보'를 보유해야 한다.

⑭ 경영 검토 요구사항들의 변경 및 추가에 따라 최고경영자가 수행해야 할 경영 검토의 범위가 확대되었는데, 구체적으로 '조직 및 조직의 상황 이해(내외부적 이슈의 변화)', '외부공급자(외부공급자의 성과)', '리스크와 기회(리스크 및 기회와 관련한 활동들의 효과성)', '기타 모니터링 및 측정 결과', '자원의 적절성' 등이다.

## ISO 14001:2015의 주요 개정 사항

다음으로 ISO 14001:2015의 주요 개정사항을 살펴보면, 기존 ISO 14001:2004의 구조에 비해 '조직의 상황', '리더십' 등의 기획 부분이 추가·강화되고 성과평가 및 개선 부분이 보완되었다.

① 조직 및 조직의 상황 이해 조직은 목적 및 의도된 결과물 획득을 위한 역량에 영향을 미치는 내·외부적 중요 이슈를 결정해야 한다고 명시하고 있다. 이슈는 조직에 의해 영향을 받거나 조직에 영향을 미칠 수 있는 요인들을 포함하며, '환경적 요인(기후, 공기질, 수질 등)', '문화, 사회, 정

〈표6〉 ISO 14001:2015 주요 개정 요약

| No | 조항 번호 | 제목 | 구분 |
|---|---|---|---|
| 1 | 4.1 | 조직 및 조직의 상황 이해<br>(Understanding the organization and is context) | 신규 |
| 2 | 4.2 | 이해관계자 니즈 및 기대 이해<br>(Understanding the needs and expectations of interested parties) | 신규 |
| 3 | 4.3 | 환경경영시스템의 범위 결정<br>(Determining the scope of the environmental management system) | 신규 |
| 4 | 4.4 | 환경경영시스템<br>(Environmental management system) | 신규 |
| 5 | 5.1 | 리더십과 경영자 의지<br>(Leadership and commitment) | 강화 |
| 6 | 5.2 | 환경방침<br>(Environmental policy) | 강화 |
| 7 | 5.3 | 조직의 역할, 책임, 권한<br>(Organizational roles, responsibilities, and authorities) | 신규 |
| 8 | 6.1 | 리스크와 기회를 위한 활동<br>(Actions to address risks and opportunities) | 신규 |
| 9 | 6.1.3 | 준수의무<br>(Compliance obligations) | 신규 |
| 10 | 6.2 | 환경목표와 기획<br>(Environmental objectives and planning to achieve them) | 강화 |
| 11 | 7.4 | 의사소통<br>(Communication) | 강화 |
| 12 | 7.5 | 문서화된 정보<br>(Documented information) | 변경 |
| 13 | 8.1 | 운영 기획 및 관리<br>(Operational planning and control) | 강화 |
| 14 | 9.3 | 경영 검토<br>(Management review) | 강화 |

치, 법, 규제' 등의 외부 상황, '내적 요인(제품 및 서비스, 전략방향, 조직 문화 등)' 등이다.

② 이해관계자 니즈 및 기대 이해 조직은 환경경영시스템과 유관한 이해관계자를 식별하고, 니즈와 기대를 파악하며, 해당 니즈와 기대가 준수의무가 되는지 결정해야 한다고 기술하였다.

③ 환경경영시스템의 범위 결정 조직은 환경경영시스템의 범위를 결정해야 하며, 범위 결정 시 조직은 '내·외부 이슈', '준수의무', '조직의 단위, 기능, 물리적 경계', '활동, 제품 및 서비스', '관리와 영향에 대한 권한과 능력' 등을 고려해야 한다.

④ 환경경영시스템 조직은 환경성과 강화 등의 의도된 결과물을 획득하기 위해 환경경영시스템을 구축, 실행, 유지하고 지속적으로 개선해야 하며, 환경경영시스템 구축과 유지 시에 내·외부 중요 이슈와 이해관계자 니즈 및 기대 이해에서 얻어진 지식을 고려해야 한다.

⑤ 리더십과 경영자 의지 또한, 최고경영자는 '환경경영시스템의 효과성', '환경방침과 환경목표의 실현', '환경경영시스템 요구사항과 조직의 비즈니스 프로세스의 통합', '자원', '의사소통', '의도된 결과물 획득', '참여인력의 감독 및 지원', '지속적 개선' 등의 활동에 리더십과 의지가 있어야 한다. 환경경영시스템에서 최고경영자는 활동의 책임을 타인에게 위임할 수 있으나, 활동의 수행을 보장하는 책임은 최고경영자에게 있다.

⑥ 환경방침 '환경방침'의 기본전제로 '환경보호'를 명시하였으며, 환경보호에 대한 의지는 오염 예방을 통하여 환경적인 영향을 예방하는 것뿐만 아니라, 조직의 활동, 제품 및 서비스로부터 자연환경을 보호하는 것까지를 포함한다.

⑦ 조직의 역할, 책임, 권한 최고경영자는 역할에 대한 책임과 권한이 조직 내에서 지정되고 의사소통되도록 해야 하며, '환경경영시스템'이 ISO 14001 요구사항에 적합함과 '환경경영시스템'의 성과가 최고경영자에게 보고됨을 보장해야 한다.

⑧ 리스크와 기회를 위한 활동 환경경영시스템 기획 시, 조직은 조직의

상황 측면에서 이해관계자 니즈 및 기대와 관련된 이슈들을 고려하고, 준수의무 등을 감안하여 조직의 주요 리스크와 기회를 결정해야 한다. 이때, '환경경영시스템이 의도한 결과를 획득할 수 있다는 보증', '부정적 효과의 예방 또는 감소', '지속적 개선을 고려'해야 하며, 조직은 중요한 리스크와 기회, 프로세스에 대해 문서화된 정보를 유지해야 한다.

⑨ 준수의무 조직은 '환경측면과 관련된 준수의무를 결정·접근'하고, '준수의무의 적용 방안을 결정'하며, '환경경영시스템의 구성·실행·유지·지속개선 시 준수의무를 고려'해야 한다.

⑩ 환경목표와 기획 조직 내 관련된 기능 및 계층에서 환경목표를 수립해야 하며, 조직이 설정하는 환경목표가 '환경방침과 일관성', '측정가능', '모니터링', '의사소통', '적절한 업데이트' 등의 요구사항에 적합해야 한다. 환경목표 달성을 위한 기획은 '획득성과', '필요자원', '책임자', '완료시기', '결과물 평가방법' 등을 고려해야 하며, 최고경영자는 환경목표를 전략 단계에서 수립할 수 있으며, 전략 단계는 조직의 최상위 수준으로 환경목표가 조직 전체에 적용 가능하다.

⑪ 의사소통 조직의 구조를 고려하여 의사소통 수준과 기능, 방법을 정하는 것이 좋으며, 이해관계자들의 부정적 의견에 대해서는 신속·명확히 대응하는 것이 중요하다고 명시하고 있다. 의사소통은 투명하고, 적절하며, 신뢰가 가고, 사실적이며, 관련 정보를 포함하고 있고, 이해관계자들도 이해 가능한 특성에 부합하는 것을 권장한다.

⑫ 문서화된 정보 조직의 '문서화된 정보'는 조직의 규모와 활동·프로세스·제품 및 서비스 유형, 준수의무의 충족, 프로세스의 복잡성, 수행하는 인적자원의 역량에 따라 상이하다. 문서화된 정보 운영에 있어 식별 및

기술(제목, 날짜, 기록자, 번호 등), 포맷(언어, 소프트웨어 버전, 그래픽 등), 매체(종이, 전자장치)를 확인함과 동시에, 적절성에 대한 검토 및 승인 또한 적절함을 확인해야 하며, 조직은 문서화된 정보의 관리를 위해 배포·접근·회수·사용, 저장·보존, 변경관리, 보관·처분 측면에서 가용한지를 확인해야 한다.

⑬ 운영 기획 및 관리 환경경영시스템의 기획 및 운영에 필요한 외부 출처의 문서화된 정보 또한 식별·관리되어야 하며, 문서화된 정보의 접근과 수정은 승인과 권한 하에 가능하다.

조직은 기획의 변경사항을 관리하고 의도되지 않은 변경의 결과를 검토해야 한다. 전과정 관점에서 조직은 환경적 요구사항이 제품 및 서비스의 전과정의 각 단계를 고려하여 설계·개발되었음을 보장해야 하며, 제품 및 서비스의 운송, 사용, 최종폐기까지의 주기에서 중대한 환경적 영향에 대한 정보 제공을 고려하여야 한다.

⑭ 경영검토 요구사항들의 변경에 따라 최고경영자가 검토해야 할 경영 검토 범위가 확대되었다. '조직 및 조직의 상황 이해(준수의무를 포함한 내외부적 이슈의 변화)', '리스크와 기회(리스크 및 기회와 관련한 활동들의 효과성)', 기타 요구사항으로 '환경목표 달성도, 환경성과 정보, 자원의 적절성, 이해관계자 의사소통, 지속적 개선' 등이 포함되었다.

## 효율성과 합리성을 강조한 ISO 9001, 14001 개정의 주요 시사점

결론적으로, 이번 ISO 9001, ISO 14001 개정과 관련하여 중요한 시사점은 다음과 같다. 우선 HLS 구조의 적용을 들 수 있는데, 모든 경영시스템에 HLS 구조를 적용함으로써 조직이 경영시스템을 적용할 때 효율성을 제고하고 비용을 절감할 수 있다. HLS 구조는 '조직의 상황 이해를 통한 내·외부 주요 이슈 도출'과 '이해관계자 식별 및 니즈 파악'을 포함하며, 기존의 예방조치 요구사항보다 더 넓은 개념의 '리스크 기반 사고'를 강조하고, 조직은 기획 단계를 강화하여 리스크와 기회를 식별하고 관련 활동을 실행해야 한다.

이번 개정과 관련하여, 인증받은 조직은 향후 기획 단계를 강화할 필요가 있다. 내·외부 이슈를 수집, 선별, 분석하여 경영시스템에 반영하고, 중요 이해관계자를 결정하고 니즈를 분석, 요구사항을 정립하기까지 상당한 기간이 소요될 것으로 보인다. 아울러 경영시스템과 전사 전략 연계의 효과성을 고려할 때, 인증받은 조직에서 실행 계획과 일정을 체계적으로 수립하여 대응할 필요가 있다. 관련 활동과 효과 평가의 방법은 각 조직의 특성에 맞추어 진행하되 해당 방법의 선택에 대한 합리적 근거가 필요하다.

또한 기획 단계의 내·외부 분석을 통해 조직의 주요 리스크와 기회를 결정하고 관련 활동을 실행하여 효과를 평가해야 한다. 리스크 관리와 관련하여 'ISO 31000:2009(Risk management - Principles and guidelines)', 'IEC 31010:2009(Risk management - Risk assessment techniques)', 'ISO/TR 31004:2013(Risk management - Guidance for the implementation of ISO 31000)' 등의 국제표준을 참고할 수 있다.

인증 전환과 관련하여, 인증받은 조직은 인증 전환 목표시점을 정하고 체계적으로 준비할 필요가 있다. 개정판에 대한 인증 전환의 기한은 2018년 9월이다. 표준이 내·외부 분석과 산업계·소비자의 요구를 반영하여 개정됨을 고려하면, 이번 개정판의 요구사항에 대해 신속히 변화 대응을 시작하여 가급적 빨리 인증을 전환하는 것이 조직의 경영시스템에 도움이 될 것이며, 인증 전환 추진에 있어 최고경영자의 리더십과 의지가 필요하다는 점을 유념해야 한다.

경영시스템 표준의 HLS 구조를 적용하는 이번 개정은 인증을 받은 조직에게는 품질경영시스템, 환경경영시스템 등의 통합경영시스템 구축의 기회가 되므로, HLS 구조를 심층적으로 이해함으로써 통합경영시스템에 효과적으로 대응할 수 있다.

인정·인증기관에게는 인증받은 조직들의 인증 전환이 기한의 마지막 해에 집중될 가능성이 있으므로, 신속한 전환 독려가 필요하다. 개정의 범위가 넓은 만큼 인증받은 조직들이 개정 내용을 숙지하고 변화에 대응하도록 다양한 형식의 정보를 전달해야 한다. 또한 변화된 요구사항에 대한 인증심사원 간 해석 차이를 줄이고 심사 기준을 균일하게 유지하도록 다양한 채널을 통한 정보 공유와 협의가 요구된다.

# Part 3.
# 新표준정책시대가 온다

.10.

국가표준기본계획은 어떻게 진화해야 할까

.11.

국가표준정책의 추진 전략

.12.

한국 전자정부시스템 표준의 진화는 계속된다

## .13.

첨단 ICT 시대
국가 주도 기술표준화,
어떻게 할 것인가

## .14.

'투표 의견 제출'
활용으로
국제표준화 경쟁력
높이자

INSIGHT 10

# 국가표준기본계획은 어떻게 진화해야 할까

글 | 최동근(한국표준협회 표준정책연구센터, dgchoi@ksa.or.kr)

대한민국 「헌법」 제127조 제2항에 "국가는 국가표준제도를 확립한다"고 규정하고 있다. 국가표준기본계획은 국가표준기본법 제7조에 따라 정부가 수립하는 법정 계획으로 국가표준제도를 확립하고, 국가표준활동의 목표와 방향을 제시하는 국가 최상위·범부처 중장기 발전전략이기도 하다. 국가표준기본계획은 지난 15년간 제1차(2001~2005), 제2차(2006~2010), 제3차(2011~2015)에 걸쳐 수립되었다. 국가표준기본계획에서는 제도, 표준 확립 및 유지, 연구개발, 국제협력, 인력양성, 재원 조달 및 운용 등의 내용을 다루게 된다. 지난 15년간의 추진추이에 대한 분석을 통해 국가표준기본계획의 진화 방향에 대해 살펴본다.

※ 이 글은 2015년 한국표준협회가 발간한 KSA Policy Study 2015-2호 '국가표준기본계획의 추진 경과와 향후 발전방향의 모색'을 칼럼 형태로 재작성한 것입니다. 참고문헌은 한국표준협회(www.ksa.or.kr)에서 확인할 수 있습니다.

-GROWTH-

## 국가표준활동의 발전전략, 국가표준기본계획

대한민국 「헌법」 제127조(과학기술의 발전과 국가표준제도) 제2항에 "국가는 국가표준제도를 확립한다"고 규정(1980.10.27 최초 제정)하고 있다. 국가표준기본계획은 국가표준기본법 제7조에 따라 정부가 수립하는 법정 계획이다. 국가표준기본계획은 또한 국가표준제도를 확립하고, 국가표준활동의 목표와 방향을 제시하는 국가 최상위·범부처 중장기 발전전략이기도 하다.

국가표준기본계획은 지난 15년간 제1차(2001~2005), 제2차(2006~2010), 제3차(2011~2015)에 걸쳐 수립되었다. 국가표준기본계획은 「국가표준기본법」(제7조)에 따라 「국가표준심의회」의 심의를 거쳐 매 5년마다 수립하는 범국가적 차원의 종합전략으로, 제도, 표준 확립 및 유지, 연구개발, 국제협력, 인력양성, 재원 조달 및 운용 등의 내용을 다루게 된다. 또한 관련 중앙행정기관의 장은 기본계획에 따라 매년 국가표준시행계획을 수립하고, 시행해야 한다.

국가표준기본법과 국가표준기본계획에서는 과학기술적 표준(성문표준, 측정표준, 참조표준 등)과 인증을 대상으로 하며, 인문사회적 표준은 다루지 않는다. 특히, 국가표준기본법상에서 다루는 국가표준은 국가가 준용하는 모든 자율 표준뿐만 아니라 강제적 성격의 기술기준(기술규정)을 포함하는 것이 특징이다[성문표준 = 자율표준(KS, KCS 등) + 강제표준(기술규정), 법 제3조 7항].

〈그림1〉 표준의 분류(한국표준협회, 미래사회와 표준, 2014)

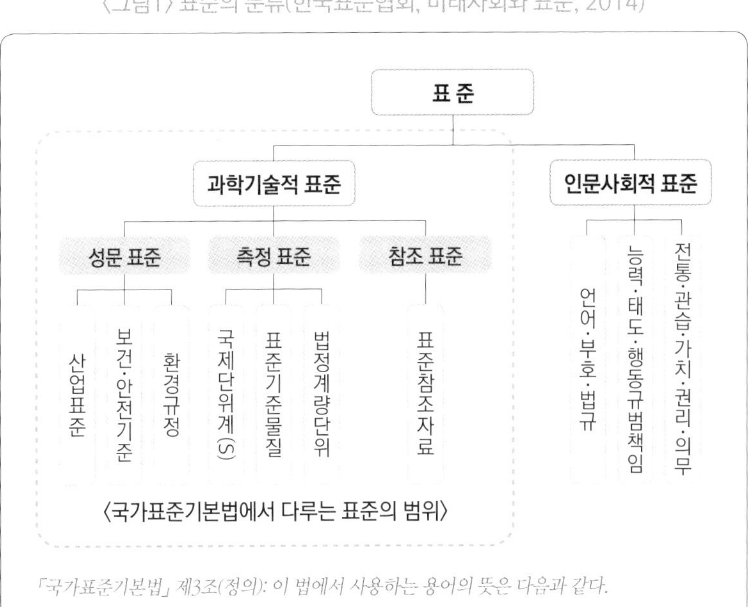


*「국가표준기본법」 제3조(정의): 이 법에서 사용하는 용어의 뜻은 다음과 같다.*

*1. '국가표준'이란 국가사회의 모든 분야에서 정확성, 합리성 및 국제성을 높이기 위하여 국가에서 통일적으로 준용하는 과학적·기술적 공공기준으로서 측정표준·참조표준·성문표준 등 이 법에서 규정하는 모든 표준을 말한다.*

*7. '성문표준'이란 국가사회의 모든 분야에서 총체적인 이해성, 효율성 및 경제성 등을 높이기 위하여 강제적으로 또는 자율적으로 적용하는 문서화된 과학기술적 기준, 규격, 지침 및 기술규정을 말한다.*

## 제1차~제3차 국가표준기본계획의 진화

제1차 국가표준기본계획(2001~2005)은 '산업의 국제경쟁력 강화'라는 비전 아래 산업인프라 구축과 수출시장 확보를 위한 국제표준제도의

〈표1〉 국가표준기본계획의 주요 추진과제 변화 추이

| 1차 국가표준기본계획 (2001~2005) | 2차 국가표준기본계획 (2006~2010) | 3차 국가표준기본계 (2011~2015) |
|---|---|---|
| 1. 국가표준제도 기반 구축<br>(1-1) 국가표준 종합조정체계의 확립<br>(1-2) 국가표준체계 혁신<br>(1-3) 국가표준화 활동기반 강화 | 1. 국가표준체계의 선진화<br>(1-1) 국가표준 관리체계의 혁신<br>(1-2) 국가 적합성평가제도의 전면적 정비<br>(1-3) 전략적 표준화 추진 및 적합성평가 기반 확충<br>(1-4) 남북표준 통일기반 조성 | 1. 미래 성장동력을 지원하는 표준개발<br>(1-1) 신성장 원천표준 개발 확대<br>(1-2) 원천기술 국제표준화 선점<br>(1-3) R&D-표준화 연계 활성화 |
| 2. 적극적 국가표준 선진화 활동 전개<br>(2-1) 성문표준의 세계화<br>(2-2) 측정표준의 선진화<br>(2-3) 참조표준의 본격 개발<br>(2-4) 전략적 표준화 기술개발<br>(2-5) 국제표준 활동 강화<br>(2-6) 표준의 보급과 홍보강화<br>(2-7) 사회적 규제와 규제개혁 요구의 조화 | 2. 표준기술 하부구조 강화<br>(2-1) 측정표준의 선진화<br>(2-2) 표준물질 개발 확대 및 보급체계 확립<br>(2-3) 참조표준 제정 및 개발시스템 구축<br>(2-4) 법정 계량제도 선진화 | 2. 기업 친화적 표준기반 구축<br>(2-1) 기업 친화적 인증제도 개선<br>(2-2) 사용자 편의형 표준지원<br>(2-3) 측정표준 글로벌 산업 경쟁력 선도 |
| 3. 기술적 무역장벽의 해소를 통한 수출시장의 확보<br>(3-1) 적합성평가제도의 전면적 정비<br>(3-2) 적합성평가기관의 국제신뢰성 제고<br>(3-3) 상호인정협정 체결의 적극 추진 | 3. 국제표준화 대응역량 강화<br>(3-1) 공적 국제표준화 주도국으로 도약<br>(3-2) 사실상 국제표준화 지원체계 구축<br>(3-3) 무역상기술장벽(TBT) 대응활동 강화 | 3. 편리하고 안전한 사회를 위한 표준화<br>(3-1) 생활밀착형·서비스 표준화<br>(3-2) 사회안전·보안 표준화<br>(3-3) 공공·행정 표준화 |
| 4. 남북한 표준통일의 준비<br>(4-1) 남북한 표준통일 대응을 위한 민관 공동 협의체 구성<br>(4-2) 남북 표준통일 사전연구 및 전략 마련<br>(4-3) 남북 간 표준화 협력 | 4. 민간표준화 활성화<br>(4-1) 민간표준화 역량의 전략적 육성<br>(4-2) 생산자단체의 표준제정활동 촉진<br>(4-3) 표준전문인력 양성 및 활용 시스템 활성화<br>(4-4) 표준화 인식제고, 홍보, 교육확대 | 4. 민간-정부가 함께하는 표준행정 실현<br>(4-1) 선진형 표준체계 구현<br>(4-2) 민간 표준 참여 향상<br>(4-3) 표준 관련 부처 협업 |

확립을 추진하기 위해 수립되었다. 1차 기본계획에는 4대 중점추진과제로 ① 국가표준제도 기반 구축, ② 적극적인 국가표준 선진화 활동 전개, ③ 기술적 무역장벽의 해소 노력 강화, ④ 남북한 표준통일의 준비를 추진하였다.

제2차 국가표준기본계획(2006~2010)에서는 '세계 산업4강 도약을 위한 표준혁신체제 구축'이라는 비전 아래 산업인프라 구축과 수출시장 확보를 위한 국제표준제도의 확립을 추진하였다. 2차 기본계획에는 4대 중점추진과제로 ① 국가표준 체계의 선진화, ② 표준기술 하부구조 강화, ③ 국제표준화 대응역량 강화, ④ 민간표준화 활성화로 변화하였다. 1차 기본계획 중점과제에서 기술적 무역장벽과 남북표준 대신에 '국제표준화 대응역량 강화'와 '민간표준 활성화'가 부각되었다.

제3차 국가표준기본계획에서는 더 큰 대한민국 건설이라는 비전 아래 '2015년 세계 7위의 표준강국 구현'이 추진되었다. 3차 기본계획의 4대 중점과제로 ① 미래 성장동력을 지원하는 표준화, ② 기업하기 좋은 표준기반, ③ 편리·안전한 사회를 위한 표준화, ④ 민간과 정부가 함께하는 표준행정 실현으로 변화하였다. 이때는 '국민생활 밀착형 표준'과 '민관 협력형 표준체계'가 중점과제로 추진되었다.

### 제3차 국가표준기본계획의 성과

3차 국가표준기본계획에서는 4대 중점과제와 12개 세부과제에 따라서 목표를 설정하여 추진하였다. 이중 정량적인 주요 목표의 달성 여부의 기준치를 분석해본다. 이 글의 작성시점에서 가용한 자료는 3차 기본계획의 기간인 5년 중 4년간의 성과분석 내용이므로 정량적 목표의 80%를 목표

달성 여부의 기준치로 활용하였다.

국가표준 개발 부문을 보면 2015년 3월 현재 성문표준인 KS는 20,514종, KCS는 431종, 단체표준은 14,387종이 있으며, 2013년 현재 20개 부처에 22,193종의 기술기준이 존재하는 것으로 조사됐다. 국가표준에 관련된 양적 목표치는 없으며, KS는 2010년 3월 23,386종에서 활용이 저조한 표준을 정비해 오히려 감소하였다. 표준과 기술기준 연계에 관한 성과를 측정할 수 있는 적절한 성과지표 개발이 필요한 것으로 사료된다.

측정표준 고도화 부문에서는 2014년 12월 측정표준은 193분야, 표준물질은 844종, 참조표준은 47개 DB 개발로 2015년도에는 목표를 무난히 달성할 것으로 전망된다. 시험능력 강화 부문에서는 국내시험기관 점유율이 76%로 2015년 목표치에 근접하고, 국제표준 시험능력도 80% 수준으로 2015년 목표치에 도달할 것으로 예측된다.

국제표준제안 측면에서는 ISO, IEC, ITU 모두 2010년 대비 2014년 국제표준제안 실적이 감소되어, 국제표준 제안 정체기 극복을 위한 국가전략 수립이 필요하다. 측정 분야(BIPM 등) 및 기타 국제기구(CODEX 등) 성과 파악이 다소 불분명하여 이에 대한 성과 수집체계 수립이 필요하다. 국제기구 임원도 ISO, IEC, ITU 분야의 임원수임 목표는 달성할 것으로 전망되나, 국제표준제안과 마찬가지로 정체기에 도달하여 전략수정이 필요하다. 특히, 국제표준개발위원회의 간사국 수임은 정체상태에 있으나, 표준개발 작업반의 컨비너는 지속적으로 증가하고 있다.

생활·서비스표준 분야에서는 국민생활 표준을 89종 개발하고, 서비스인증도 251종으로 확대하여 목표치와 유사한 실적을 달성할 것으로 전망된다. 표준 전문인력양성 위한 전문강좌 개최 실적은 32%에 불과하고, 대

〈표2〉 제3차 국가표준기본계획의 목표달성 현황 분석

| 구분 | | | 2010년도 현황 | 2014년 12월 현황(2015년 목표 대비) | 달성률 |
|---|---|---|---|---|---|
| 표준개발 | 표준제안 | ISO, IEC | 63종(누적 327종)<br>(ISO 44종, IEC 19종) | 50종(2014)(누적: 613종)<br>← 목표: 누적 900종 ('15) | 68.1%<br>(미흡) |
| | | ITU(년) | ITU: 333건(2010) | ITU: 265건(2014)<br>← 목표: 500건(2015) | 53.0%<br>(미흡) |
| | | 기타 | BIPM: 10% | 자료없음 ← 목표: 15%(2015)<br>※ 측정에 따른 손실비율 필요 | N/A |
| | | | CODEX: 1분야(김치) | CODEX: 2분야(김, 인삼)<br>※ 표준종수 정보수집 필요 | N/A |
| | 임원수임 | ISO, IEC | 107의석(의장 16,<br>간사 19, 컨비너 72) | 163의석(의장 15, 간사 23,<br>컨비너 125) ← 목표: 200의석(2015) | 80.3%<br>(양호) |
| | | ITU | 160의석(118명) | 211의석(127명)<br>← 목표: 140명(2015) | 90.7%<br>(양호) |
| | | 기타 | BIPM: 1명<br>CODEX: 없음 | BIPM: N/A ← 목표: 3명(2015)<br>CODEX: 김, 인삼 작업반 의장국 등 | (추가자료<br>수집필요) |
| 표준지원 | 시험인증 | 국내시험<br>기관점유율 | 30%(2010) | 76%(2012) ← 목표: 80%(2015) | 95.0%<br>(양호) |
| | | 국제표준<br>시험능력 | 60%(2010) | 70%(2012)<br>※ 참고자료 | (해당<br>없음) |
| | 측정부문 | 참조표준 | 28종 DB(2010.6) | 47종 DB(2014) ← 목표: 50종DB(2015) | 94.0%<br>(달성) |
| | | 표준물질 | 761종(2009) | 844종(2014) ← 목표: 850종(2015) | 99.3%<br>(달성) |
| | | 측정표준 | 171분야(2009) | 193분야(2014) ← 목표: 198분야(2015) | 97.5%<br>(달성) |
| 표준활용 | 국민생활표준 | | 5종(2010) | 89종(2014) ← 목표: 100종(2015) | 89%<br>(달성) |
| | 서비스인증 | | 106종(2010) | 251종(2014) ← 목표: 300종(2015) | 83.7%<br>(달성) |
| 표준체계 | 표준포럼지원 | | 32회(2010) | 32회 구성(2014) ← 목표: 100회(2015)<br>※ TTA 지원 ICT포럼 구성 기준 | 32%<br>(미흡) |
| | 표준인력양성 | | 8회(2010)<br>100강좌(2010) | 전문인력 15회 ← 목표: 20회(2015)<br>대학강좌 32강좌 ← 목표: 200강좌(2015) | 50%<br>(미흡) |
| | WTO/TBT이행 | | 30~40%(2010) | 40~50%(추정) ← 목표: 80%(2015) | N/A |
| 정부예산 | 투자실적 | | 1,888억(2010) | 1,806억(2014)<br>← 2015 목표: 4,000억(2015) | 45.2%<br>(미흡) |
| | 정부R&D비중 | | 1.4%(13.7조) | 1.0%(17.7조)<br>← 2015 목표: 2.6% 수준(2015) | |

학 표준화강좌 확산실적은 50% 수준으로 체계적 전문인력양성 실적이 매우 부족한 것으로 판단된다. 관련 예산확보 및 정책이행 노력이 요구된다.

WTO/TBT 통보이행 부문을 보면, TBT 통보 이행률은 정확한 산정이 어려우나 목표한 80%에 크게 못 미치는 40% 수준으로 추정된다. 집계 가능한 정량적 지표 개발과 관련 부처 담당공무원의 인식제고를 위한 교육 등이 필요한 것으로 판단된다.

## 제3차 국가표준기본계획, 기업지원기반 예산 최고치

제3차 기본계획기간(2011~2015)중 계획된 총예산은 1조 324억원이고, 실제 투자는 5년간 8,404억원(81.4%) 규모로 추정된다. 연도별 계획대비 투자예산의 비율을 보면 2011년도 95.2% → 2012년도 65.7% → 2013년도 75.9% → 2014년도 83.5% → 2015년도 86.5%로 증감하였다. 부처별로 보면 5년간 투자한 총 8,404억원 중 3개 부처인 미래부(57.4%), 산업부(25.6%), 환경부(6.0%)의 투자액이 전체 예산의 88.7%를 차지하고 있다.

참고로 이 글에서 사용한 예산투자 금액은 각 중앙부처가 매년 수립하는 국가표준기본계획 시행계획의 예산을 기준으로 추정한 내용으로, 실제 집행액 또는 정부의 공식 통계와 상이할 수 있다. 정부 연구개발(R&D) 예산금액은 통계청 e나라지표(2015.4.30 접속) 수치를 활용하였다.

연도별 - 중점과제별 투자실적을 보면 '기업지원 기반' 부문에 측정·참조표준, 시험·인증 기반 구축을 위해 5년 평균 976억원으로 가장 큰 예산이 투입하였다. 다음으로는 미래성장 지원 표준화에는 5년 평균 422억원이 투자되어, 신성장 분야 원천표준개발, R&D-표준화 연계 활성화에 계

〈그림2〉 국가표준기본계획 연도별/부문별 계획-투자

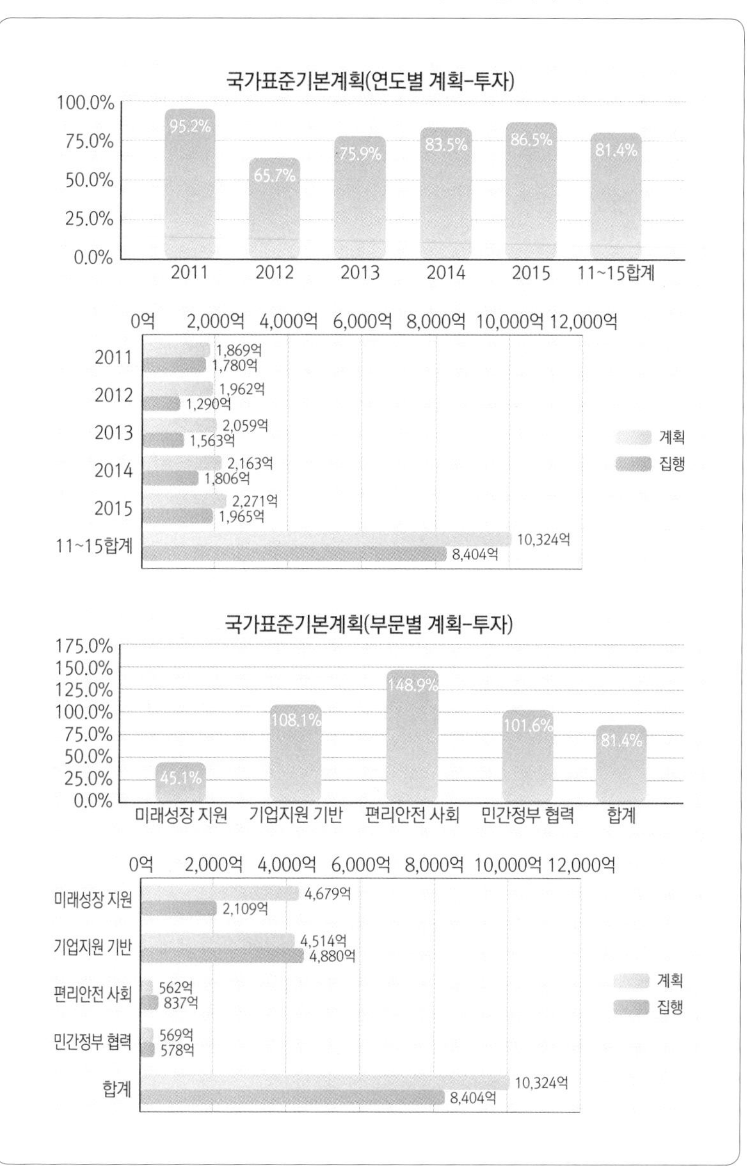

획대비 예산투자가 미흡하였다. 또한 편리하고 안전한 사회를 위한 표준화(서비스, 안전, 공공 등)에 5년 평균 167억원, 민간 - 정부 협력형 표준행정 실현에 116억원을 투자하였다. 4대 중점 부문 중 3개 부문은 계획 이상 투자된 반면에, 미래성장 지원을 위한 표준개발에 계획대비 45.1% 수준으로 투자가 매우 부족하여 신산업 분야 표준개발 예산투자의 확대 개선이 필요하다.

지난 2001년부터 2015년도까지 국가표준화 예산은 2001년 1,220억원에서 2015년 1,965억원으로 약 61% 증가하였다. 하지만 정부 연구개발(R&D) 예산은 2001년(5.7조)에서 2015년(18.9조)로 229% 증가한 데 비해, 표준 예산은 61% 증가에 그쳐 국가표준화 예산비중은 절반 수준으로 감소한 셈이다. 이에 따라 정부 연구개발(R&D) 예산 중 표준예산 비중은 2001년 2.1%에서 2015년 1.0%로 감소하게 되었다.

## 제4차 기본계획은 '서비스표준, 인력양성, 국제표준공동개발'

제4차 국가표준기본계획은 3차 기본계획의 성과분석과 대내외 환경변화를 토대로 수립돼야 할 것이다. 먼저 제3차 기본계획상 성과분석을 통한 개선점 측면에서는 예산확대, 중점과제의 개편, 성과지표의 개선이 필요할 것이다. 국가표준 예산을 정부연구개발 예산대비 현재 1.0%에서 약 1.5%~2.0% 수준으로 확대하도록 범부처 차원에서의 노력이 필요할 것이다. 특히, 3차 기본계획 이행 시에 부족했던 신성장동력지원 사업예산을 전략적으로 확대하여, 국제표준 제안의 성과를 개선과 연계되도록 논의가 필요하다.

중점과제의 경우에는 핵심성과지표가 국가표준 주요사업(예산)의 목표와 쉽게 매칭되고, 상호 중복되지 않도록 성과지표를 개선해야 할 것이다. 이에 따라 세부성과지표가 부처별 담당관의 수집이 용이하고, 부처별로 상이하게 수집되는 유사지표를 동일하게 사용할 수 있도록 재정비할 필요가 있다.

예를 들면, 주요지표 중 하나인 국제표준제안 실적은 ISO, IEC의 경우, 제·개정 표준종수를 기준으로 사용하는 반면에, ITU의 경우는 기고문(코멘트, 발표회수, 제·개정 표준종수 등) 건수를 취합하여 사용하고 있어 취합 시에 자료가 신뢰성을 잃게 된다.

해외 주요국 전략 분석에 따른 시사점을 도출해보면 무엇보다 선진국-신흥국 간 국제표준화 무대에서의 새로운 외교전략이 필요하다. 미국, 독일, 영국, 프랑스, 일본 등 주요 표준선진국과 국제표준활동에 있어서 전략적 제휴와 공동연구을 비롯해 해당국의 표준화 참여 등 국제표준을 공동으로 개발하는 협력활동이 강화돼야 할 것이다.

ISO, IEC, ITU 등의 국제표준개발에 있어서는 국제공동연구 등의 활동을 추진돼야 한다. 또한 CEN, CENELEC, ETSI, GSO, ARSO, ASTM 등 주요 표준화기관과의 협력활동 강화 및 참여가 요구된다. 중국, 인도, 브라질 등 신흥강국과는 표준협력관계를 강화하는 한편, 개발도상국에는 한국의 표준경험을 전수·지원하는 활동 강화가 요구된다.

중국, 인도 등과 국제표준화 활동에서 공조체계를 강화하는 한편, 중국 등 한국의 주요 수출대상 신흥국의 국가표준활동에도 참여와 의견개진의 채널을 확보하려는 노력이 중장기적으로 필요하다. 베트남, 캄보디아, 페루, 칠레, 케냐 등 개발도상국에 한국의 표준화 경험 전수와 국가표준체계의 수립 활동을 확대하는 동시에, 해당국의 표준·인증정보를 수집하여 국내 기업에 제공하는 수단으로 활용이 가능하다.

또한 국가경쟁력 차원에서 서비스산업의 표준화 전략 설정이 필요하다. 현재 국제표준화기구인 ISO도 서비스산업 시장의 성장에 따라서 전략적으로 관광, 행사, 헬스케어 등 다양한 분야의 서비스 표준화 추진을 추진하고 있는데, 주로 관광·레저산업(TC 228), 이벤트·컨벤션관리(TMB), 소비자보호(COPOLCO), 교통(TC 204), 도로안전(TC 241), 교육훈련 분야의 표준화를 추진하고 있다.

유럽도 서비스산업을 신성장 산업으로 설정하고, CEN/TC 204 '서비스 우수시스템' 위원회를 설립하는 등 서비스산업의 표준화를 전략적으로 추진해오고 있다. 유럽위원회(EC)는 CEN에 서비스 성과 측정, 소비자만족도 측정, 서비스 구매 및 계약 등에 관련된 서비스 공통표준전략 수립을 요청(M/517)하여 2015년부터 개발에 착수하였다. 유럽이 중점적으로 추진하는 서비스 표준개발 분야는 헬스케어서비스, 화재안전 및 보안서비스, 공항/항만 관리서비스 등 분야별 서비스품질 표준 개발이다. 아시아태평양표준회의(PASC)에서도 24개 회원국은 관광, 의료, 소매, 재무 등 서비스산업에 공통의 관심을 가지고, 개별적으로 표준의 개발 및 확산 노력이 논의되고 있다.

정부와 민간의 표준협업체계 강화를 위한 노력도 필요하다. 기술무역장벽(TBT), 자유무역협정(FTA) 등에서 표준의 중요성이 부각됨에 따라서 정부의 역할과 기능 중 일부는 확대되는 측면이 있다. 유럽위원회(EC)와 유럽표준화기관(CEN, CENELEC, ETSI)이 공동 전략수립 및 예산지원 등으로 민관협력체계를 구축하여 표준을 개발하고 있다.

중국은 정부(AQSIQ, SAC, CNCA)가 범부처 표준연계와 함께 민간지원

기관 설립 및 지원을 통해 정책연구(CNIS), 표준보급(CSA) 등 민관 협력체계를 구축하고 있다. 일본의 경우에도 정부(METI/JISC)가 부처별 협업과 표준정책을 총괄하면서, 민간표준화기관(JSA 및 분야별 단체)과 연계하여 표준개발 및 보급하는 협력체계를 구축하고 있다. 일본은 기술인프라 분야와 기술개발 초기의 시장 미성숙 분야는 정부가 민간과 공동으로 표준화 협업을 통해 기반을 조성한다.

미국의 경우는, 민간주도의 표준체계에서 정부역할이 필요한 스마트그리드, 사이버보안, 빅데이터 등 기반기술 분야는 정부(NIST)가 민간과 공동으로 표준개발 조정역할(coordinator)을 수행하고 있어 한국 표준체계로의 반영이 필요하다.

끝으로, 표준인력양성을 위한 대학원 과정 신설과 자격인증제 확산 등의 추진이 필요하다. 국제표준화기구인 ISO는 중앙사무국에 'ISO 아카데미'를 설립하여, 표준전문가 직무요건(competency requirements) 개발을 추진하고 자격인증에 대한 회원국 의견을 수렴할 계획이다. ISO 중앙사무국은 스위스 제네바대학과 공동으로 〈표준과 지속가능발전〉이라는 표준화 전문 석사과정 프로그램을 성공리에 운영하고 있지만, 아쉽게도 한국의 대학(원)에는 아직 표준전문과정이 없는 실정이다.

미국은 정부(NIST)에서 대학표준강좌 지원사업을 2012년부터 추진하여 예산을 확대하고 있고, 민간(SES)에서는 표준전문가 인증제도를 실시 중이다. 중국은 국가직무표준에 '표준화전문가'를 직무분류로 제안 중에 있고, 일본은 정부(METI)에서 표준전문가 직무요건을 개발하고 있다. 우리도 2013년부터 시범도입한 표준전문가 자격인증제도를 확산하여 기업과 연구소의 표준전문인력 확보를 지원해야 할 것이다.

INSIGHT 11

# 국가표준정책의 추진 전략

글 | 윤재권, 김완, 이희상(성균관대 산업공학과,
xtslim@skku.edu, firstkw@skku.edu, leehee@skku.edu)

표준은 국가경쟁력의 핵심 요소로 국가 산업경제와 기업의 성장을 견인하며, 더 나아가 국민의 삶을 안전하고 편안하게 해주는 중요한 국가 인프라이다. 1960년대 우리나라는 이러한 표준의 중요성을 절감하고 '공업표준화법'을 제정하여, 본격적인 한국산업표준(KS: Korean Industrial Standards) 제정활동에 착수하였다. 이후 표준은 산업발전 및 무역 자유화의 기반이 되었으며, 사회·경제적인 효율을 향상시키는 중요한 수단으로 자리매김하였다. 또한 표준과 관련된 정책은 국가적인 차원에서 중요한 이슈 중 하나가 되었다. 이와 같이 표준의 중요성이 날로 증대되고 있는 상황에서 표준의 제정활동은 무엇과 관계가 있으며, 제정된 표준이 잘 활용되고 있는지에 대한 이슈는 국가 정책적으로 중요한 사항이다. 이러한 이슈에 대한 해답을 찾기 위해 다양한 실증 데이터 분석을 토대로 국가표준정책의 함의에 대해 살펴본다.

※ 이 글은 2015년 한국표준협회가 주관한 〈제3회 표준정책 마일스톤 연구–국가의 미래전략과 표준〉의 지원을 받아 수행된 연구 논문 '시계열 자료의 데이터마이닝을 통한 한국산업표준의 제정과 활용 분석'을 칼럼 형태로 재작성한 것입니다. 참고문헌은 한국표준협회(www.ksa.or.kr)에서 확인할 수 있습니다.

Science
Science

국가기술표준원의 '기술표준백서'에 따르면, 표준은 국가경쟁력의 핵심 요소로 국가 산업 경제와 기업의 성장을 견인하며 더 나아가 국민의 삶을 안전하고 편안하게 해주는 중요한 국가 인프라이다. 또한 교역증대를 통한 경제통합 및 제품의 효용을 증가시키기도 한다. Gandal의 연구에 따르면 최근 인터넷과 정보기술의 발달로 산업 간의 네트워크가 중요해짐에 따라 호환성을 보장하는 표준은 경제성장의 중요한 요소 중 하나가 되고 있다.

이러한 이유로 분야별 표준화 제정활동에 영향을 미치는 요인이 무엇이며, 표준들의 활용이 잘 이루어지고 있는지에 대한 분석이 국가 정책적으로 중요한 사항이 되었다. 하지만 표준과 관련된 국내 연구들은 대부분 특정 표준에 대한 연구들이 상당수를 차지하고 있으며, 이와 달리 데이터를 토대로 정성적 분석을 한 연구들은 기초통계분석이나 회귀분석을 통한 연구로 방법론적 한계를 지니고 있다.

이 글에서는 KS 제정활동과 유사한 분야는 무엇이며, 이러한 분야들이

KS 제정활동에 영향을 미치는 요인이 무엇인지 분석함으로써, 정책적 함의를 도출하고자 한다. 어떠한 요인을 가진 기업들이 표준화 활동을 선도하는지 알아보고, 표준화 활동을 선도하는 기업과 그렇지 못한 기업 모두에 대한 국가정책적인 제언을 제시하였다. 또한 KS 열람실적 데이터를 사용하여 어떠한 표준의 활용도가 높은지 분석하였다. 주로 과거에 제정된 표준들의 활용도가 높게 분석되었지만, 최근에 제정되었음에도 불구하고 활용도가 높은 분야와 형태의 표준이 있다는 것을 발견했다. 이러한 결과는 KS 제정 시 활용도를 높이기 위한 발판이 될 것이다.

## KS 제정활동에 미치는 분야별 요인은 무엇인가?

KS 제정활동에 미치는 요인이 무엇인지 살펴보기 전에 어떠한 분야들의 표준 제정활동이 유사한지 항목별로 묶는 작업(군집화)을 실시하였다. 군집화를 시도할 수 있는 다양한 방법들이 존재하지만, 가시성을 높이기 위하여 다차원 척도법을 이용한 군집화 분석을 진행하였다. 전체적인 표준화 제정활동의 요인분석보다 더 구체적인 분야별 특징을 반영할 수 있는 것도 다차원 척도법을 이용하여 KS 제정활동에 미치는 요인을 분석하는 이유이다.

다차원 척도법(MDS, Multidimensional Scaling)은 객체들 간의 거리를 통해 측정할 수 있는 유사도에 기반을 두고 고차원의 데이터를 포함한 객체(대상)들 간의 관계를 분석하여 시각화하는 방법이다. 또한 다차원 척도법은 고차원 데이터를 2차원 평면에 시각화할 수 있는데, 이를 통해 보다 효과적으로 객체들 간의 유사도 관계를 확인할 수 있는 장점이 있다.

이 글에서는 다차원 척도법을 이용하여 21개의 분야별 KS 제정동향 관계를 2차원 평면상에 나타내고, 분야들의 위치에 따른 특징 분석을 실시하였다. 다차원 척도법 분석의 기본 단위인 객체들은 2000년도부터 2014년까지 21개 분야의 연도별 KS 제정건수 데이터이다. 사용한 거리 척도는 분야별 시계열 데이터 간의 상관계수 값이며, 이 값을 1에서 빼 비유사도를 구하였다. 비유사도는 표준 제정 동향이 유사할수록 값은 작아지게 되며 유사하지 않을수록 값은 커지게 된다. 즉 이는 2차원 평면상에서 비유사도가 작은 KS 분야들은 서로 가까이 위치하게 되며, 이와 반대로 비유사도가 서로 큰 값을 가지는 분야들은 평면상에서 서로 멀리 위치하게 된다.

〈그림1〉은 21개 분야의 객체들 간 비유사도를 토대로 다차원 척도법을 이용하여 얻어진 2차원 그림이다. 〈그림1〉을 보면, 평면 중심에 위치한(검은 선 타원 안쪽) 14개의 분야는 서로 가까이 위치해 있는데, 이는 14개 분야의 KS 제정동향이 비슷하다는 것을 나타낸다. 평면 중심에 위치한 14개 분야를 제외한 7개 분야(조선, 일용품, 광산, 환경, 요업, 서비스, 품질경영)들은 평면 외각에 위치해 있는 것을 확인할 수 있다. 이들 7개의 분야들은 제정 동향이 서로 유사하지 않을 뿐만 아니라 평면 중심에 위치한 14개의 분야와도 유사하지 않다는 것을 나타낸다. 특히, 가운데에 위치한 14개 분야들을 살펴보면 우리나라 주력산업들이 주로 평면 가운데에 포진해 있으며 나머지 7개 분야들은 비교적 신생 혹은 주력 산업들이 아닌 분야들이 외각에 위치한 것을 알 수 있다.

다차원 척도법을 이용해 시각화된 객체들은 상대적으로 가까운 위치에 따라 군집화 시킬 수 있다. 〈그림1〉을 보면, 평면상에서의 중심 쪽에 위치해 있는 14개의 분야는 3개의 군집으로 군집화 되는데, 군집 1은 기계, 항공우주, 수송기계, 금속 분야이며, 군집 2는 건설, 정보, 전기전자, 물류, 기본, 화학 분야이다. 마지막으로 군집 3에 해당되는 분야는 의료, 생물, 식료품, 섬유 분야이다.

〈그림1〉 다차원 척도법을 이용한 21개 분야의 KS 제정동향 시각화

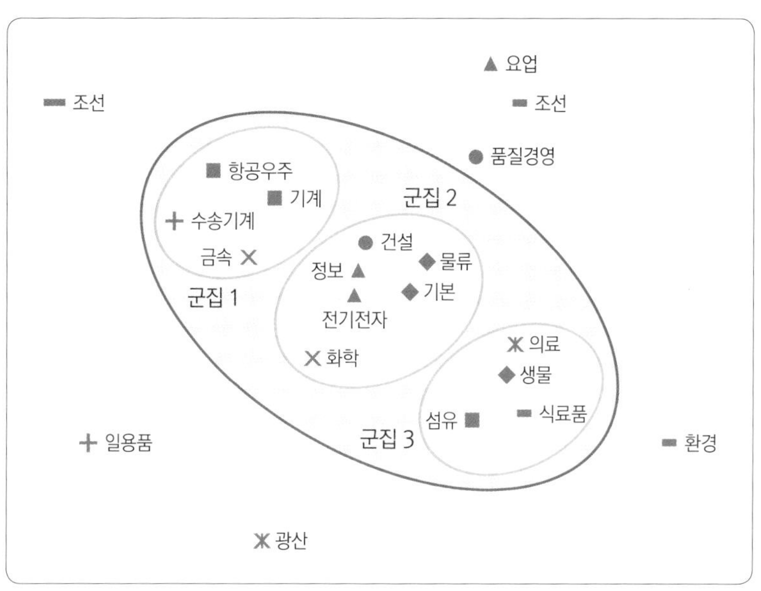


각 군집별로 특징을 살펴보면, 먼저 군집 1에서는 항공우주, 기계, 수송기계, 금속이 속해 있으며 이들 분야는 기계, 장비 분야로 제정활동이 비슷하다는 것을 알 수 있다. 금속분야도 기계, 장비 등을 통한 금속의 제련·가공을 하는 분야로 나머지 기계, 수송기계, 항공우주와 같은 제정활동을 보이는 것으로 파악된다. 군집 2는 건설, 정보, 전기전자, 물류, 기본, 화학 분야가 속해있다. 전기전자와 정보가 혁신산업으로서 비슷한 제정활동을 보이고 있으며, 특히 정보 분야는 1997년 16번째 분야로 다소 늦게 신설

된 분야임에도 불구하고 다른 주력산업 분야들과 유사한 제정활동을 보이고 있다. 이와 같은 양상의 원인은, 혁신적 산업(IT산업, 바이오산업 등)이 국가 경제에 많은 영향을 미치는 신경제 시대의 도래에 따라 혁신적 산업과 관련된 특허, 보완재, 기술의 혁신 등이 표준의 필요성이 야기되었기 때문이다.

우리 정부는 미래 산업 발전을 위하여 이와 같은 핵심기술 분야를 집중적으로 지원하는 정책을 꾸준히 펼쳐 왔다. 특히 IT 분야 및 차세대 신성장동력산업 등에서 우리나라의 표준기술을 국제표준으로 재빨리 반영하여 시장선점을 이루는 것이 필요하다는 정책적인 선택 또한 정보분야 제정활동에 영향을 미친 원인으로 볼 수 있다. 마지막 군집 3에는 의료, 생물, 섬유 그리고 식료품 분야가 속해있다. 시험방법, 재료, 정량 및 측정방법 등과 같이 주로 많은 연구개발이 매우 중요한 하이테크와 관련된 분야가 군집 3에 속해있는 것을 알 수 있다.

다차원 척도법 결과는 각 군집에 속한 유사한 제정동향을 갖는 분야들의 표준화 제정활동에 미치는 요인은 무엇이며, 각 군집별로 이러한 요인들이 어떻게 다른지에 대한 분석을 가능하게 한다. 따라서 다차원 척도법 결과를 토대로 유사한 제정동향을 갖는 KS 분야들의 제정활동에 미치는 요인이 무엇인지 자세히 살펴보기 위하여 회귀분석을 통한 요인분석을 실시하였다.

### 회귀분석을 통해 알아본 KS 제정활동에 영향을 미치는 요인

우리는 앞서 선행된 다차원 척도법에서 얻어진 군집결과를 토대로, 각 군집의 분야별 표준화 제정활동에 미치는 요인 및 영향력에 대한 분석을 회귀분석으로 실시하였다. 회귀분석에 사용할 종속변수는 각 분야의 연도별 KS 제정건수로 하였다. 어떠한 요인이 제정활동에 영향을 미치는지 가설을 세우고, 그에 따른 해당 요인들을 검증하여 타당성 여부를 분석하였다.

회귀분석에 사용할 요인들은 자본집약도, 매출액 대비 연구개발비, 매출액 그리고 수출비중을 사용하였다. 자본집약도는 자본 대 노동의 비율을 가리킨다. 자본집약도가 높다는 의미는 노동생산성이 높다는 것을 의미하며, 일반적으로 기술진보와 같이 수반하여 일어난다. 즉, 물리적인 기술, 장비 및 생산관리에서의 기술 진보는 자본집약도의 상승을 일으키며, 이 과정에서 호환성이 요구됨에 따라 표준화 활동 또한 일어나게 될 것이다. 따라서 자본집약도가 표준화 활동에 영향을 미칠 것으로 예상하였다.

두 번째로 매출액 대비 연구개발비에 대하여 설명하면, 이는 기술혁신 활동을 나타내는 지표 중 하나로, 기술혁신이 활발할수록 기술과 관련된 호환성의 요구 및 특허 활동이 증가할 것으로 예상할 수 있다. 따라서 연구개발 활동이 활발할수록 표준화 활동 또한 활발해질 것으로 예상하였다. 세 번째로 매출액은 기업의 규모를 나타내는 지표 중 하나이다. 최근 신경제 시대의 도래에 따라 표준화는 호환성과 밀접하다고 알려져 있다. 호환성은 네트워크 외부성을 증가시키는데, 이를 위해서는 다수의 보완재가 필요하므로 이와 관련된 활동들은 기업규모가 클수록 더욱 더 커질 것으로 예상하였다. 기업규모 즉, 매출액은 표준화 제정활동에 영향을 미칠 것이다. 마지막으로 수출활동은 제품 혹은 품질과 관련되어 국제적인 차원에서 호환성이 요구된다. 이러한 호환성을 확보하기 위하여 수출기업들은 표준화 활동에 더욱 더 능동적인 참여를 이룰 것이기 때문에, 적절한 표준 제정활동의 요인이 될 수 있을 것이다. 따라서 수출비중이 높은 기업은 더 좋은 수출 성과를 얻기 위해 표준화 활동에 활발히 참여할 것으로 예상하였다.

회귀분석의 요인으로 사용된 자본집약도, 매출액 대비 연구개발비, 매출액에 관한 데이터는 한국은행의 「기업경영분석」을 통해 구하였고, 수출비중에 관한 데이터는 무역협회의 무역통계자료 및 관세청의 수출입무역통계를 통해 확보하였다. 가설과 변수들 설정과 관련하여, 선행연구가 충분하지 않거나 표준분야의 속성상 모형의 가설을 만족시키지 못하는 분야가 군집별로 있을 수 있다. 이 글의 군집 2에서 기본, 물류, 건설 분야와 군집 3의 생물 분야는 기술혁신활동과 수출활동이 활발하지 않고 관련된 표준화 활동 요인에 관한 선행연구도 부족하여 회귀분석 대상 군집에서 제외하였다.

〈표1〉은 회귀분석을 통하여 얻어진 각 군집별 KS 분야에 따른 KS 제정활동에 영향을 미치는 요인들이 무엇인지 정리하여 나타낸 표이다. 〈표1〉에 나타난 요인들은 모두 양(+)의 방향으로 제정활동에 영향을 미치는 것으로 나타났으며, 위 결과가 나타내는 정책적 함의를 요인별 세부적으로 살펴보면 다음과 같다.

〈표1〉 군집별 KS 제정활동에 영향을 미치는 요인

| 군집 번호 | KS 분야 | 제정활동에 영향을 미치는 요인 |
|---|---|---|
| 군집 1 | 기계, 수송기계, 금속 | 자본집약도, 매출액 |
| 군집 2 | 정보, 전기전자, 화학 | 자본집약도, 연구개발, 매출액 |
| 군집 3 | 의료, 식료품, 섬유 | 연구개발 |

먼저 자본집약도는 군집 1과 2에 속한 분야들에 양(+)의 방향으로 영향을 미친다는 것을 주목해야 한다. 이는 물리적인 기술 및 장비에서의 설치와 운영 그리고 생산관리 등에서의 기술진보에 따른 호환성이 중요해짐에 따라 표준화란 이슈가 야기됨을 의미한다. 즉, 군집 1과 군집 2에 속하는 산업은 표준화 제정활동이 자본집약도에 영향을 받으므로, 이들 산업에 대한 표준 정책은 호환성 확보를 위한 표준의 역할을 강조한다. 또한 자본집약도가 큰 기업들의 표준 선도를 유도하며, 자본집약도가 작은 기업들은 표준화 제정활동이 미미하거나 선도 기업이 리드하는 표준에 의존하기 때문에 이들에 대한 별도의 표준화 지원 정책이 필요하다.

두 번째로, 기술혁신활동과 관련하여 연구개발 변수가 군집 2와 3에서 양(+)의 방향으로 영향을 미쳤음을 표준화 정책에 반영해야 한다. 즉, 이들 산업은 기술혁신활동이 활발할수록 표준화 제정활동 또한 활발히 진행됐음을 의미하므로, 정부는 이들 분야의 표준과 연구개발, 더 나아가 기술특허와 관련하여 정책적으로 연계시켜야 할 것이며, 이 과정에서 구체적으로 필요한 정책적인 수단들을 마련해야 할 것이다.

마지막으로 기업규모와 관련하여 매출액이 군집 1과 2에서 양(+)의 방향으로 영향을 미쳤음을 주목해야 한다. 즉, 이들 산업은 매출액 규모가 클수록 표준화 제정활동이 활발함을 의미하며, 매출액이 큰 기업은 표준화 활동에서 우위를 점하므로 이들이 표준화 활동을 선도하도록 지원정책을 수립하고, 또한 매출액이 작은 기업들은 표준화 활동이 미미하거나 선도 기업이 리드하는 표준에 의존함에 따라 이들에 대한 별도의 표준화 지원 정책이 필요하다. 마지막으로 수출비중 요인은 어떠한 군집에도 영향을 미치지 못하였는데, 이는 수출활동에 따른 호환성이 요구됨에 따라 표준화 제정활동이 활발해질 것이라는 예상이 사실이 아님을 보여주었다.

이 글에서는 군집에 속한 모든 분야들을 분석하지 못한 문제점이 발생하였는데, 이를 위해 향후 연구에서는 모든 표준 분야를 포괄하는 올바른 변수선정이 필요할 것이며, 특히 분석방법에서 사용한 정보(요인)들 이외에 분야별 표준 제정 및 활용과 관련된 정보들은 산업의 성숙도, 시장성장률 및 규모 등과도 깊은 관계가 있을 것이다. 따라서 차후 연구에서는 이를 반영한 요인들을 가설 설정에 따른 분석 및 검증을 실시해볼 필요가 있을 것이다.

## 표준의 열람실적을 통한 활용도 분석

KS의 활용도를 보기 위한 데이터로 2010년~2012년의 KS 열람실적을 수집하였다. 과거에 제정된 표준이 최근에 제정된 표준보다 많이 열람되는지, 최근에 제정되었더라도 많이 열람되는 표준이 있는지 알아보기 위해 표준별 제정연도, 분야, 형태를 데이터로 사용하였다. 표준의 활용도를 체계적으로 분석하기 위해, 다음 〈표2〉에 해당되는 표준들을 본 분석의 관심 있는 표준으로 설정하여 그 동향을 분석하였다.

〈표2〉 분석대상 표준과 설명

| 본 분석에서 관심있는 표준 | 설명 |
|---|---|
| 열람실적이 상위 1%인 표준 | • 열람실적이 다른 표준들에 비해 상대적으로 매우 높으므로 활용도가 높은 표준이다. |
| 유효한데도 열람되지 않는 표준 | • 유효한 KS는 제정된 후 폐지되지 않은 표준들로서, 유효한 표준인데도 열람되지 않는 것은 활용도가 낮음을 의미한다. |
| 폐지되었는데도 열람되는 표준 | • KS는 폐지되더라도 열람은 가능하다. 그럼에도 불구하고 계속 열람되는 건, 그만큼 해당 표준들의 활용도가 높음을 의미한다. |

첫 번째 관심 있는 표준인 열람실적이 상위 1%인 표준이 되기 위한 열람실적은 1,038건 이상으로 총 707종의 표준이 집계되었다. 〈그림2〉, 〈표3, 4〉는 열람실적 상위 1% 표준의 제정연도, 분야, 형태별 현황이다. 〈그림2〉의 추세를 보면 오래 전에 제정된 표준일수록 열람실적 상위 1%에 속하는 표준이 많은 것을 확인할 수 있다. 건설, 금속, 기계 분야들은 열람실적 상위 1%에 상대적으로 많이 포함되어 있으므로 활용도가 높은 표준이 많이 포함된 분야로 볼 수 있다. 형태별로는 제품 표준이 62.8%를 차지하고 있어, 제품 형태의 표준이 활용도가 높은 것을 알 수 있다.

두 번째 관심 있는 표준인 유효한데도 열람되지 않는 표준은 첫 번째처럼 표준개수(건수)가 아닌 표준비율(%)로 분석하였다. 분야마다 보유한 표준 개수가 다르기 때문에, 많은 표준이 속한 분야가 미열람표준에 많이 포함되는 것을 방지하기 위함이다. 미열람표준의 비율이기 때문에 그 값이

〈그림2〉 연도별 열람실적 상위 1% KS 현황

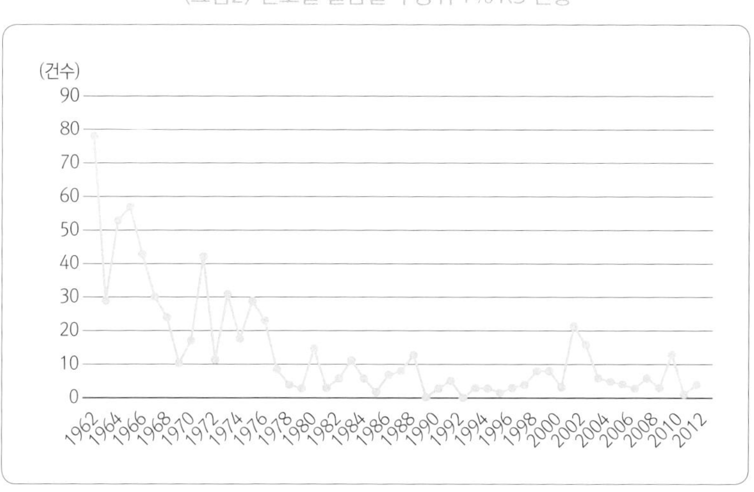

〈표3〉 형태별 열람실적 상위 1% KS 현황

| 형태 | 표준 수(종) |
|---|---|
| 방법 | 164 |
| 전달 | 98 |
| 제품 | 444 |

〈표4〉 분야별 열람실적 상위 1% KS 현황

| 분야 | 표준 수(종) | 분야 | 표준 수(종) |
|---|---|---|---|
| 건설(F) | 180 | 품질경영(Q) | 15 |
| 금속(D) | 165 | 수송기계(R) | 3 |
| 기계(B) | 154 | 물류(T) | 3 |
| 화학(M) | 64 | 섬유(K) | 2 |
| 전기전자(C) | 53 | 의료(P) | 2 |
| 요업(L) | 47 | 조선(V) | 1 |
| 기본(A) | 16 | 항공우주(W) | 1 |

낮을수록 활용도가 높음을 의미한다. 〈그림3〉, 〈표5, 6〉은 유효하지만 열람되지 않는 표준들의 제정연도, 분야, 형태별 현황이다. 〈그림3〉을 살펴보면, 최근에 제정된 표준일수록 조금씩 미열람표준 비율이 증가하는 것을 볼 수 있다. 표준에 대한 필요성이 제기되어 새롭게 제정하였는데도 불구하고 열람되지 않는 이유는, 그 표준의 존재를 파악하기까지 상당한 시간이 필요하기 때문이다.

〈표5〉에서는 정보 분야의 미열람표준 비율이 15%로 의료 분야(9.3%)에 비해 5%포인트 이상 높은 것을 알 수 있는데, 이는 정보 분야가 보유 현황은 4위로 많은 편이나 비교적 최근에 신설된 분야라서 사람들에게 덜 알려졌기 때문인 것으로 판단된다. 형태별로는, 〈표6〉을 보면 전달표준의

〈그림3〉 제정연도별 미열람표준 비율

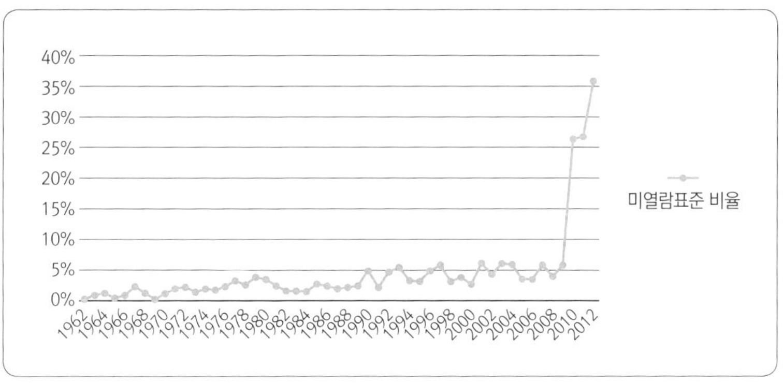


〈표5〉 분야별 미열람표준 비율

| 분야 | 미열람표준 비율 | 분야 | 미열람표준 비율 |
|---|---|---|---|
| 정보(X) | 15.1% | 조선(V) | 3.6% |
| 의료(P) | 9.3% | 화학(M) | 3.3% |
| 항공우주(W) | 7.8% | 기계(B) | 3.2% |
| 생물(J) | 7.7% | 품질경영(Q) | 3.1% |
| 기본(A) | 7.4% | 물류(T) | 2.9% |
| 광산(E) | 7.1% | 일용품(G) | 2.5% |
| 서비스(S) | 6% | 수송기계(R) | 2% |
| 섬유(K) | 5.9% | 금속(D) | 1.9% |
| 환경(I) | 5.4% | 요업(L) | 1.3% |
| 식료품(H) | 5.2% | 건설(F) | 0.3% |
| 전기전자(C) | 4.9% | | |

〈표6〉 형태별 미열람표준 비율

| 형태 | 미열람표준 비율 |
|---|---|
| 방법 | 3.9% |
| 전달 | 7.6% |
| 제품 | 3.4% |

〈그림4〉 제정연도별 열람되는 폐지표준 비율

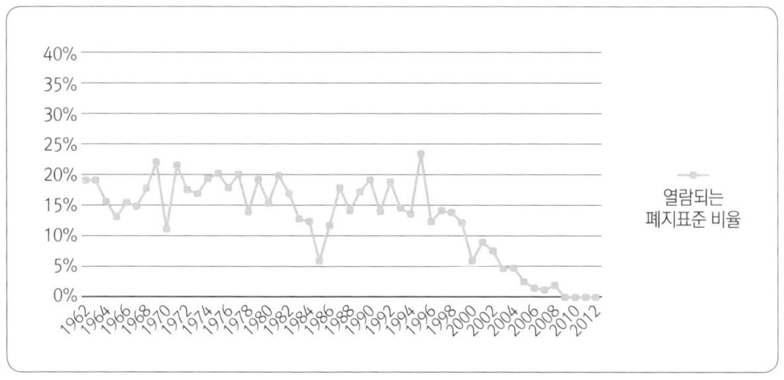


〈표7〉 분야별 열람된 폐지표준 비율

| 분야 | 폐지표준비율 | 분야 | 폐지표준비율 |
|---|---|---|---|
| 기본(A) | 21.1% | 기계(B) | 7.8% |
| 기계(B) | 14.3% | 조선(V) | 7.5% |
| 전기전자(C) | 11.0% | 식료품(H) | 6.9% |
| 금속(D) | 10.8% | 요업(L) | 5.2% |
| 광산(E) | 10.8% | 건설(F) | 4.8% |
| 건설(F) | 10.3% | 서비스(S) | 3.9% |
| 일용품(G) | 10.2% | 항공우주(W) | 3.0% |
| 식료품(H) | 10.2% | 생물(J) | 2.7% |
| 환경(I) | 9.3% | 환경(I) | 1.5% |
| 생물(J) | 9.3% | 물류(T) | 0.6% |
| 섬유(K) | 8.1% | | |

〈표8〉 형태별 열람된 폐지표준 비율

| 형태 | 미열람표준 비율 |
|---|---|
| 방법 | 8.7% |
| 전달 | 9.0% |
| 제품 | 11.4% |

미열람표준 비율이 가장 높았는데, 이는 전달 표준의 산업계 활용도가 낮을 개연성이 크다는 주장을 뒷받침할 수 있는 결과이다. 첨단산업 분야에서 방법·전달 표준의 필요성 때문에 표준의 제정은 증가하였지만, 미열람표준 비율을 보았을 때 여전히 방법·전달 표준의 활용도가 낮은 것으로 확인되었다. 이는 방법·전달 표준의 비중은 증가하였지만 사람들은 여전히 제품 표준 중심으로 산업에 활용하기 때문인 것으로 판단된다.

세 번째 관심 있는 표준인 폐지되었는데도 열람되는 표준 역시 두 번째 대상과 같은 이유로 표준비율을 분석하였다. 폐지되었는데도 열람된 표준이기 때문에, 비율이 높으면 활용도도 높음을 의미한다. 〈그림4〉, 〈표7, 8〉은 폐지되었지만 열람되는 표준 비율의 제정연도, 분야, 형태별 현황이다. 〈그림4〉를 살펴보면, 오래 전에 제정되었을수록 폐지되었는데도 불구하고 계속 열람되는 경향이 높은 것을 알 수 있다. 한편, 폐지시점과 열람실적은 상관이 없는 것으로 분석되었다. 즉, 얼마나 오래 전에 폐지되었는지의 여부보다 표준의 제정시기가 폐지표준의 열람에 더 큰 영향을 끼치는 것이다. 〈표7〉에서 분야별 열람되는 폐지표준 비율은 기본 분야가 21.1%로 화학 분야(14.3%)보다 6%포인트 이상 높은 것을 볼 수 있는데, 이는 기본 분야가 가장 오래 전에 신설된 분야 중 하나이고, 다른 분야에 비해 폐지되더라도 열람되어야 할 표준들이 많이 포함되어 있기 때문인 것으로 보인다. 〈표8〉은 〈표6〉과 비교해보면, 비율의 차이가 상대적으로 작지만, 두 번째의 분석과 마찬가지로 제품표준의 활용도가 높은 것을 알 수 있다.

### 의사결정나무를 이용한 KS의 활용도 분석

의사결정나무는 찾고자 하는 대상을 분류하는 규칙을 발견하기 위해 사용되는 데이터마이닝 기법 중 하나이다. 의사결정나무기법은 분류 기준에 따라 다른 분류규칙을 얻기 때문에, 다양한 분류 기준을 사용하는 것이 일반적이다. 따라서 본 분석에서는 다양한 분류기준을 사용하기 위해 세 가지 다른 알고리즘(CART, CHAID, C5.0)을 사용하여 유용한 분류규칙을 찾았다.

앞서 자세히 분석한 세 가지 관심 있는 표준(① KS 열람실적 상위 1%인 표준, ② 유효 표준 중 열람되지 않은 표준, ③ 폐지되었지만 지금도 열람되고 있는 표준)을 찾고자 하는 대상으로 선정하고, 각 분류 대상들을 유용하게 분류하는 규칙을 의사결정나무로 발견했다. 제정연도, 분야, 형태 등 3가지 변수를 사용하였으며, 효과적인 의사결정나무 알고리즘의 진행과 해석을 위해서 제정연도를 최동근(2013)이 제안한 기준을 사용하여 5개 기간으로 변환하여 사용하였다.

첫 번째 대상인 열람실적 상위 1% 표준에 대해서는 대상을 분류하는 분류규칙을 4개 발견하였다(〈표9〉). 〈표9〉의 비율은 분류규칙에 해당되는 표준 중 열람실적 상위 1% 표준의 비율(6.3% ~ 20.0%)로 1%와 비교하면 매우 높은 비율이다. 또한 분류규칙을 살펴보면 제정 기간이 첫 번째 분류규칙이었고 건설, 금속 분야가 가장 많이 포함되었다. 건설 분야는 열람실적 상위 1% 표준의 25.5%만큼 비중을 차지하였으며 건설 분야 표준의 7.5%가 열람실적 상위 1% 표준에 포함된 것으로 보아 건설 분야의 표준이 가장 극단적으로 많이 열람되는 분야인 것을 알 수 있다. 제5기에 제정된 품질경영 분야의 전달 표준은 최근에 제정되었는데도 불구하고 분류규칙으로 발견되었다. 이는 최근에 제정된 표준이라도 활용도가 높은 형태의 표준이 있다는 것을 의미한다.

〈표9〉 열람실적 상위 1% 표준의 분류규칙과 비율

| 분류규칙 | | 비율 |
|---|---|---|
| 규칙 1 | 제1기에 제정된 건설, 금속, 기계, 기본, 요업, 품질경영 표준 | 20.0% |
| 규칙 2 | 제2기에 제정된 건설 표준 중 제품 표준 | 10.1% |
| 규칙 3 | 제3기에 제정된 건설 표준 중 방법, 제품 표준 | 6.3% |
| 규칙 4 | 제5기에 제정된 품질경영 표준 중 전달 표준 | 10.0% |

두 번째 대상인 유효 표준 중 열람되지 않은 표준에 대해서는 대상을 분류하는 분류규칙을 2개 발견하였다(〈표10〉). 〈표10〉의 비율은 분류규칙에 해당되는 표준 중 유효 표준이면서 열람되지 않은 표준의 비율(12.2%, 15.1%)로 전체 KS 중 유효 표준이면서 열람되지 않은 표준의 비율(4.9%)에 비해 상대적으로 높은 비율이며, 두 규칙 모두 2001년 이후에 제정된 표준들을 분류하였다. 2008년 이후에 제정된 제5기 표준들은 15.1%가 전혀 열람되지 않았는데, 이는 앞의 기초통계분석에서 밝혀진 것처럼 새롭게 제정된 표준이더라도 사람들이 열람하지 않을 가능성이 충분히 높다는 것을 의미한다.

〈표10〉 유효 표준 중 열람되지 않은 표준(전체KS 중 4.9%)의 분류규칙과 비율

| 분류규칙 | | 비율 |
|---|---|---|
| 규칙 1 | 제4기에 제정된 물류, 요업, 항공우주, 정보 표준 | 12.2% |
| 규칙 2 | 제5기에 제정된 표준 | 15.1% |

세 번째 대상인 폐지표준 중 열람되는 표준에 대해서는 대상을 분류하는 분류규칙을 6개 발견하였다(〈표11〉). 〈표11〉의 비율은 분류규칙에 해당

당되는 표준 중 폐지표준이면서 열람되는 표준의 비율(15.7% ~ 22.1%)로 전체 KS 중 폐지표준이면서 열람되는 표준의 비율 9.7%에 비해 상대적으로 높은 비율이며, 건설, 금속 분야가 많이 포함되었다. 제1기, 제3기에 제정된 방법·전달 표준들과 제2기, 제3기의 건설, 요업 분야의 표준들에서 폐지표준 중 열람되는 비율이 높은 표준이 있다는 것을 발견하였다.

〈표11〉 열람되는 폐지표준(전체KS 중 9.7%)의 분류규칙과 비율

| 분류규칙 | | 비율 |
|---|---|---|
| 규칙 1 | 제1기에 제정된 방법, 전달 표준 | 17.4% |
| 규칙 2 | 제1기에 제정된 제품표준 중 건설, 금속, 기계, 기본, 식료품, 전기전자 표준 | 19.5% |
| 규칙 3 | 제2기에 제정된 건설, 금속, 기계, 전기전자, 기본, 요업, 화학 표준 | 22.1% |
| 규칙 4 | 제3기에 제정된 건설, 기본, 섬유, 요업, 품질경영 표준 | 15.7% |
| 규칙 5 | 제3기에 제정된 금속, 기계, 수송기계, 화학 표준 중 방법 표준 | 20.8% |
| 규칙 6 | 제3기에 제정된 의료, 전기전자 분야의 전달 표준 | 21.7% |

의사결정나무 분석 결과를 종합해보면, 오래 전에 제정된 표준이 아니더라도 특정 표준 분야 또는 형태의 기준을 만족하면 활용도가 높은 것을 알 수 있다. 예를 들어, 제4기에 제정된 물류, 요업, 항공우주, 정보 분야의 표준은 활용도가 낮은 반면, 제5기에 제정된 품질경영 분야의 전달 표준은 활용도가 높은 것으로 나타났다.

## 표준화를 촉진하기 위한 국가표준정책

지금까지의 내용을 정리하자면 KS 제정활동에 영향을 미치는 요인이 무엇이며 산업별로 어떠한 차이를 보이는지에 대한 분석은 국가표준정책

에 중요한 통찰력을 제공할 것이다. 또한 KS가 언제 제정되고 어떠한 형태와 분야일 때 활용도가 높은지에 대한 분석 결과를 바탕으로 KS 제정을 함으로써 활용도를 높일 수 있을 것이다.

아울러 국가는 자본집약도, 연구개발, 기업규모에서 우위를 점하는 기업들이 표준화 활동을 선도할 수 있도록 지원정책을 수립하여야 하며, 표준화 활동이 저조하거나 선도기업 표준에 의존하는 기업들에 대한 별도의 표준화 지원 정책을 마련해야 할 것이다.

또한 표준 분야의 활용도가 높은 형태의 표준을 제정함으로써 표준의 활용도가 높아질 것이므로 표준의 제정 시 활용도에 대한 고려를 더욱 강화하는 정책이 필요함을 시사한다. 후속 연구로, 발견된 분류규칙을 정책적 또는 사회적 배경의 측면에서 분석하여 분류규칙이 생성된 원인을 파악한다면 더 좋은 정책적 함의를 도출할 수 있을 것이다.

INSIGHT 12

# 한국 전자정부시스템 표준의 진화는 계속된다

글 | 김수림(삼정KPMG, sulimkim@kr.kpmg.com)
양희동(이화여자대학교 경영학과, hdyang@ewha.ac.kr)
안중호(서울대학교 경영학과, jahn@snu.ac.kr)

2년마다 실시되는 UN의 전자정부시스템 평가에서 한국의 전자정부시스템은 2010, 2012, 2014년 3차례에 걸쳐 1위로 평가되었다. 1978년 시작되어 이제는 해외로 수출까지 되는 한국 전자정부시스템의 표준의 역할에 대해서는 그다지 알려진 바가 없다. 한국의 전자정부시스템 발전에 어떤 표준들이 어떠한 역할을 수행했으며, 이러한 표준이 제대로 기능하기 위하여 필요한 제반환경이 무엇이고, 어떠한 노력이 경주되었는지 사례 연구를 수행하여 밝히고자 한다. 행위자 연결망 이론(Actor Network Theory)과 구조화 이론(Structuration theory)을 이론적 기반으로 하여, 표준이 행위자 연결망 이론 관점에서 어떠한 역할을 수행해 왔는지를 살펴보고자 한다. 이는 현재 한국 전자정부시스템의 성공 필요조건을 밝히는 중요한 계기가 될 것이며 이를 벤치마킹하고자 하는 개발도상국뿐만 아니라, 선진국에도 훌륭한 지침서가 될 것이다.

※ 이 글은 2015년 한국표준협회가 주관한 〈제3회 표준정책 마일스톤 연구-국가의 미래전략과 표준〉의 지원을 받아 수행된 연구 논문 '한국 전자정부시스템 발전에 있어서 행정 표준의 역할과 관리체제의 변화 연구'를 칼럼 형태로 재작성한 것입니다. 참고문헌은 한국표준협회(www.ksa.or.kr)에서 확인할 수 있습니다.

Distribution of the securities market key players
HRT
12%
TRG
10%
9%
FEW
BGY
RDW
1750
1700
1450
FRT division
OCT
NOV
DEC
Distribution of the securities market key players

1990년대 중반 이후로, 인터넷이 빠르게 확장됨에 따라 많은 개발도상국을 중심으로 행정시스템의 효율성과 공공서비스의 품질을 향상시키기 위해 전자정부시스템을 도입하여왔다(안전행정부 등, 2014). 전자정부의 목적은 궁극적으로 정부의 효과성, 효율성, 투명성 향상을 위한 것이며, 공공서비스의 품질을 높이고, 국민들의 활발한 참여를 촉진시키기 위한 것이다. 또한, 전자정부는 전략적도구로도 여겨지는데, 이는 정부로 하여금 좀 더 막중한 책임감을 부여하고, 국민들이 평등한 관리능력을 갖도록 해준다.

대한민국 전자정부시스템은 매년 이루어진 UN의 전자정부 평가에 2001년 처음으로 참여하여 15위를 차지하였다. 그 이후, 2007년부터 2009년까지는 6위를 차지하였으며, 마침내 격년으로 이루어지는 UN의 전자정부 평가에서 2010년, 2012년 그리고 2014년까지 3번 연속 1위를 차지하였다(United Nation, 2014). 한국정부는 1978년 제1·2차 행정전산화 사업을 시작한 이래로 약 40년 만에 UN의 전자정부 평가에서 1위를 차지하는 쾌거를 이루어낸 것이다. 하지만, Schware(2004)에 따르면, 개발도상국에서 구축한 전자정부시스템은 완전히 실패한 시스템(35%)과 부분적으로 실패한 시스템(50%)을 합쳐 총 80%정도의 실패율을 기록하고 있으며, 세계 최고의 전자정부시스템이 되기 위해서는 많은 필요조건들이 있어야 한다고 한다.

즉, 개발도상국에서 전자정부시스템의 성공적인 도입은 쉽지 않으며, 많은 필요조건들이 충족되어야 성과를 낼 수 있는 것을 알 수 있다. 과거 중앙집권체제였던 한국 정부는 전자정부시스템 기반을 마련하기 위한 많은 프로젝트들을 정부 주도로 수행할 수 있었다. 또한, 2001년 발현된 전자정부법은 캐나다, 싱가포르, 호주, 영국 등 많은 선진국의 사례에서도 찾아볼 수 없는 것으로 전자정부시스템이 발전할 수 있는 법적 근거를 마련하였다(류석상, 2000).

이 사례연구는 현재 한국 전자정부시스템의 성공 필요조건을 밝히는 중요한 계기가 될 것이며 이를 벤치마킹하고자 하는 개발도상국뿐만 아니라, 선진국들에게 훌륭한 지침서 역할을 수행할 수 있을 것이다.

### 사회적 요소와 기술적 요소는 상호영향을 준다 「행위자 연결망 이론」

행위자 연결망 이론(Actor-Network Theory)은 과학 기술 분야에서 발견된 것이며, 특히 네트워크 내 사회 상호작용의 개념을 적용하였다(Callon, 1986). 행위자 연결망 이론은 기술 그 자체가 사회 현상을 분석할 수 있는 도구로서 변화할 수 있다고 생각하였으며, 사회 현상과 기술적인 측면을 모두 포함하고 있다(Tatnall & Gilding, 1999). 또한, 인간 행위자와 비인간 행위자들이 분석적인 측면에서 똑같거나 평등한 요소로서 취급

된다고 설명하였다(이희진 등, 2006). 결국, 행위자 연결망 이론은 사회적 요소와 기술적 요소들이 함께 상호영향을 주며, 각 행위자들(actor)이 어떻게 하나의 그룹을 만들게 되는지, 서로 어떻게 연계되는지, 그리고 인간 행위자(human actor)와 비인간 행위자(non-human actor)가 그들의 연결 요소를 유지시키면서 어떻게 그들의 결합(union)을 더 강하게 만드는지에 대해서 집중하고 있다(이희진 등, 2006).

Callon(1986)에 따르면, 행위자 연결망 이론에는 각 행위자들이 하나의 네트워크를 형성하는 과정을 번역(Translation)이라 명명하고, 문제제기(Problematisation), 관심끌기(Interessment), 등록하기(Enrollment), 동원하기(Mobilisation)의 4단계로 나누어져 있다. 번역은 인간 행위자와 비인간행위자가 협상해 나가는 과정을 뜻하기도 하며, 시스템이 어떻게 그들의 네트워크 안정성에 기여하는 지를 보여주기도 한다(Afarikumah 등, 2013; Callon, 1986).

① 문제제기(Problematization) '문제제기' 단계는 번역의 첫 단계로써, 중심 행위자(Focal actor)가 다른 행위자들에 대해 정의하고, 그들의 흥미에 대해서 알아보는 단계이다. 또한, 필수의무통과지점(Obligatory Passage Point(OPP))을 통해 중심 행위자는 다른 행위자들을 네트워크 형성에 참여할 수 있게끔 동기를 부여하게 된다. 즉, OPP란 행위자들을 한 곳에 모으는 힘을 가진 존재 및 전략적 위치를 의미하며, 네트워크의 형성 및 통제권을 갖게 되는 지점이다(Callon, 1986). 본 논문 상황에 맞춰 쉽게 말하면, 중심행위자는 대통령을 비롯한 중앙정부가 되며, 전자정부라는 프로젝트가 발주되어 단독의 생태계를 형성하게 되면, 이 프로젝트가 곧 OPP로서 작동하게 된다.

② 관심끌기(Interessment) 두 번째 단계인 '관심끌기' 단계는 문제제기 연결망에 행위자들이 결합되었는지 확신할 수 없는 불안정한 단계에서 다른 경쟁적인 연결망에 결합되지 않도록 안정화하는 단계에 해당한다. 즉, 중심 행위자가 다른 행위자들과 새로운 연결망을 구성하기 위해서 관심끌기 장치를 통해 새로운 연결망에 결합되기 위한 행위를 하는 단계로써, 다른 행위자들이 중심 행위자의 정의를 받아들이고 확신하는 단계이다(김나형 등, 2013).

③ 등록하기(Enrollment) '등록하기' 단계는 다른 행위자들이 네트워크 내에서 중심 행위자에 의해 정의된 그들의 관심에 대해서 인정 또는 정렬하는 단계를 말한다.

④ 동원하기(Mobilization) '동원하기' 단계는 앞서 3단계를 거치면서 만들어진 네트워크가 비로소 강해지는 단계를 뜻하고, 네트워크 내 기존의 행위자들이 중심 행위자와 함께 더 많은 행위자들을 유인하게 되는 단계를 말한다.

### 사회적 요소를 고려하지 않은 행위자 연결망 이론의 한계

Walsham(1997)에 따르면, 행위자 연결망 이론은 사회적 구조, 도덕적, 정치적 요소들을 고려하고 있지 않다고 말한다. Cresswell 등(2011)은 행위자 연결망 이론의 한계점은 사회적 요소들이 갖고 있는 역할을 제한하는 것이며, 이는 연결망(네트워크)을 정의함에 있어서 복잡성을 고려하지 않고 오직 미시적 상황에만 초점을 맞춘 이론이라고 지적하였다. 또한, 행위자 연결망 이론은 비인간 행위자들이 네트워크 형성에 인간 행위자와 평등하게 영향을 미친다고 주장하고 있지만, 비인간 행위자(예를 들면, 과학 기술)에 영향을 미치는 정치적, 문화적, 경제적 요소들의 영향력에 대해서는 고려를 하고 있지 않다고 했다. Walsham(2001)은 위에서 열거한 것과 같이 행위자 연결망 이론의 한계점을 보완하고자, 한 사례 연구에서 행위자 연결망 이론과 구조화 이론을 함께 적용하였다.

이 글에서는 한국 전자정부 확산단계에 해당되는 행위자 연결망 이론의 관심끌기 단계가 단순히 다른 경쟁적인 연결망에 결합되지 않도록 안정화를 이루는 단계라기보다는, Hossain(2011)의 전자정부 확산에 대한 연구에서 정의된 바와 같이 '지배구조' 단계가 핵심적으로 작동한다고 판단하였다. 즉, 전자정부시스템에 관련된 인간 행위자들이 조직의 가치와 목표를 전파하고자 정치적, 재무적, 그리고 기술적인 자원들을 일관되게 운용하는 단계를 사례 서술에 적용하고자 하였다. 또한 행위자들이 한국 전자정부 네트워크를 형성하는 과정에 있어서 인간 행위자인 대통령과 중앙부처기관, 그리고 비인간 행위자인 표준을 비롯한 법과 중계시스템의 관계들이 한국의 중앙집권체제 성향에 따라 '하향식'으로 이루어졌다는 것을 구조화이론(Structuration theory)을 통해 설명하고자 한다.

## 인간행위와 사회 구조는 상호의존적인 관계이다「구조화 이론」

구조화 이론은 영국의 사회학자인 Anthony Giddens에 의해서 처음 제시되었다. 그는 주로 사회적 그리고 조직적 연구 영역에 대해서 관심을 가지고 있었으며, 인간행위(human action)와 사회 구조(social structure)는 상호의존적인 관계라는 것을 강조하였다. Orlikowski(1992)는 구조란 규제와 자원으로 이루어져 있으며, 규제와 자원들은 인간들이 매일 행하는 상호작용에 의해서 사용되기도 하고 또는 그 과정에서 인간들을 중재

(mediate)하기도 한다고 정의했다. Hossain 등(2011)은 인간의 행동이 구조를 만들기도 하고 제한하기도 한다고 주장하며, 이 구조들은 인간 행동의 결과물이라고 정의하였다. 즉, 인간들은 행동하면서 사회적 구조에 의존하고, 이런 현상들은 새로운 사회적 구조를 생성하기도 하고, 기존의 사회적 구조에서 재생성 되기도 한다는 것을 구조화 이론를 통해서 이해할 수 있다(Jones 등, 2008).

이 이론에는 세 가지 영역의 구조화 모델(structuration model)이 제시되어 있는데, 이는 조직 영역(Organizational realm), 인간 행동 영역(realm of human action), 구조화의 양상(Modalities of structuration)을 의미하며, 이들은 하나의 사회 시스템으로 서로 연계되어 작동되고 있다(Giddens, 1984).

첫째, 조직에는 개개인의 인식과 행동에 영향을 줄 수 있는 세 가지 구조가 있는데, 이는 의미구조(Signification), 지배구조(Domination), 그리고 정당성구조(Legitimization)이다(Orlikowski, 1992). 둘째, 이러한 조직적 구조는 각각 소통(Communication), 권력(Power), 그리고 윤리적 체계(moral framework)의 인간적 행동을 통하여 운영된다(Giddens, 1984). 마지막으로 위에 언급된 두 가지 영역은 각각 해석 체계(interpretive scheme), 자원(resources), 그리고 규범(norms)을 생산하기도 하고, 또한 이에 맞춰 운영되기도 한다.

결국, 구조화 이론에서 이 세 가지 영역들을 통하여 어떻게 사회 시스템의 구조적 요소들이 정교한 인간의 행동을 조정하고 어떻게 인간 행동들이 사회 구조를 이루게 되는 것인가에 대해 설명하고자 했다(Hossain 등, 2011). 전자정부의 연구 관점에서 구조화 이론의 세 가지 구조에 대한 정의는 다음과 같다(Hossain 등, 2011).

① 의미 구조(Signification) 전자정부시스템을 통하여 장부가 달성하고자 하는 궁극적 목적이다.

② 지배 구조(Domination) 전자정부시스템의 주요 전략적, 정책적 의사결정자로서, 정치적, 재무적, 그리고 기술적인 자원들을 활용하여 조직의 가치와 목표를 전파한다.

③ 정당성 구조(Legitimization) 전자정부시스템과 관련하여 행동들을 규제하기 위한 조직의 표준, 법, 제도 등을 의미한다.

Walsham(1997)은 구조화 이론은 행위자 연결망 이론의 한계점을 극복할 수도 있는 이론이라고 주장했다. 특히, 본 연구에서는 행위자 연결망 이론의 번역에서 관심끌기 단계를 지배구조로 대체하는 것이 적절하다고 판단하였다. 이는 한국의 전자정부 네트워크가 중앙 정부 중심의 하향식 전략으로 시작하여, 정부가 상당한 수준의 표준, 법률, 시행령 등 제도적인 구조(Structure)를 형성하고 준수하기를 요청하였기 때문이다.

## 한국 전자정부의 표준 종류

안전행정부에서 정의한 바에 따르면, 한국 전자정부시스템에서 사용하고 있는 표준의 종류는 행정업무용 표준과 기술표준 두 가지로 나눌 수 있다. 행정업무용 표준이란 행정기관에서 표준화를 추진함에 있어 적용되는 데이터, 코드, 시스템, 서비스 등의 처리절차, 규격, 적용지침 등에 미리 정해놓은 기준을 말하며, 이는 또 다시 네 가지 종류의 표준으로 세분화된다. 네 가지 세분화된 전자정부 행정업무용 표준은 〈표1〉과 같다.(안전행정부 인터뷰, 2014)

〈표1〉 전자정부 행정업무용 표준

| 절차표준 | 각종 지침, 업무편람, 매뉴얼 등 |
|---|---|
| 기능표준 | 소프트웨어 규격, API 규격 등 |
| 연계표준 | 문서유통 연계 규격, 행정정보시스템 연계규격 등 |
| 데이터표준 | 표준코드, 용어, DB 항목명, 영문표기 등 |
| 서식표준 | 각종 대장, 보고서, 민원서식, 통계서식 등 |
| 기타 | 상기 유형에 해당하지 않는 전자정부 표준 |

기술표준이란 표준이라는 정의에 비교할 수 있는 현재나 미래 기술의 물리적 성능의 특징을 더한 것을 의미한다(Hawkins, 1995; Spivak 등, 2001). 주로 한국전자정부 관련 기술표준은 과거에는 기술표준원이나 한국정보통신기술협회(TTA)의 도움을 받아서 안전행정부에서 심사와 제정을 하였으며, 현재는 기술참조모델(Technical Reference Model)을 통해서 필요한 기술표준들은 패키지화해서 사용할 수 있도록 정부에서 지원하고 있다.(안전행정부 인터뷰, 2014)

## 행위자 연결망 이론과 구조적 이론으로 본 한국의 전자정부

① 문제제기(Problematization) 문제제기 단계는 중심 행위자를 중심으로 다른 행위자들이 그들의 자원을 통해서 해결되어야 하는 문제점에 대해서 인식하고, 네트워크를 형성하는 첫 단계이다(Callon, 1986; 송경희 등, 2014). 이 과정에서 행위자들은 필수의무통과지점(OPP)을 거치게 되는데, 이는 네트워크 참여의 동기부여와 같은 역할을 한다(Callon, 1986). 이 연구에서 중심 행위자는 대통령으로 정의하였으며, 전자정부 네트워크 형성 방식은 과거 중앙집권 체제였던 한국의 정치구조로 인해

'하향식'으로 이루어졌다(경기도청 인터뷰, 2014). 이 때문에, 한국 전자정부 네트워크를 이루는 인간 행위자들은 중앙부처기관들로 한정하였다.

특히, 전자정부라는 새로운 네트워크를 형성할 때 인간 행위자들인 중앙부처기관들이 네트워크를 이탈하지 않고 잘 형성할 수 있도록 필수의무통과지점(OPP)의 주된 역할을 담당하였던 곳은 행정전산화 추진위원회(현 전자정부 추진위원회)였다(한국개발연구원 등, 2011). 당시 행정전산화 추진위원회의 의장은 대통령 비서실장이 맡았으며, 그 외 장·차관급의 10명 정도로 위원회가 구성되었다(안전행정부 등, 2014).

위원회의 주된 역할은 중앙부처기관들이 행정전산화 프로젝트를 잘 수행할 수 있도록 그들의 문제를 이해하고 위원회가 가진 자원들로 행위자들을 지원하는 것이었다(한국정보화진흥원 인터뷰, 2014). 이후, 전자정부시스템이 발전하면서 위원회의 모습도 진화를 거듭하게 되었고, 전자정부 특별위원회로 이름을 바꾸면서 중심 행위자인 대통령을 도와서 행위자들이 전자정부 네트워크를 잘 형성할 수 있도록 지속적으로 모니터링하는 역할을 하였다.

행위자 연결망 이론의 관점을 기반으로 새로운 네트워크를 형성할 때는 비인간 행위자들 또한 참여하게 된다. 이들은 인간 행위자와 같은 분석적 견해를 가지고 있고, 문제제기 단계부터 인간 행위자와 함께 네트워크를 형성하게 된다(이희진 등, 2006). 즉, 전자정부 발전 초기 단계에서는 비인간 행위자로서 표준이 가장 처음 생성되었다. 당시 전산화가 되어있지 않은 중앙기관들의 시스템과 업무들을 전산화시키는 프로젝트부터, 이후 김영삼 대통령 정권에서 이어진 정보통신 사업 육성 프로젝트까지 행정관리에 필수적인 기본 자료의 디지털화와 특정 업무의 효율성 제고를 위한 백

오피스 정비를 이루어 내었다(안전행정부 등, 2014).

이는, 중앙기관들을 중심으로 컴퓨터와 시스템이 각 기관들에 도입되었음을 의미하나, 하나의 시스템이 공공기관 내에서 전사적으로 이루어진 것은 아니었다(경기도청 인터뷰, 2014). 여전히 중앙기관 간 업무 협업을 하는 것에 있어서 한계점을 가지고 있었으며, 기관 간 업무 협업을 지원하기 위한 표준이 호환성의 역할로 처음 생성되었다(안전행정부 인터뷰, 2014). 한국 전자정부 발전단계 초기 표준의 특성은 강제성이 강하였으며, 표준의 제정단계 또한 '하향식'의 성향이 강했다(안전행정부 인터뷰, 2014).

행위자 연결망 이론의 문제제기 단계에서는 미래에 전자정부시스템을 도입하기 위해 초석을 다지는 시기로서 한국의 중앙집권화된 정치특성에 의해 인간 행위자들은 중앙부처기관들로 한정되었으며, 비인간 행위자는 표준으로 정의되었다. 이후, 확산단계에서는 인간 행위자들 내에서 역할의 균형에 변화가 생기게 되고, 비인간 행위자는 새로운 역할을 담당하는 보완재들로 인해 영역을 넓혀가기 시작한다.

② 지배구조(Domination) 지배구조 단계는 인간행위자들 간의 평등이 깨지기 시작하고, 중심 행위자가 주도하는 방향으로 인간 행위자들이 따라가게 되는 것을 의미한다. 문제제기 단계에서는 중심 행위자인 대통령을 중심으로 네트워크가 형성되고 프로젝트가 진행되는 '하향식'의 특징이 강했다면, 지배구조 단계에서는 전자정부 프로젝트가 안전행정부와 정보통신부에 의해서 주도되면서, 인간 행위자들 내에서 권력의 균형이 깨지게 되었다. 이 과정에서 비인간 행위자인 표준을 제정하는 방식 또한 '하향식'을 유지하게 되었다.

이 단계에서 추진했던 프로젝트들의 목표는 공공기관의 단일 업무에서 공공기관의 시스템 간의 연결로 수행 범위를 확장하는 것이었고, 향후 민간으로까지의 연결될 업무 호환성에 미리 대비하는 것이었다(LG CNS 인터뷰, 2014). 예를 들면, 당시 대부분의 행정기관에서는 대면 결재, 종이문서 위주의 문서 유통 등 종전의 업무처리방식을 유지하고 있었고, 각 행정기관의 비표준화된 전자문서시스템 개별 도입과 다른 전자문서시스템 간의 호환성 미확보 등으로 다른 행정기관들과의 전자문서 유통은 불가능했다. 이를 해결하기 위해 '행정기관 간 전자문서유통 활성화' 프로젝트를 진행하였고, 안정행정부와 정보통신부는 이 프로젝트 내에서 서로 다른 전자문서 시스템 간 전자문서유통에 필요한 표준을 채택하고, 관련업체에서 이에 적합한 제품을 개발하도록 유도하였다(안전행정부 등, 2014).

이로 인해 중앙부처기관들은 기존의 시스템을 사용하면서 다른 기관과 협업을 할 때 업무를 수행하는 포맷을 일원화하는 작업을 진행하였다(안전행정부 인터뷰, 2014). 즉, 안전행정부와 정보통신부를 주축으로 중앙부처기관들에 필요한 행정업무용 표준과 기술표준에 대해 제정하였다. 특히 행정업무용 표준에서는 행정기관의 전자문서시스템 규격 표준과 같은 기능 표준과 정부전자문서 유통 표준 등 연계표준의 영역이 확대되기 시작했다(안전행정부 인터뷰, 2014).

하지만, 이러한 표준들은 이론적인 성향이 강했고, 향후 민간으로까지 영역을 넓혀가게 될 공공기관의 업무 범위를 표준만으로 지원하기에는 역부족이었다.

이 때문에 중계시스템이 생성되기 시작했다(LG CNS 인터뷰, 2014). 중계시스템이란 각 기관 간의 다른 그룹웨어를 사용하는 것을 연결해주는 역할을 의미하며, 단적으로는 시스템과 시스템을 호환해주는 또 다른 시스템이라고 할 수 있다(안전행정부 인터뷰, 2014). 당시 중계시스템은 전자정부전산관리소에서 민간 SI업체로 발주를 내서 개발하였으며, 각 부처별 시스템을 기반으로 중계를 하는 시스템과 표준 시스템 구축을 중계해주는 시스템, 그리고 이와 같은 모든 기능을 중간에서 수행하는 시스템으로 나누어 개발하였다. 그 결과, 전자정부 네트워크 내의 비인간 행위자는 표준, 그리고 중계시스템으로의 확장으로 이루어졌다.

또한, 향후 전자정부 관련 프로젝트를 원활히 수행되기 위한 법적인 토대를 마련하기 위해 2001년 전자정부법을 제정하였다. 이는 전자정부시스템이 진화함에 따라 표준이 행정업무의 전자 처리를 위한 기본원칙과 절차, 추진방법 등을 모두 규정하는 것은 어렵다고 판단하여 제정된 것이었다(안전행정부 인터뷰, 2014).

즉, 지배구조 단계는 네트워크 내에서 인간 행위자들 간의 권한 변동으로 인해 권력의 변화를 맞고, 안전행정부와 정보통신부에 의해서 전자정부 프로젝트가 주도되는 단계였다. 또한, 중앙부처들 간의 원활한 업무 진행을 위한 표준의 기능과 역할이 보다 더 확대되었고, 이론뿐만 아니라 기술적으로 지원하기 위한 중계시스템이 새로운 비인간 행위자로서 네트워크 내에 합류하게 되었다. 마지막으로, 표준 본연의 특성을 되찾고, 전자정부 사업의 활성화를 위한 법적인 토대를 만들기 위해 전자정부법을 제정하였다. 전자정부 발전 성숙단계에 해당하는 등록하기 단계에는 행위자들 간의 권력이 평등해지고, 보다 활발한 상호작용으로 인해 전자정부 사업을 민간으로까지 확대하는 과정을 거치게 된다.

③ 등록하기(Enrollment) 등록하기 단계는 행위자들 모두가 하나의 네

트워크의 구성원임을 인지하고, 공동의 목표에 대해 인지하게 되는 과정이다. 결과적으로 행위자들 간의 불평등 요소가 사라지고 상호작용이 활발해지며, 네트워크 형성의 주 역할을 맡았던 중심 행위자의 역할은 감소하게 된다. 이 단계에서 중심 행위자인 대통령과 인간 행위자인 중앙부처 기관들은 전자정부 사업을 민간으로까지 확대하고 온라인 통합 서비스 제공을 본격화하고자 하였다(LG CNS 인터뷰, 2014).

특히, 이 시기에는 2004년 3월에 정부조직법을 개정하여 전자정부 기능을 정보통신부에서 행정자치부로 일원화하여 전자정부 사업을 수행함에 있어 중앙부처 기관 간의 갈등을 막고자 하였다(안전행정부 등, 2014). 즉, 인간 행위자들 간의 불평등을 해소하고 모두가 함께 전자정부서비스와 시스템 간 연계, 통합, 단절 없는 행정서비스를 강화하고자 하였다. 이를 기반으로 행정자치부, 대법원, 건설교통부 등 기관별로 구축된 주민, 부동산, 자동차 등 5대 분야 데이터베이스의 활용과 연계를 통한 국민 지향적 민원서비스 혁신시스템(G4C) 구축을 수행하였고, 민원 24 서비스를 제공하는 데 이르렀다(LG CNS 인터뷰, 2014).

이 과정에서 인간 행위자들은 최신 기술에 대한 시스템 니즈를 부처마다 개별적으로 충족하고자 하는 움직임이 강해짐에 따라, 비인간 행위자인 표준의 제정방법을 변화하여 부처별로 각자의 니즈를 충족하고자 하였다. 즉, 전자정부 성숙단계에서는 표준 제정방식을 '상향식'으로, 각 중앙부처기관들이 필요로 하는 행정표준들을 직접 검토하고 제안하게 되었다(안전행정부 인터뷰, 2014). 기술표준은 정보기술아키텍쳐(Enterprise Architecture)를 통해 만들어진 기술참조모델로 관리하고자 하였다(안전행정부 인터뷰, 2014). 또한 국제표준의 동향을 바탕으로 제정된 기술표준들을 계속해서 새로 제정하는 것이 아니라 필요한 표준들을 묶어서 사용하는 패키지화를 지향하여, 효율적인 정보화의 기획, 투자, 개발, 성과 관리를 지원하고 중복투자를 지양하고자 하였다.

아울러 네트워크 내에서 인간 행위자들 간의 평등을 구현하고, 활발한 상호작용을 하고자 하였다. 특히, 중심 행위자인 대통령의 역할이 감소됨에 따라서 중앙부처기관들의 자발적인 참여로 수행되는 전자정부 프로젝트가 많아지게 되었으며, 이는 비인간 행위자들의 변화에 영향을 주었다. 특히, 표준을 보완하는 보완재들이 법과 중계시스템으로 영역이 넓어짐에 따라 표준의 유형과 종류도 함께 증가하게 되었다.

④ 동원하기(Mobilization) 동원하기 단계는 네트워크 형성을 끝내고, 네트워크가 유형의 산출물을 생산하는 시기라고 정의하고 있다. Callon(1986)에 따르면, 앞서 3단계를 거치면서 만들어진 네트워크가 비로소 강해지는 단계를 뜻하고, 네트워크에 존재하는 행위자들이 중심 행위자와 함께 더 많은 행위자들을 유인하게 되는 단계라고 정의하였다. 한국의 전자정부 서비스는 2010년, 2012년, 그리고 2014년 UN에서 평가하는 전자정부평가에서 3회 연속 1위를 달성하였다. 이는 전자정부 네트워크를 형성하는 인간 행위자와 비인간 행위자가 연결망 형성 단계를 끝내고, 유형의 산출물을 내는 단계로 접어든 것을 의미한다. 즉, 한국 전자정부시스템과 서비스는 어느 한 행위자에 국한하여 위와 같은 성과를 이루어낸 것이 아니라, 대통령, 중앙부처기관들, 표준, 전자정부 법, 그리고 중계시스템 모두가 어우러져서 낸 성과라고 할 수 있다.

이와 같은 맥락에서 한국 전자정부 네트워크는 그 자체로 하나의 표준이 되어 다른 나라로의 수출이 가능함을 의미한다. 개발도상국에서 발생하는 전자정부 도입의 실패율은 약 80%정도라는 점을 감안할 때 (Schware, 2004), 한국 전자정부 서비스는 단기간 내에 전자정부평가에서 1위를 차지한 만큼, 전 세계적으로 성공요인에 대한 관심도가 높으며 이는 실제로 한국 전자정부 서비스와 시스템의 수출로 연결되고 있다. 현재 한국 전자정부 네트워크는 사실상 진화가 진행 중이다. 동원하기 단계에서 네트워크 형성을 끝으로 행위자들의 역할이 감소되기보다는, 계속해서 행위자의 영역을 넓혀가며 네트워크 자체가 한국을 대표하는 전자정부 표준으로 거듭날 수 있도록 진화를 멈추지 않고, 새로운 전자정부 5개년 계획을 준비하고 있다. 따라서, 이 단계에서는 한국 현 전자정부시스템이라는 표준을 각국의 상황에 맞춰 어떻게 현지화(Localize)하는가가 중요한 성공 요인으로 부각되었다.

## 한국의 전자정부는 진화를 거듭하고 있다

이 연구에서는 한국 전자정부시스템과 서비스를 하나의 네트워크로 가정하고, 이를 뒷받침할 수 있는 이론인 행위자 연결망 이론과 구조화 이론을 기반으로 한국 전자정부 진화 과정과 행정표준의 역할, 그리고 관리체제의 변화에 대한 사례 연구를 진행하였다. 또한 행위자 연결망 이론에 기반하여 인간 행위자인 대통령과 정부부처 그리고 비인간 행위자인 표준이 평등한 구성 요소로서 한국 전자정부의 네트워크를 형성한다는 것을 발견하였다.

하지만 한국의 전자정부 사례는 비단 정부부처와 표준의 관계에만 국한되는 것이 아니었다. 전자정부의 시대별 발전 흐름에 따르는 대통령과 정부부처들의 뚜렷한 목표 의식(Signification)과 정치적 특성(Domination)

또한 전자정부 네트워크 형성에 영향을 준다. 또한 네트워크를 유지하기 위해서는 법, 행정 표준과 같은 요소들의 제정(Legitimization)과 진화가 진행된다는 것을 발견하였고, 이를 구조화 이론의 적용을 통해 함께 서술하고자 하였다 (〈표2〉 참조). 전자정부의 목표는 부처 간 호환성에서 대국민 서비스 확대로 진화되고 이제는 국제표준을 목표로 하고 있다. 지속적으로 전자정부 서비스의 중심 추진 세력은 중앙 정부(현재 행정자치부)였으며, 시스템 구축과 효율성을 위하여 전자정부법을 비롯한 각종 표준이 지속적으로 제정되어 오고 있다.

한국 전자정부 발전에 있어서 표준은 태동기부터 그 존재감을 함께하고 있다. 초기 표준의 역할은 기존에 개발된 부처별 정보시스템 간 호환성(Compatibility)에 맞춰져 있었고, 권고사항을 넘어선 반강제적인 규제와 같은 성격으로서 준수(Compliance)의 대상이었다. 이러한 제도적인 노력과 더불어 중계기라는 물리적 시스템까지 도입하면서 성공적으로 호환성을 실현하였고, 이후 표준의 역할은 범부처 업무의 호환성 확보라는 초기의 목표에서 진화하여, 대국민 서비스 플랫폼으로 성장하였다. 이는 대국민 서비스까지 포괄하는 규모의 경제(Economy of scale) 실현으로 탈바꿈하여, 전자정부담당 중앙부처의 표준이 설정되면 정부의 각 부처에서 이를 준수하여 구현하는 하향식 표준 구축으로 진행되었다.

이후 표준은 전자정부 전체의 개념에서 각 정부 부처 단위별 표준으로 세분화되어, 표준 생성과 관리 과정도 '하향식' 방식에서 '상향식' 방식으로 변화되게 된다. 여기서 의미하는 '상향식'이란 안전행정부에서 특정 표준이 필요할 것이라는 니즈를 파악하는 것이 아니라, 특정 표준을 직접 필요로 하는 이해관계자들이 표준을 제안하고 검토하는 프로세스로 바뀌게

된 것을 의미한다. 따라서, 표준에 대한 정책의 관점도 규모의 경제 위주의 표준보다는 현지화 문제 해결형(Local problem solving) 표준 정책으로 진화되고 있다. 그러나, 아직 지방자치단체와 그 외 다수의 전자정부 이해관계자는 해당 사항에 포함되지 못하여, 아직도 한국 전자정부는 완료형이 아닌 진화를 거듭하고 있다고 판단된다.

〈표2〉 ANT이론과 ST이론 기반으로 분석한 한국 전자정부의 발전 과정

| 행위자 연결망 이론 / 구조적 이론 | | 문제제기 (전자정부 준비단계: 1987 ~ 1996) | 관심끌기 (전자정부 확산단계: 1997 ~ 2002) | 등록하기 (전자정부 성숙단계: 2003 ~ 2009) | 동원하기 (전자정부 성숙단계: 2010 ~ 2014) |
|---|---|---|---|---|---|
| 의미구조 | | 정보화 사회의 필요성 증대 | 행정기관 간 정보공유의 필요성 증대 | 국민들의 공공 서비스에 대한 니즈 발생 | 한국 전자정부시스템의 수출 니즈 발생 |
| | | 국가경쟁력 향상을 위한 행정 전산화 프로젝트 | 중계시스템에 대한 니즈 | 범정부 기반의 프로젝트 필요성 | 범정부를 위한 시스템의 필요성 발생 |
| 지배구조 | | | 안전행정부와 정보통신부 주도의 하향식 전자정부 사업 | 국민지향적 전자정부 사업 실행 (G4C & 민원24) | 행정자치부 주도의 전자정부 사업 |
| | | 행정전산화 추진 위원회로 인한 동기부여 및 네트워크 통제권 | 전자정부 특별 위원회를 통한 전자정부 사업 지원 및 모니터링 | 전자정부 특별 위원회 역할 유지 | 전자정부 특별 위원회 역할 유지 |
| 정당성구조 | 법 | | 전자정부법의 제정 (2001) | | |
| | 행정업무용 표준 | 행정업무용 표준 생성 | 행정업무용 표준 확장 | 상향식 행정업무용 표준 제정방식의 변화 | 상향식 행정업무용 표준 제정방식 유지 |
| | 기술 표준 | | | 기술 표준 관리방식 변화 (TRM 이용한 표준의 패키지화) | 기술 표준의 관리 방식 유지 (TRM 이용 표준의 패키지화) |

※ 색칠이 되어 있는 칸은 당시 가장 주요한 발전 과정을 의미함

현재 한국의 전자정부시스템은 UN의 평가를 토대로 국제적으로 전자정부시스템의 표준 자체로 인정받기 시작했다. 이에 대응하기 위해 행정자치부는 국외사례에서는 처음으로 인도네시아에 전자정부 협력센터를 설립하는 방안을 추진하는 등 개발도상국을 대상으로 행정한류 확산에 힘쓰고 있다. 이 과정에서 전자정부 수입국의 사정(예, 정부 체계, 제도 및 법, 서비스 내용 등)에 맞는 현지화(Localization)에 대한 고민이 거듭되어야 할 것이다.

INSIGHT 13

# 첨단 ICT 시대 국가 주도 기술표준화, 어떻게 할 것인가

글 | 김홍범, 박경국(University of Pittsburgh, sirkim74@gmail.com, lfmcfigo83@gmail.com)
신정우(한국환경정책·평가연구원, shinjung11@gmail.com)

치열한 글로벌 경쟁 환경에서 살아남기 위해 새로운 성장동력을 확보하려는 국가적인 노력이 다양하게 이루어지고 있다. 국가 주도 기술표준화는 대표적인 방안 중 하나로 여러 국가에서 추진되고 있다. 기술표준화 추진 방안은 각 국가별로 고유한 특징이 있으나, 최근에는 미국과 같이 기존 형태와는 다른 방식으로 기술표준화를 추진하는 사례를 확인할 수 있다. 따라서 이 글은 새롭게 부상하는 산업의 활성화를 위해 국가 주도로 추진되는 기술표준화 방안에 대하여 살펴본다. 클라우드 컴퓨팅을 표준화 조직과 프로세스 관점으로 살펴보았으며, 이와 관련된 미국과 한국의 국가 주도 표준화 노력을 비교하여 두 국가의 기술표준화 추진 방안에 대하여 분석한다. 이를 통해 그간 알려져 있던 국가별 표준화 방안의 변화상과 기술표준화 정책을 통해 신성장산업의 활성화를 추진하기 위한 방안을 살펴본다.

※ 이 글은 2015년 한국표준협회가 주관한 〈제3회 표준정책 마일스톤 연구-국가의 미래전략과 표준〉의 지원을 받아 수행된 연구 논문 '신성장산업 활성화를 위한 국가 주도 기술표준화 추진 방안 비교: 한국과 미국의 클라우드 컴퓨팅을 중심으로'를 칼럼 형태로 재작성한 것입니다. 참고문헌은 한국표준협회(www.ksa.or.kr)에서 확인할 수 있습니다.

NEWS
-PEOPLE
-FORUMS
-MAIL
-SHOP
-BUY
-SALE
-VIDEO
-MUSIC
-FILMS
-SEARCH
-CONTACTS
-MESSAGES
-EUROPE
-AMERICA
-ASIA
-AFRICA
INTERNET
LIVE CHAT
MEDIA
PHOTOS
VIDEOS
MUSIC
-BUSINESS/FINANCE
-WORLD NEWS

글로벌화·자유무역 확산 등 경제 패러다임 변화를 통해 전 세계적인 무한경쟁시대에 진입하였다. 치열한 상황에서도 우리나라는 정부와 기업의 노력으로 모바일, 반도체 등 첨단기술 분야에서 경쟁우위를 유지하고 있다. 특히 정보통신산업은 2014년 사상 최대인 1,739억 달러의 수출액을 기록하며 우리나라 전체 수출의 30.3%를 차지하는 주요 성장동력으로, 그간 경제 발전에 크게 기여하였다. 그럼에도 불구하고 나날이 치열해지는 글로벌 경쟁 환경에서 지속적인 리더십을 유지할 수 있는 신성장산업 확보에 대한 수요는 더욱 커지고 있다. 특정 시점에서 주력산업의 성장한계를 극복하여 일자리 창출, 글로벌 진출, 경제성장 등이 기대되는 신기술·제품·서비스 기반의 잠재적 미래 주력산업을 신성장산업으로 정의할 수 있다. 우리나라는 다양한 정책을 통해 여러 가지 신성장산업을 육성하고자 노력하고 있으며, 관련 사업, 제도 등 다양한 지원 방안으로 차세대 성장동력 확보에 최선을 다하고 있다. 국가 주도의 기술표준화 전략도 이러한 지원 방안 중 하나이다.

CDMA(Code Division Multiple Access) 사례로 알 수 있듯이, 우리나라는 기술표준화 전략을 적극적으로 활용하여 글로벌 정보통신산업 선도국으로 성장할 수 있었다. 국내뿐만 아니라 전 세계적으로도 기술표준화 전략을 활용, 글로벌 리더십을 확보하고자 하는 노력을 볼 수 있으며, 각 국가별로 고유한 특징이 드러나는 것을 볼 수 있다. 통신 기술표준을 예로 들면, 미국은 기술표준화를 산업차원에서 스스로 선정할 수 있도록 자율성을 부여했던 반면, 한국은 정부가 주도하여 통신 기술의 표준을 설정하고 사업자가 이를 따르도록 하는 체계를 보였다. 즉, 미국의 기술표준은 국가보다는 민간 중심으로 진행되었으며, 경쟁에서 승리하는 기술이 사실상 표준으로 부상하였으며, 미국 연방정부도 이러한 경쟁 환경의 조성에 집중하고 있다. 최근 표준화와 관련하여 가장 많은 주목을 받고 있는 중국은 토착 기술의 글로벌 표준화를 위해 정부가 적극적으로 노력하고 있으며, 유럽은 개별 국가차원의 표준화 전략보다는 유럽연합 차원으로 주도하는 단체 표준 위주로 추진되었다.

그러나 치열해지는 글로벌 경쟁에 대응하기 위해, 각 국가별로 새로운 표준 전략이 대두되기 시작하였다. 미국은 스마트그리드, 클라우드 컴퓨팅 등 새롭게 떠오르는 신성장산업과 관련된 기술표준화를 미국국립표준기술원(National Institute of Standards and Technology, NIST) 중심으로 추진하고 있다. 한국은 CDMA의 성공 이후 또 다른 기술을 대상으로 국가 주도 표준화 정책을 전개하였으나, 오히려 성공사례를 찾아보기 쉽지 않다. 예를 들어 와이브로(Wireless Broadband, WiBro), 지상파멀티미디어방송(Terrestrial Digital Multimedia Broadcasting, TDMB) 등의 기술은 국제 표준으로 인정을 받았으나, 이해관계자 간 조정 실패와 비즈니스 모델 발굴의 어려움 등으로 인해 현재까지 경제적인 성과는 도출하지 못하고 있다. 따라서 각 국가별로 기존과 다른 새로운 형태의 표준화 전략을 고려할 필요성이 대두되고 있다.

사물인터넷, 스마트카 등 다양한 신성장산업 가운데 개인, 기업, 정부의 ICT(Information and Communication Technology) 이용환경 효율성 개선과 전반적인 생산성 향상을 통한 파급효과가 기대되는 클라우드 컴퓨팅을 주목할 필요가 있다. 클라우드 컴퓨팅은 인터넷 기술을 기반으로 소프트웨어, 저장장치, 서버, 네트워크 등 ICT 자원을 서비스 형태로 제공하는 컴퓨팅으로 정의된다. ICT 산업의 효율성을 향상시키는 새로운 패러다임으로 꾸준히 주목받고 있으며, 퍼블릭 클라우드 컴퓨팅 시장의 경우 2012년 373억 달러에서 2017년 1,072억 달러로 연평균 23.5%의 성장세를 보일 것으로 예측되는 등 파괴적 혁신의 요소를 충분히 가지고 있는 새로운 성장동력이다. 클라우드 컴퓨팅은 이미 여러 종류로 구분되어 서비스되고 있으나, 단말기, 네트워크, 플랫폼 등 ICT 생태계 전체적으로 영향을 끼칠 수 있는 기술로 주목받고 있을 뿐만 아니라 새로운 비즈니스 모델을 기반으로 높은 이익을 실현시킬 수 있는 가능성을 가지고 있다.

특히 한국은 클라우드 컴퓨팅의 경제적 효과에 주목, 2015년 5월 '클라우드 컴퓨팅 발전 및 이용자 보호에 관한 법률 시행령' 입법을 예고하는 등 관련 산업의 활성화를 적극적으로 추진하고 있다. 클라우드 컴퓨팅을 고려할 때 주목해야 할 여러 이슈 중에서도 기업 종속적인 특징과 상호운용성이 특히 강조[1] 되었는데, 이는 정보통신기술에서 표준의 중요성이 강

1) Sultan, N. (2013), "Cloud computing : A democratizing force?", International Journal of Information Management, Vol. 33, No. 5, pp. 810-815.

조되고 있는 이유와 동일하다. 클라우드 컴퓨팅은 미국과 한국 모두 정부 주도하에 기술표준화를 추진하고 있으므로, 이에 대한 분석, 비교를 통해 신성장산업의 활성화를 위한 국가주도의 표준화 정책을 살펴볼 수 있다. 또한 클라우드 컴퓨팅 표준화와 관련된 기존 문헌이 주로 기술 관점으로만 논의되고 있으므로, 국가 주도의 표준화 과정에 대한 검토를 통해 이러한 한계점을 보완할 수 있다.

### 미국의 민간 주도 표준화 추진체계

미국은 자율적인 합의에 기반을 둔 표준(voluntary consensus standard)을 강조하고 있다. 2000년 국가 표준 전략(National Standards Strategy for the United States, NSS), 2005년 미국 표준 전략(United States Standard Strategy, USSS), 2010년 제3차 전략 등 5년 주기로 발표되는 정책을 살펴보면 국가의 표준화 활동 방향은 민간에서 주도하여 추진하는 것이 전반적인 기조이다. 특히 1996년 국가기술이전진흥법(National Technology Transfer and Advancement Act, NTTAA)과 2004년 표준개발기구진흥법(Standards Development Organization Advancement Act, SDOAA) 등의 법률을 근거로 하여 정부는 민간의 표준화 활동을 적극 장려하고 있다. NTTAA는 정부기관이 민간의 표준화 제정 과정에 적극적으로 참여하거나 민간에서 제정된 표준을 정부 규제로 활용하도록 권고하는 지침의 역할을 하며, SDOAA는 표준 기술 개발과 관련하여 독점금지법의 예외를 인정하는 등 민간 차원의 표준화 기구 활동을 강화하고자 하였다.

이외에도 민간표준 활용을 권고하는 연방예산관리국(Office of

Management and Budget, OMB)의 지침, NIST의 역할 강화를 명시한 경쟁법(America COMPETES Act) 재인가 등 다양한 차원의 법률과 정책이 전개되었으나, 결국 이들을 전체적으로 관통하는 철학은 시장 주도로 이루어지는 자발적인 표준 활용이다. 특히 2012년에 발표된 정부 문서[2]를 통해 정부가 주도하는 표준화 활동을 최대한 억제하여 민간 표준화의 효과를 극대화하고자 하는 의지를 재확인하였으며, 정부가 표준화 활동에 개입하는 경우를 '상당한 투자가 요구되며 헬스케어 및 스마트그리드와 같이 상호운용성이 필요한 기술'로 제한하였다.

미국의 시장 주도 표준 제정은 미국표준협회(American National Standards Institute, ANSI) 등 자발적 민간 표준 단체를 중심으로 이루어진다. ANSI는 비영리 단체이며, 국가가 직접 운영하지 않고 다양한 기관이 참여한 협회 형태로 운영된다. 직접적인 표준 기술개발 활동은 하지 않으나, 표준 중개자와 표준 이해관계자 간의 조정 역할을 충실히 하고 있다. ANSI 외에도 정부와 독립적인 민간 표준 개발 단체는 약 600개 이상이 존재하며, 이들은 산업 혹은 소비자 차원의 수요에 반응하여 표준 개발 여부를 결정한다. 미국이 전 세계적으로 표준을 선도할 수 있는 힘은 이와 같은 민간 주도 표준화 과정을 통해 이루어졌다고 할 수 있다. ANSI는 미국의 자발적인 표준 제정 시스템이 활발한 이유로 정부의 감시 혹은 제어로부터 자유로운 것이 혁신과 창의력을 향상시킬 수 있다고 생각하는 미국 특유의 가치가 반영되었다고 설명하였다.

2) Principles for Federal Engagement in Standards Activities to Address National Priorities, January 17, 2012, Memorandum for the heads of executive departments and agencies (Office of Science and Technology Policy, United States Trade Representative, and Office of Management and Budget).

그러나 민간 표준화 단체가 주로 기업 중심으로 구성되어 있는 구조적 특징으로 인해 다양한 종류의 문제점이 드러나고 있다. 예를 들어, 다양한 이해관계를 가진 단체 간의 표준개발과 경쟁에 대한 조정이 필요한 경우가 발생하더라도, 스스로 이러한 이해관계를 중재하지 못하는 사례가 발생하고 있다. 최근 표준과 관련하여 ANSI의 역할이 약해진 가운데 과학기술정책국(Office of Science and Technology Policy, OSTP)은 나노기술 관련 표준화 작업 논의를 위한 전문가 구성에 직접적으로 개입하기도 하였다.

상무부(Department of Commerce, DoC) 산하 국가 표준연구기관인 NIST는 다양한 연구 과제를 통해 표준 기반 기술을 개발하고 있다. 생명과학, 건축·방재, 화학·수학·물리, 전자·통신, 에너지, 환경·기후, 제조, 재료, 공공 안전 등 매우 다양한 분야의 연구프로그램을 운영하고 있으며, 특히 측정과 시험 표준에 주로 초점을 맞추어 역량을 투입하고 있다.

국가적인 수요가 있으며 개발 초기 단계에 있는 차세대 기술 관련 표준화와 이와 관련된 조정 역할은 연방정부차원에서 참여하여 중요한 역할을 담당하기도 한다. 앞서 설명한 바와 같이 정부 스스로 주도하여 표준을 설정하는 행위가 다양한 장치를 통해 제한되어 있음에도 불구하고, 상당한 투자와 상호호환성이 필요한 차세대 기술을 미래 신성장산업으로 추진하기 위해 정부 차원의 개입과 참여가 필요하다는 것을 인지하고 있다. 이를 위해 특별한 정책적인 장치가 존재하는 것은 아니지만, 2010년 제3차 미국 표준전략과 2012년 정부문서를 통해 분명하게 표현 하였다.

3) 예를 들어, 새롭게 승인된 제3차 미국 표준전략에는 민관협력의 중요성을 강조하였고, 정부 기관 차원의 표준 조정 역할을 강화하여 반영하였다.

## 한국의 정부 주도 표준화 추진체계

국가 표준에 대한 의무가 대한민국헌법에 명시되어 있을 정도로 표준에 대한 중요성이 강조되고 있다. 한국의 표준화는 일련의 경제개발 5개년 계획으로 대표되는 초기 산업정책의 일환으로 추진되었다. 산업화가 본격적으로 이루어지면서 공업부문을 중심으로 표준에 대한 수많은 수요가 창출되었으며, 이에 대응하기 위해 표준화를 위한 정부 내 조직 신설, 공업표준화법 제정, KS 제도 도입 등 정부의 지원이 시작되었다. 주로 정부 주도 표준화 정책이 전개되었으며, 이는 표준 제도의 체계적인 도입뿐만 아니라 국가 표준 시스템이 확립될 수 있는 바탕이 되었다. 초기 표준화 정책은 1990년대까지 다른 나라에서 개발되어 채택, 시행되고 있는 표준을 도입하여 활용하는 형태로 이루어졌으며, 2000년대에 진입하면서 자체적인 기술개발이 활발해짐에 따라 이를 통한 다양한 표준 활동이 전개되었다.

한국의 전반적인 표준 관리는 산업통상자원부 소속 국가기술표준원이 담당하고 있다. 산업표준을 주로 담당하며, 제품 안전, 인증, 적합성 평가, 기술규제, 국제표준 협력 업무 등을 담당하고 있다. 또한 원활한 표준 활동을 위해 한국표준협회와 협력하여 다양한 활동을 펼치고 있다. 1999년에 제정, 공포된 국가표준기본법에 따라 2000년부터 5년 단위로 국가표준기본계획을 수립하고 있으며, 이를 기반으로 국가 주도의 표준화 추진과 표준 제도를 확립하고 있다. 이외에도 산업표준화법, 품질경영과 공산품안전관리법, 전기용품안전관리법, 계량에 관한 법률, 제품안전기본법 등을 근거로 하여 표준과 관련한 다양한 정책과 제도를 마련하고 있다.

최근 기술표준화와 관련된 활동은 주로 호환성과 상호운용성을 확보하는 차원에서 이루어진다. 특히 활발한 혁신과 글로벌 경쟁으로 대표되는

ICT 부문은 표준의 선도 여부에 따라 시장성과가 결정되는 중요한 요인으로 자리 잡은 만큼, 국가 차원에서 이를 지원하기 위한 정책을 펼치고 있다. CDMA 기술을 적극적으로 활용하여 글로벌 정보통신산업 선도국으로 성장했던 한국의 표준화 전략은 대표적인 표준 정책의 성공적인 사례로 볼 수 있다.

정보통신부문의 표준화는 미래창조과학부와 국립전파연구원이 주도하며 한국정보통신기술협회(Telecommunications Technology Association, TTA)가 지원하는 형태로 진행된다. 특히 TTA는 2003년부터 진행된 ICT 표준화 전략맵을 주도적으로 기획하여 추진하고 있다. 표준화가 고려되어야 하는 주요 기술들을 선정하여 그에 대한 로드맵을 작성하며, 글로벌 표준화 환경변화에 대응하기 위해 매년 연동계획을 수립한다. 표준화 전략맵 수립을 위해 관계부처뿐만 아니라 각 기술 분과별로 산·학·연과 표준화 전문가로 이루어지는 기술표준기획전담반을 구성한다. 2015년 ICT 표준화 전략맵에 따르면, 정보보호, ICT 융합, 방송, 이동통신, 통신망 등 6개 분야의 23대 중점기술을 선정하여 표준화 전략을 수립하고 있다. 한편 측정과학과 차세대기술에 대한 표준과 기술개발은 한국표준과학연구원에서 담당한다. 국가표준기본법에 따라 국가측정표준 대표기관으로 선정되었으며, 표준과학기술과 관련된 연구개발과 보급, 확산을 주요 목적으로 하고 있다.

## IT 비용 절감, 클라우드 컴퓨팅에 주목하는 미국

2000년대 후반부터 미국 정부는 클라우드 컴퓨팅을 주목하기 시작하였다. 2009년 3월 연방 클라우드 컴퓨팅 계획(Federal Cloud Computing

Initiative), 2010년 8월 연방 데이터센터 통합 계획(Federal Data Center Consolidation Initiative), 9월 국무부 IT 전략계획 (Department of State IT Strategic Plan Fiscal Years 2011-2013) 등 다양한 방안으로 클라우드 컴퓨팅 기반의 솔루션과 인프라 구축을 고려하였다.

그러나 정책적인 관심이 본격적으로 드러난 시점은 백악관 최고정보책임자(Chief Information Officer, CIO) 차원으로 제시된 클라우드 우선 정책(Cloud First Policy)이 발표된 이후였다. 당시 CIO였던 Vivek Kundra는 연방정부 IT 비용 절감을 위한 25가지 실행 계획을 발표하였는데 이 중에서도 클라우드 도입의 중요성을 특히 강조하였다. 미국 정부와 관련 기관의 IT 인프라를 클라우드 환경으로 전환하여 데이터 센터 축소와 IT조달 비용 절감 등을 적극적으로 추진하였다. 특히, 본 계획은 향후 클라우드 컴퓨팅의 표준화와 표준 채택의 확산을 위하여 NIST의 역할을 강조하였다.

이를 기반으로 2011년 2월 연방 클라우드 컴퓨팅 전략(Federal Cloud Computing Strategy)이 발표되었으며, 본 전략을 통해 클라우드 컴퓨팅 표준화를 위한 NIST의 역할이 더욱 구체화[4] 되었다. 향후 NIST는 이를 기반으로 표준화 활동을 추진하였으며, 세부적인 작업이 시작되었다.

NIST의 표준화 활동은 주로 로드맵 제작을 통해 이루어졌다. 표준화 로드맵은 국가 주도의 표준화 추진을 위한 주요 정책 도구 중 하나로, 표준화 활동의 효과적인 관리 수단으로 여겨진다. 클라우드 컴퓨팅 표준 로드맵 작업반을 중심으로 진행되었으며, NIST는 클라우드 컴퓨팅의 표준화

4) "(A) central one in defining and advancing standards, and collaborating with USG (United States Government) Agency CIOs (Chief Information Officers), private sector experts, and international bodies to identify and reach consensus on cloud computing technology and standardization priorities."

를 위해 총 5개의 작업반 을 창설하였다.

NIST는 연방차원의 클라우드 컴퓨팅 전략을 통해 본격적인 표준화가 추진되기 이전부터 사전 작업을 시작하였다. NIST 주도하에 클라우드 컴퓨팅에 대한 정의가 이루어졌으며, 요구사항·운영과 관련된 개념적 모형의 역할을 하는 참조 아키텍처를 개발하였다. 2010년 11월부터 2012년 8월까지 NIST는 클라우드 컴퓨팅 기술의 요구사항에 대한 검증을 통해 우선순위를 설정하였다. 이를 토대로 2011년 11월에 초안이 작성되었으며, 관심 있는 이해관계자가 이를 직접 검토하고 새롭게 대안을 제안할 수 있도록 대중에게 공개하여 정당성을 확보할 수 있는 절차를 마련하였다. 총 5회의 워크숍을 통해 약 1,500명이 참석하여 다양한 논의를 펼쳤으며, 여러 의견을 취합 후 충분한 시간을 두고 검토하였다. 이외에도 민간 수준의 제안을 적극적으로 수용하였으며, 후속 작업을 기반으로 다양한 활용 사례를 제시하였다.

로드맵 초안에서는 이동성(portability), 상호운용성(interoperability), 보안(security) 표준을 중심으로 논의가 되었다면, 후속 작업을 통해서는 접근성(accessibility), 성능(performance) 관련 표준뿐만 아니라 적합성 평가를 위한 역할도 함께 논의되었다. 즉 소비자의 요구사항을 반영하였고 이를 통해 민간 차원에서 널리 사용할 수 있는 표준을 제작하고자 노력하였다.

이상의 작업절차를 기반으로 우선순위가 높은 10대 요구사항을 최종적으로 정리, 2014년 10월에 로드맵을 발표하였다. 로드맵뿐만 아니라 여러

5) Cloud Computing Reference Architecture and Taxonomy, Cloud Computing Standards Acceleration to Jumpstart Adoption of Cloud Computing (SAJACC), Cloud Computing Security, Cloud Computing Standards Roadmap, Cloud Computing Target Business Use Cases

작업반들의 결과물들도 함께 검토되었으며, 대중 공개는 표준 로드맵 작업반이 중심이 되어 10편 이상의 통합 결과물을 발표하였다.

NIST는 로드맵 발표 이후에도 지속적인 보완을 통해 표준을 개발하고 있다. 민간 부문에 대한 클라우드 컴퓨팅 표준의 확산에 대해서는 아직 구체적인 논의를 진행하지 못하고 있지만, 지속적인 협력 관계 유지를 위해 수시로 포럼과 워크숍을 개최할 계획이다. 예를 들어 2015년 7월 워크숍을 통해 로드맵 발표 이후에 진행되었던 클라우드 컴퓨팅 표준 기술의 현황과 표준 채택 관련 주요 요구사항 개발 프로세스 등을 발표하여 추후 산업차원의 적극적인 도입을 위한 사전적 활동을 추진하였다.

### 새로운 비즈니스 모델, 클라우드 컴퓨팅에 주목하는 한국

2000년대 후반부터 클라우드 컴퓨팅이 정보통신부문에서 새로운 성장 분야로 주목받기 시작하자, 2009년 12월 한국은 (구)행정안전부, (구)지식경제부, 방송통신위원회가 협력하여 '범정부 클라우드 컴퓨팅 활성화 대책'을 발표하였다. 선진국과의 기술격차를 줄이고 새로운 비즈니스 모델 발굴을 통해 글로벌 경쟁력을 확보하기 위함이었다. 뒤이어 2011년 5월에는 '클라우드 컴퓨팅 확산 및 경쟁력 강화 전략'을 다시 공동으로 수립하여 발표, 산업 차원에서 경쟁력을 강화하기 위한 다양한 전략을 제시하였다.

클라우드 컴퓨팅의 활성화 방안은 개별 부처 단위로도 다양하게 발표되었다. (구)행정안전부는 스마트워크 활성화와 정부 차원의 클라우드 컴퓨팅 활용 극대화를 위해 2011년 6월 '클라우드 기반 범정부 IT 거버넌스 추진계획'을 발표하였고, 뒤이어 2012년 5월 '행정기관 클라우드 사무환경 도입 가이드라인'을 발표하였다. 다양한 산업에서 클라우드 컴퓨팅을 적극적으로 활용할 수 있도록 (구)지식경제부는 2010년 6월 '인터넷 안의 내 컴퓨터 전략'계획을 추진하였으며, 클라우드 컴퓨팅 자체의 기술 경쟁력 강화를 추진하던 방송통신위원회는 2012년 12월 '민간 클라우드 데이터센터 확산 전략'을 발표하는 등 다양한 주체를 통해 클라우드 컴퓨팅 활성화가 추진되었다.

2013년 신정부 출범과 함께 정부조직개편이 이루어졌으며, (구)지식경제부와 방송통신위원회에서 담당하던 클라우드 컴퓨팅 관련 정책과 사업은 새롭게 조직된 미래창조과학부로 이관되어 진행되었다. 미래창조과학부는 창조경제의 실현을 위한 새로운 성장동력으로 2013년 5월에 사물인터넷, 빅데이터와 함께 클라우드 컴퓨팅을 인터넷 신산업으로 지정, 이를 육성하기 위한 '인터넷 신산업 육성방안'을 마련하였으며, 보다 세부적인 추진 방안은 2014년 1월 '클라우드 육성계획'을 통해 발표하였다.

클라우드 컴퓨팅 관련 정책이 산업 육성과 공공 활용을 위한 목적으로 추진되었던 반면, 클라우드 컴퓨팅 기술표준화 작업은 이와 같은 정책과는 별도로 이미 추진되고 있었다. 클라우드 컴퓨팅의 표준화는 해외 특정 기술과 서비스에 대한 종속을 사전에 예방하고, 기술·서비스의 상호호환성 보장과 신뢰성 확보에 대한 필요성은 이미 강조되었다. TTA를 중심으로 ICT와 같은 신성장산업의 표준화 전략맵을 매년 작성하는 표준화 정책이 전개되고 있었으며, 클라우드 컴퓨팅도 이미 차세대 컴퓨팅, u-컴퓨팅 등 유사한 이름으로 2009년부터 표준화 전략맵으로 추진되고 있었다. 2010년부터는 클라우드 컴퓨팅 프로젝트 그룹을 신설하여 표준 개발에 본격적으로 착수하였으며, 2011년부터는 클라우드 컴퓨팅이라는 명칭으로 중점

기술로 선정, 표준화 전략맵으로 작성되어 현재까지 추진되고 있다.

매년 작성되는 표준화 전략맵은 우선 주요 표준화기구의 핵심 표준화 항목 분석, 유망기술 분석, 정부 정책 방향과 수요조사 등 사전조사와 분석을 통해 표준화를 위한 중점 기술 후보를 선정한다. 이후 표준화총괄기획자문위원회의 검토와 조정을 통해 최종 확정되는데 이와 같은 과정에 약 2~3개월이 소요된다. 선정된 중점 기술 분과별로 약 5개월 동안 수차례의 회의가 진행되며, 이를 통해 주요 표준화 항목이 도출되어 해당 항목별 표준화 전략이 수립된다. 기술별 강·약점, 기회, 위협을 도출하는 SWOT 분석을 기반으로 추진방향을 설정하며, 3개년 중기 계획과 10개년 장기 계획을 함께 포함한다. 중점 기술이 모두 통합된 표준화 전략맵의 초안 발표를 통해 관계부처, 기술과 표준 전문가의 의견을 수렴하며, 산·학·연 활용 극대화를 위해 교육과 홍보를 동시에 추진한다. 이와 같은 수립 절차에 약 8개월이 소요되며, 연동계획 수립을 위해 매년 동일한 절차로 진행된다.

이와 같은 표준화 전략맵을 기반으로, 2010년에 클라우드 컴퓨팅 표준화 포럼이 구성되고 세부 분과위원회별로 운영하여 표준 개발을 추진하였다. 모바일 환경에 대응하기 위한 '모바일 클라우드 서비스 표준 개발'과 '클라우드 서비스 시스템 보안 레이어 표준 개발' 사업을 운영하고 있다.

한편 표준화 전략맵 이외의 방법으로도 클라우드 컴퓨팅 표준화가 추진되었다. (구)지식경제부는 2010년부터 '클라우드 컴퓨팅 표준개발' 사업을 추진하였으며, 이를 기반으로 2012년부터 '공공클라우드 프레임워크 표준개발' 사업을 진행하였다. 국가기술표준원은 2011년 클라우드 컴퓨팅을 국가 R&D 표준 코디네이터 사업의 주요 분야로 선정, 국제 기술표준의 선점을 위한 표준화의 통합적인 접근을 시도하였으며, 이를 기반으로 '클라우드 표준화 프레임워크' 개발이 추진되었다. 한국표준협회는 국제표준화기구(ISO)와 국제전기표준회의(IEC)의 합동 조직인 JTC1에서 발족한 클라우드 표준 위원회(SC38)의 세부 전문위원회를 구성하여 지원하였다.

## 미국과 한국의 클라우드 컴퓨팅 기술의 차이

각 국가별 특징은 〈표1〉을 통해 정리하였다. 클라우드 컴퓨팅 기술의 표준화 사례를 통해 살펴봤을 때, 미국 신성장산업 표준화 과정의 주요 특징 중 하나는 단일 기술만을 대상으로 하는 표준화가 추진된다는 것이다. 신성장산업 활성화를 위한 진흥 정책과 전략이 개별적인 기술을 중심으로 추진되며, 이를 바탕으로 표준화를 위한 기술 로드맵이 추진되는 양상을 보인다. 클라우드 컴퓨팅 개별 기술에 초점이 맞추어졌으며, 클라우드 컴퓨팅만을 위한 로드맵이 추진되었고, 이러한 과정들이 클라우드 컴퓨팅 표준화를 위한 기반으로 진행되었다. 이는 또 다른 신성장산업으로 주목받고 있는 스마트그리드를 통해서도 확인할 수 있는데, 스마트그리드라는

〈표1〉 미국과 한국의 클라우드 컴퓨팅 표준화 추진 과정 특징

| | | 미국 | 한국 |
|---|---|---|---|
| 프로세스 | 기술 | • 단일 기술 중심의 표준화 | • 주요 ICT 부문과 함께 표준화 |
| | 기간 | • 기간 제약 없이 로드맵 수립 | • 연 단위로 로드맵 수립 |
| | 활용 | • 연방 정부의 활용 중심 | • 산업의 성장동력화 중심 |
| 조직 | 구성 | • 민간기업 중심 | • 정부출연 연구기관 중심 |
| | 개방성 | • 웹사이트를 통해 진행사항 공유 | • 일반 국민 대상으로 공청회 실시 |
| | 기관 | • R&D와 표준 총괄을 동시 추진 | • 작업 총괄 역할에 한정 |

단일 기술에 집중하여 표준화 로드맵으로 추진되고 있는 것을 알 수 있다.

이처럼 정부가 주도적으로 표준화를 추진하게 된 이유는 클라우드 컴퓨팅 기술이 경제 활성화를 위한 차세대 성장동력으로 발전할 수 있는 신성장산업이기 때문이다. 클라우드 컴퓨팅은 여전히 초기 개발단계이며, 기술의 채택과 확산에 있어서 표준의 역할이 중요하고, 특히 클라우드 컴퓨팅의 상호운용성이 필수적이라는 것을 인식하였기 때문에 연방정부차원에서 적극적인 표준화 활동을 전개한 것으로 파악할 수 있다.

하지만 정부가 클라우드 컴퓨팅 기술을 주로 활용하게 되는 주체임을 주목할 필요가 있다. 연방정부는 클라우드 컴퓨팅 발전 전략에서부터 공공측면의 적극적인 활용을 추진하였고, 결국 기존에 사용하던 정보시스템에서 클라우드 컴퓨팅 기술 기반의 고도화를 통한 새로운 공공정보시스템을 구축하고자 한 것이다. 이러한 목적은 표준화 과정 초반부터 정부 차원으로 개입하게 된 주요 원인으로 작용하였다. 클라우드 컴퓨팅에 대한 본격적인 표준화 노력이 이루어지기 이전부터 NIST는 연방정부의 정보 시스템의 강화를 추진하였고, 이는 결국 연방정부 CIO의 주도하에 더욱 강화되어 정부 차원의 참여를 통한 표준화를 추진하기에 이르렀다.

미국에서 클라우드 컴퓨팅이 최초로 추진되었던 '연방 클라우드 컴퓨팅 계획'의 목표가 범정부 차원의 클라우드 컴퓨팅 도입을 위한 효율적인 솔루션 구축이며, 미국 국무부 차원에서 모든 연방정부가 활용할 수 있도록 클라우드 컴퓨팅 기반의 인프라 구축을 추진하였던 사실이 이를 뒷받침한다. 또한 클라우드 컴퓨팅 로드맵 수립과정을 통해 살펴봤을 때, 민간 차원의 참여가 활발했음에도 불구하고 이들의 주된 논의 방향은 국내 연방정부차원에서의 활용에 주로 초점이 맞추어져 있었다.

이처럼 스스로 채택하기 위한 목적으로 정부가 주도하는 모습을 볼 수 있으나, 표준화 과정을 보다 자세히 살펴보았을 때 미국 NIST의 표준 추진 방향은 민간 표준 개발의 참여를 독려하기 위한 레퍼런스 그 자체의 역할에 중점을 두었다는 것을 볼 수 있다. 특히, 클라우드 컴퓨팅 표준 로드맵 작업반에서 이루어지는 일련의 표준화 과정을 웹사이트 에 정리, 민간 차원에서 표준화 상황을 직접 살펴볼 수 있도록 공개하고 있으며 이는 나아가 민·관의 협업을 유도하는 플랫폼으로서 역할을 하고 있다. 로드맵 작성 과정에서 진행되었던 다양한 검토절차가 NIST 연구원 시각뿐만 아니라 실제 클라우드 컴퓨팅 기술을 다루는 개인 차원의 참여자들을 통해서도 이루어졌다는 것은 민간으로부터 정당성을 확보하기 위한 과정이었다.

뿐만 아니라, 민간 표준 개발 기관과의 협력을 중점적으로 추진하고자 노력하였다. NIST는 표준 로드맵 작성에 있어서 표준 개발 기관의 적극적인 참여를 독려하였으며, 연방기관 차원에서도 표준 개발 기관과의 협력 활성화와 민간 기관의 제안을 표준으로 수용하고자 하는 노력 등을 주요 제언으로 명시하였다. 민간과 정부의 적극적인 교류를 통해 표준 개발에 대한 추진력을 확보하는 것이다. 예를 들어 2011년 11월에 발표된 초안과 비교하여 2014년에 최종 발표된 로드맵에서는 두 가지 요구사항에 대한 개정이 이루어졌는데, 민간에서 강조한 요구사항이 강화된 점을 통해 적극적인 상호작용이 이루어졌음을 알 수 있다. 즉, NIST는 정부뿐만 아니라 클라우드 컴퓨팅과 연관된 민간 이해관계자와 실용적인 논의를 위한 수단으로 로드맵을 활용하였다. 다양한 기관이 적극적으로 참여하여 논의 기

6) Inventory of standards relevant to cloud computing http://collaborate.nist.gov/twiki-cloud-computing/bin/view/CloudComputing/StandardsInventory

반의 협력을 추진, NIST의 표준화 작업에 적극적으로 공헌할 수 있는 장을 마련한 것이다.

반면 한국의 클라우드 컴퓨팅 표준화 과정은 미국과는 다른 양상을 보인다. 표준화 로드맵이 단독으로 작성되지 않았으며, ICT 표준화 전략맵이라는 커다란 프레임워크 하에 추진되었다. 또한 엄밀히 기술적으로는 다르지만 문맥적으로는 유사한 모습을 보이며, 시너지 효과가 기대되는 빅데이터 분야를 동시에 고려한 표준화 전략맵으로 발전하였다. 개별 기술의 표준화보다는 ICT라는 커다란 패러다임을 포함한 전체론적인 관점으로 접근하는 것을 볼 수 있다.

또한 클라우드 컴퓨팅을 산업으로 바라보는 시각에서도 차이가 있는 것을 볼 수 있다. (구)행정안전부는 전자정부의 활성화와 IT 비용절감을 위하여 클라우드 컴퓨팅 기술을 적극적으로 활용하고자 하였으며, 2011년 '클라우드 기반 범정부 IT 거버넌스 추진 계획', 2012년 '행정기관 클라우드 사무환경 도입 가이드라인' 등 정책적 노력을 통해 공공분야 활용 극대화를 위해 노력하였다. 이는 미국 백악관과 국무부 차원으로 추진하였던 공공부문 클라우드 컴퓨팅 활용 활성화와 동일한 맥락이다. 이외에도 클라우드 컴퓨팅 경쟁력 강화를 위해 다양한 추진 주체와 협력하여 범부처 합동 전략을 수립한 바가 있다. 그러나 클라우드 컴퓨팅 산업과 유사한 분야를 담당하는 부처들은 독자적으로 발전 전략을 수립하여, 새로운 성장 동력으로 추진하고자 노력하였다.

방송통신위원회는 2009년 'K-Cloud 서비스 추진계획', 2012년 '민간 클라우드 데이터센터 확산전략' 등을 수립하였으며, (구)지식경제부는 2011년 '한국형 클라우드 OS 개발 계획'과 2012년 클라우드산업포럼, 클라우드지원센터를 창립하여 산업 활성화를 도모하였다. 결국 (구)행정안전부 외의 추진 주체는 클라우드 컴퓨팅 산업 자체의 발전과 타 산업의 활용 극대화를 통한 활성화를 추진하였고, 다양한 방안 중 하나로 클라우드 컴퓨팅의 기술표준화를 추진한 것이다.

제3차 국가표준기본계획의 2014년 시행계획에 따르면, 총 39개의 세부사업 가운데 단 네 개의 사업만이 민간과 정부의 협력을 통한 표준화 추진을 계획하는 등 대부분이 국가 주도의 표준화를 추진하고 있으며, 이러한 기조는 산업통상자원부의 '제6차 산업기술혁신계획', 미래창조과학부의 'ICT R&D 중장기 전략' 등 각 부처별로 최근에 발표한 여러 정책을 통해서도 재확인되었다.

표준화 전략맵 작성에 참여하는 작업반 구성을 통해서도 표준화에 대한 정부의 리더십 의지를 확인할 수 있다. 미국 클라우드 컴퓨팅 표준 로드맵 작업반은 민간기업 52%, 연구기관 28%로 구성되어 있는 반면, 한국 클라우드 컴퓨팅 표준화 전략맵 참여인력은 연구기관 56%, 민간기업 22%의 비중을 보이고 있다. 주로 정부 과제를 수행하는 연구기관임을 고려한다면, 정부의 의도가 반영되기 쉬운 구조이다. 또한 2014년 ICT 표준화 전략맵 참여인력의 전체 구성이 연구기관 39%, 민간기업 27%인 반면, 미국 스마트그리드 표준화 로드맵에 참여한 민간기업은 무려 79%에 달한다 . 이러한 참여 전문가 구성의 차이를 통해 클라우드 컴퓨팅 기술뿐만 아니라 신성장산업의 기술표준화 리더십에 대한 정부의 의지가 반영되어 있음을 알 수 있다.

7) Ho, J. (2014), "Standardization roadmapping : Cases of ICT systems standards", STI Policy Review, Vol. 5, No. 1, pp. 1-33.

이처럼 한국 정부가 신성장산업의 표준화에 대한 리더십을 추구하고자 하는 모습이 파악되는 모습은 분명하다. 그러나 표준화 추진체계와 조직적인 측면으로 봤을 때는 오히려 한국의 체계를 더욱 주목할 필요가 있다. NIST는 기술표준화를 추진함에 있어 표준화 과정 총괄 역할뿐만 아니라 기술개발의 역할도 동시에 담당하고 있는 반면, TTA는 최소한의 인원이 총괄로 참여하며, 표준화 과정에 참여한 전문가와 연구원을 중심으로 기술개발을 위한 후속 작업이 진행된다. 이러한 추진체계는 R&D 활동에 있어서 조직 간의 독립성과 효율적인 진행이 보장될 수 있으며, 소위 '선수와 심판의 분리'가 가능한 환경이다. 이러한 추진체계의 장점을 극대화하기 위해 개별 조직의 고유적인 역할을 명확히 정립해야하며, 독립성 유지를 위한 제도적 지원이 필요하다.

## 클라우드 컴퓨팅 기술표준화의 길

한국과 미국은 모두 정부 주도의 클라우드 컴퓨팅 기술표준화를 진행하고 있으나, 세부적인 추진과정은 절차와 조직 측면에서 다른 모습을 확인할 수 있다. 한국의 경우 기술표준화 추진 과정에 있어서 정부의 리더십 의지가 강하게 나타나고 있으나, 미국은 국가 주도의 기술표준이라 할지라도 민간과의 소통을 통한 협력을 극대화하고자 하는 모습을 보였다. 이는 최근 나타나는 미국의 정부 주도 기술표준화 전략이 한국의 그것과는 여전히 차이가 있는 것으로 파악할 수 있다. 특히 연방정부 차원의 활용을 위한 기술표준화에 대한 리더십을 보이고 있을 뿐, 산업의 활용과 이에 대한 성과는 민간영역으로 유지하는 모습을 볼 수 있다.

우리나라의 클라우드 컴퓨팅 기술표준화와 관련 산업의 활성화를 위해 다음과 같은 시사점을 제시한다. 첫째, 제정된 클라우드 컴퓨팅 표준을 활용하기 위하여 모든 혁신 주체의 적극적인 노력이 필요하다. 미국의 경우 NIST 주도하에 산·학·연·관의 협력이 추진되었으며, 이를 통해 클라우드 컴퓨팅 로드맵 기반의 표준화와 가이드라인 제정 등 많은 성과가 나타났다. 그러나 이러한 성과의 극대화를 위해 적극적인 활용이 추진되어야 함에도 불구하고 어려움이 나타나는 것으로 파악되었다. 예를 들어 다양한 이해관계자 간의 협력이 이루어지는 것과는 별개로, 활용을 위한 최종적인 합의에는 쉽게 도달하지 못했던 것으로 보인다. 특히 기술표준화 로드맵이 발표된 이후에 민간에서 이를 실제로 도입할 수 있도록 지속적인 관찰이 필요하다.

둘째, 클라우드 컴퓨팅 기술의 표준화도 궁극적으로는 클라우드 컴퓨팅 산업의 활성화를 위해 추진하는 것이다. 따라서 기술표준화의 효과가 잘 나타날 수 있도록 다양한 연구과제와 사업 등 정책적인 노력이 함께 이루어져야 하며, 특히 클라우드 컴퓨팅 기술의 특징에 적합한 정책으로 추진해야 한다.

셋째, 미국 정부가 주도하는 기술표준화의 프로세스를 검토하여 한국 실정에 맞게 적용해볼 수 있다. 예를 들어, 미국은 표준화 추진 단계별로 정보를 개방하여 일반 기업이 참고할 수 있도록 한다. 이는 신성장산업을 사업 모델로 추진하는 중소벤처기업이 기술표준 관련 최신 정보를 공유할 수 있으며, 따라서 새롭고 창의적인 비즈니스 모델이 창출되도록 하여 신성장산업의 활성화로 연결되는 기반으로 자리매김할 수 있다. 다만 무조건적인 수용보다는 보다 철저한 검증을 통해 국내 상황에 효과적으로 적용될 수 있는 적합한 제도를 찾는 작업이 필요하다.

INSIGHT 14

# '투표 의견 제출'활용으로 국제표준화 경쟁력 높이자

글 | 박주상, 김소영(한국과학기술원 과학기술정책대학원,
joo-sang.park@kaist.ac.kr, soyoungkim@kaist.ac.kr)

국제표준화에서 양대 세력인 유럽과 미국의 활동 양상은, 한국과 같은 후발 주자에게 시사하는 바가 많다. 실제 국제표준화 활동에 대한 공식 기록을 분석한 결과 다음과 같은 점을 밝힐 수 있다. 첫째, 표준화 활동의 정량적 성과와 정성적 성과는 일치하지 않는다. 둘째, 주요 국가들이 표준화 활동에 대응하는 주요 대상이 다르다. 셋째, 국제 투표에 대한 전략적 이해를 바탕으로 행동한다. 넷째, 유럽 국가들끼리는 상호갈등을 회피한다. 다섯째, 동아시아 국가는 국제표준화 활동에서 매우 취약하다. 앞으로 한국은 국제표준화 경쟁력 강화를 위해 무엇보다 투표 의견 제출을 크게 늘리고, 신규 표준 제안에 있어, 다른 국가와 공동으로 제출하거나, 또는 타국 대표부 명의로 제출하는 등의 국제 투표환경을 고려한 방안을 추진하여, 이를 바탕으로 향후 국제표준화 활동을 개선하고, 국제표준화 경쟁력을 향상시켜야 한다.

※ 이 글은 2015년 한국표준협회가 주관한 〈제3회 표준정책 마일스톤 연구-국가의 미래전략과 표준〉의 지원을 받아 수행된 연구 논문 'ISO 표준화에서 주요국 활동 양상 분석: JTC 1/SC 31/WG 7 사례와 후발국 시사점'을 칼럼 형태로 재작성한 것입니다. 참고문헌은 한국표준협회(www.ksa.or.kr)에서 확인할 수 있습니다.

국제 무역에서 무역 제한은 감소하였으나, 대신 비관세 장벽이 새로 나타났고, 그 와중에 종종 기술장벽으로서, 또는 기술장벽을 해소하기 위한 수단으로서 국제표준을 둘러싼 국제관계도 복잡하게 전개되었다. 특히 유럽과 미국은 주요 국제표준기구인 ISO와 IEC 표준화에서 자주 갈등을 겪었으며, 미국은 유럽이 ISO와 IEC를 효과적으로 통제하면서, 미국을 배제시킨다고 반발하였다. 실제로 유럽은 '비엔나 협정'과, '드레스덴 협정'을 통해 ISO와 IEC를 성공적으로 장악한 것으로 보였으며, 이들 협정의 결과로 유럽 표준 기구인 CENELEC의 표준 중 75%가 IEC 표준에 기반하거나 IEC 표준과 동일해졌다는 점에서 미국의 반발은 근거가 있다.

그러나 Witte(2004)는 이러한 미국의 주장과 달리, '단일 법인으로서 유럽(Corporate Europe)'은 존재하지 않았으며, 미국은 변화하는 환경에 의한 압력을 회피하기 위한 희생양으로 '유럽 요새(Fortress Europe)'를 언급한 것이라고 반박했다. 반면에 Marks와 Hebner(2001)는 WTO 무역기술장벽협정(TBTA, Technical Barriers to Trade Agreement)과 미국의 법체계가 대부분 서로 합치하지만, TBTA는 '적절한 국제표준기구'를 중시하는 반면, 미국은 '자발적 합의에 의한 표준'을 중시하는 차이를 지적했는데, 달리 말하면, 국제표준기구를 장악한 유럽이 미국보다 유리했다고 할 수 있다. Tassey(2000) 역시 협조적 표준 제정을 통해 유럽은 '선발자 이익'을 누렸던 반면, 미국은 그렇지 못했기에 자유방임적 표준화 전략을 재고하게 되었다고 지적했다. 강부미 등(2011)도 미국은 사실 표준화 활동을 중심으로 국제표준화에 참여했으나, 국제 환경 변화에 따라 미국 정부도 효율적인 표준화 참여방식을 모색하기 시작했다고 지적했다.

그런데 이러한 주장이 무색하게 표준 특허, 표준 기고서, 국제표준기구 의장단 수와 같은 지표를 보면, 미국의 지위는 압도적이다. 박웅 등(2005, 2007, 2008, 2009)에 따르면, IEEE 특허 데이터 베이스에 등록된 384건에서, 일본은 21건(5.5%), 프랑스는 17건(4.4%), 네덜란드는 16건(4.2%), 캐나다와 핀란드는 각각 10건(2.6%), 이스라엘은 8건(2.1%), 그리고 독일과 한국이 각각 7건(1.8%)에 불과한 반면, 미국은 267건(69.5%)을 점유하고 있다. ITU-T의 표준특허 데이터베이스에 등록된 1,672건의 표준 특허에서, 일본은 368건(22%), 프랑스 137건, 독일 89건, 이스라엘 53건, 영국 45건, 네덜란드 44건, 한국 38건, 캐나다 32건, 스웨덴 29건, 핀란드 27건을 점유하는 데 비해, 미국은 768건(45.9%)을 차지한다.

그러나 ISO 국제간사와 의장 수를 보면, 위와 다른 양상이 나타난다. 2014년을 기준으로 전체 ISO 국제간사 765명, 의장단 2,581명 중에서 독일은 국제간사 139명(18.17%), 의장단 406명(15.73%), 미국은 각각 119명(15.56%), 528명(20.46%)으로 각각 1, 2위를 차지했다. 이 두 나라는 ISO 119개 회원국과 42개 통신회원국 중에서 전체 국제간사의 33.73%,

의장단의 36.19%를 차지한다.

이상으로부터, '유럽과 미국의 대결'이라는 기존 입장에 대해, 유럽이 비엔나 협정과 드레스덴 협정을 통해 국제표준기구에서 우위를 차지한 것은 사실이나, 미국이 변화하는 국제표준화 환경에 대해 희생양으로서 '유럽이라는 요새'를 의도적으로 부각시킨 것이라는 Witte의 설명은 설득력이 있다. 한편 Marks와 Hebner, 그리고 Tassey는 유럽과 미국의 격차가 공적 표준 기구와 사설 표준 기구라는 전략적 차이에서 비롯된 것이라고 설명한다. 그러나 이들 연구는 실제 표준화 활동에서 주요 국가들의 활동 양상을 미시적으로 설명하지 못하는 한계가 있다. 그렇다면 과연 표준을 제정하는 과정에서 각 국가, 그리고 각 참가자의 행동은 어떤 양상으로 전개되었는가? 이 글은 ISO/IEC JTC 1 산하 부속 위원회(Subcommittee)와 작업반(Working Group)의 실제 표준화 과정에서 등록된 공식 문서를 바탕으로 구체적인 표준화 활동 양상을 밝히고자 한다.

## 국제표준화 활동의 전개 양상

ISO는 1947년에 설립되어, 2014년 기준으로 165개 회원국과 19,500건 이상의 국제표준을 보유하고 있으며, 238개 기술위원회, 521개 부속위원회, 2,592개 작업반, 그리고 160개 임의 연구반을 보유하고 있다. ISO는 산하 기술위원회(TC, Technical Committee)와 기술위원회 산하 부속 위원회 또는 작업반을 거느린 구조이다. 다만 예외적으로 공동 기술 위원회 1(JTC 1, Joint Technical Committee 1)은 ISO와 IEC(International Electrotechnical Commission)가 공동으로 1987년에 설립하였다.

JTC 1의 공식 명칭은 '정보 기술(Information Technology)'이다. ISO와

IEC 산하 공동 기술 위원회라는 독특한 지위를 누리는 배경에는 정보 기술과 통신 기술의 융합뿐만 아니라, 정보통신기술에 대한 정부 역할, 시스템 개발을 위한 주요 고객사의 방법론 변화, 제품 생애 주기 단축과 시장 조건, 기술 복잡도 증가, 기술 융합, 통합 솔루션에 대한 상호 호환성 제공, 소프트웨어와 하드웨어의 급속한 변화, 공개 소프트웨어, Globalization 등 시장에 큰 영향을 미치는 요소들이 있다. 현재 JTC 1은 직속 연구반(SG, Study Group) 1개, 특별 작업반(SWG, Special Working Group) 3개, 작업반(WG, Working Group) 3개를 보유하고 있으며, 이외에 20개 부속 위원회(Subcommittee)와 부속 위원회 산하 40개 작업반을 보유하고 있으며, ISO 산하에서 표준화 활동이 가장 활발한 위원회이다.

JTC 1의 등록 문서 수를 보면, JTC 1/SC 27 IT Security techniques은 설립 이래 913,496건, 연평균 1,499.56건의 문서를 등록하여 가장 왕성한 활동을 보이며, JTC 1/SC 31 Automatic identification and data capture도 설립 이래 10년간 4,461건, 연평균 446.1건을 등록하여, 두드러진 활동을 보이고 있다. 특히 JTC 1/SC 31은 산하 6개 작업반 중에서 5개 Subgroup을 보유한 WG 4를 제외하면, 보안을 담당하는 WG 7이 연평균 96건을 등록하여 SC 31에서 가장 활동이 활발하다. 따라서 본고는 정보기술 분야 보안 표준화 관련 ISO 등록 문서를 분석대상으로 하되, SC 27 문서가 과다하므로, 대신 SC 31/WG 7 문서를 바탕으로, 주요 국가들의 국제표준화 양상을 미시적으로 설명한다.

ISO eCommittee에 등록되는 공식 업무 문서는 전체 52종이 있는데, 이들 중에서 총회 보고서, 국가 대표단의 자국 내 활동 보고서, 임의 제출문서, 사무국 등록 문서 등 개별 국가대표단의 활동과 무관한 문서를 제외하면, 표준을 제정하는 과정에서 개별 국가 대표단의 활동 내역을 유추할 수 있는 문서는 다음과 같이 4가지 문서로 한정된다.

- 신규 표준화 제안(NP는 NWIP, New Work Item Proposal)
- 투표 의견 검토 결과서(Disposition of Comments Report)
- 회의 보고서(Meeting Report)
- 투표 결과 요약 보고서(Summary of Voting/On-line&Table of Replies, 이 글에서 제외)

ISO/IEC JTC 1/SC 31/WG 7은 'Security for item management'라는 표준 작업반으로서, 2009년에 설립되었고, 2010년 3월부터 2014년 12월 말까지 문서 등록 현황을 보면 아래 〈표1〉과 같다.

〈표1〉 JTC 1/SC 31/WG 7 문서 현황

| | 구분 | 구분 | 구분 |
|---|---|---|---|
| 1 | 전체 등록 문서 | 582 | 2010.03 ~ 2014.12 |
| 2 | 분석 대상 문서 | 105 | - 신규 표준 제안<br>- 투표 의견 검토 결과<br>- 회의 보고서 |
| 2-1 | 신규 표준 제안서 | 11 | |
| 2-2 | 투표 의견 검토 결과서 | 58 | |
| 2-3 | 회의 보고서 | 36 | |

조사 대상 기간 동안 '신규 표준 제안'은 전체 11건이 제출되었는데, 오스트리아와 중국이 각 2건, 네덜란드, 벨기에, 스위스, 한국, 프랑스, 미국,

독일이 각 1건을 제출하였다. 이를 지역별로 나누어 보면, 유럽 7건, 미국 1건, 그리고 아시아 3건이다. 그러나 '신규 표준화 제안서' 외에, '투표 의견 검토 결과서'나 '회의 보고서'에 나타난 미국의 활동량은 다른 지역을 압도했다. 즉 JTC 1/SC 31/WG 7의 보안 표준화 제정 과정에서 미국은 신규 표준 제안 활동보다 타국의 표준화 활동에 적극 개입한 것으로 이해할 수 있다.

제안 기관별 신규 표준 제안 현황을 보면, 3개의 유럽 업체가 6개 국가 대표부를 통해 6건의 표준 제안을 제출하였고, 미국은 2개 업체가 미국과 스위스 대표부를 통해 각 1건씩, 모두 2건의 제안을 제출한 반면, 중국은 1개 업체가 표준 제안 2건을 자국 대표부를 통해, 그리고 한국은 1개 기관이 1건을 자국 대표부를 통해 제출하였다. 특히 유럽에 본사를 둔 기업인 NXP는 유럽 3개 국가를 통해 신규 표준화 제안을 하나씩, 모두 3건을 제

〈표2〉 JTC 1/SC 31/WG 7 신규 표준 제안

| | 프로젝트 번호 | 제안 국가 | 제안 기관 |
|---|---|---|---|
| 1 | ISO/IEC 29167-1 | Austria | CISC GmbH(EU) |
| 2 | ISO/IEC 29167-10 | Netherlands | NXP(EU) |
| 3 | ISO/IEC 29167-11 | Belgium | NXP(EU) |
| 4 | ISO/IEC 29167-12 | Austria | NXP(EU) |
| 5 | ISO/IEC 29167-13 | Switzerland | EM Microelectronic(US) |
| 6 | ISO/IEC 29167-14 | Korea | 한국전자통신연구원(KR) |
| 7 | ISO/IEC 29167-15 | China | IWCOMM(CN) |
| 8 | ISO/IEC 29167-16 | China | IWCOMM(CN) |
| 9 | ISO/IEC 29167-17 | France | Orange(French Telecom, EU) |
| 10 | ISO/IEC 29167-18 | U.S. | Revere Security(US) |
| 11 | ISO/IEC 29167-19 | Germany | Gisecke&Devrient GmbH(EU) |

출하였고, 미국 기업인 EM Microelectronic은 스위스를 통해 신규 표준 제안을 제출함으로써, 다국적 기업의 지위를 활용하여 투표에서 우위를 취하는 전략을 사용했다. 반면 미국 기업인 Revere Security는 미국 대표부를 통해 제안 1건을 제출하였고, 이를 통해 미국 대표부 내에서 신규 표준 제안 활동 방식이 통일된 것은 아님을 알 수 있다.

### 국제표준화 활동은 미국과 유럽의 독무대인가

2010년 3월부터 2014년 12월 말까지 등록된 '투표 의견 검토 결과서'에서 각국이 제출한 의견을 유형과 처리 결과로 나누어보면 다음과 같다.

- 제출된 전체 투표 의견은 1,152건
- 미국이 제출한 투표 의견은 732건(전체 의견의 63.54%)
- 732건 중에서, 미국은 중국의 제안 2건에 대해 투표 의견 138건 제출
- 732건 중에서, 미국은 한국의 제안 1건에 대해 투표 의견 171건 제출
- 732건 중에서, 미국은 오스트리아 제안 1건에 대해 투표 의견 117건 제출
- 732건 중에서, 네덜란드 제안 1건에 대해 투표 의견 119건 제출

즉, 신규 표준 제안 건수에서 유럽이 다른 지역을 압도했던 것과 달리, 투표 의견은 미국이 732건으로 전체 제출 의견 1,152건의 63.54%에 달한다. 특히, 투표 의견 제출을 통해 미국은 유럽과 아시아 국가들이 추진하는 보안 표준안을 적극적으로 견제하였다. 이와 달리, 유럽이 제출한 투표 의견은 280건으로 전체 1,152 건의 24.3%에 불과할 정도로 미국에 비해

양이 적을 뿐만 아니라, 질적으로도 다음과 같은 차이가 있다.

첫째, 프랑스는 제출한 투표 의견의 절반을 중국을 대상으로 하였으나, 네덜란드, 스위스, 한국, 프랑스, 독일이 제출한 표준안에 대해서도 의견을 제출하였다. 둘째, 독일도 독일 표준안에 대해 가장 많은 투표 의견을 제출한 반면, 프랑스와 미국을 제외한 나머지 국가들이 제출한 표준안에 대해서도 투표 의견을 제출하였다. 셋째, 오스트리아, 벨기에, 네덜란드, 스위스는 자기 국가 대표부 제안에 대한 의견이 가장 많다. 넷째, 스웨덴은 오스트리아 제안에 대해서만 4건의 투표 의견을 제출했다.

달리 말하면, 유럽 국가들은 전반적으로 고르게 투표 의견을 제출하였으며, 프랑스를 제외한 나머지 국가들이 비유럽 국가들을 견제하려는 명백한 양상을 확인할 수 없다. 그밖에 투표 의견으로는 캐나다 1건, 러시아 6건이 있으며, 브라질은 58건으로 전체 5%를 차지한다. 한·중·일, 그리고 싱가포르를 포함한 아시아 국가들이 제출한 투표 의견은 모두 61건으로 전체 1,152건 중에서 5.3%에 불과하여, 이는 남미 브라질 1개국이 제출한 투표 의견과 비슷한 분량으로서, 아시아 국가들의 투표 의견 제출은 매우 저조한 편이다.

〈그림1〉은 지역별 투표 의견 제출 현황이다. 미국을 제외한 지역과 ISO 중앙사무국을 모두 합해도 전체 36%에 불과한 반면, 미국은 제출된 전체 투표 의견에서 약 64%를 차지하여, 투표 의견 제출을 국제표준화 활동에서 중요한 개입 수단으로 활용하고 있다. 특히 제출된 검토 의견에 대해, 표준 저자나 담당 위원회는 반드시 이를 논의하고, 처리 결과를 기재해야 하는데, 보통 '검토 의견'과 '변경 제안'을 함께 기재하기 때문에, 특별한 사유가 없다면, 변경 제안을 수용해야 하므로 매우 중요하다. 따라서 미국

은 적극적인 투표 의견 제출을 통해, 다른 국가의 표준화 활동을 적극 견제하고 있음을 알 수 있다.

〈그림1〉 지역별 투표 의견 제출 비중

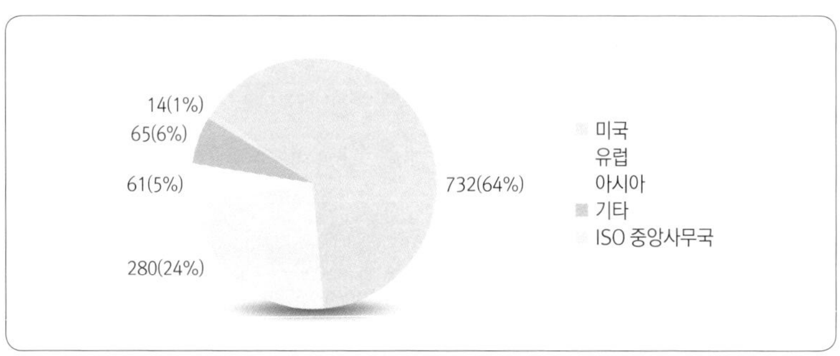


그런데, 각 국가 대표부 소속 위원 1인당 활동은 다르다. JTC 1/SC 31/WG 7에 등록된 국가 대표부 소속 위원은 2014년 12월 말을 기준으로 전체 96명인데, 이중 미국 대표부 소속은 38명이다. 따라서 아래 〈표3〉과 같이, 미국 대표부는 1인당 19.26건의 투표 의견을 제출하였으나, 이는 독일 대표부의 1인당 43.5건의 절반에도 미치지 못하며, 네덜란드와 프랑스에 이어 전체 4위이다. 다만 지역 단위로 볼 때, 유럽 평균 1인당 투표 의견은 11.2건으로 미국보다 적다.

또한, 아래 〈표4〉는 제출된 투표 의견에 대한 검토 결과를 유형별로 정리한 것인데, 지역별 전체 제출 건수와 무관하게, 유럽이 제출한 투표 의견은 73.22%가 채택(accepted)되어 채택 비율이 가장 높은 반면, 아시아가 제출한 투표 의견은 34.43%가 거절되어 거절 비율이 가장 높다. 미국이 제출한 검토 의견은 '채택', '거절', '인지' 처리된 비율이 모두 두 번째로서, 참가자 수, 제출한 투표 의견 등 활동량에 비해 효율이 낮게 나타났다.

〈표3〉 지역/국가별 1인당 의견 제출

| National Body | | Comment | Comment Ratio | Members | Comment per Member |
|---|---|---|---|---|---|
| 미국 | US | 732 | 63.54 | 38 | 19.26 |
| 유럽 | France | 61 | 5.3 | 3 | 20.33 |
| | Austria | 49 | 4.25 | 4 | 12.25 |
| | Belgium | 11 | 0.95 | 5 | 2.2 |
| | UK | 16 | 1.39 | 3 | 5.33 |
| | Germany | 87 | 7.55 | 2 | 43.5 |
| | Netherlands | 36 | 3.13 | 1 | 36 |
| | Sweden | 4 | 0.35 | 1 | 4 |
| | Switzerland | 12 | 1.04 | 5 | 2.4 |
| | Czech | 4 | 0.35 | 1 | 4 |
| Sub-Total(유럽) | | 280 | 24.3 | 25 | 11.2 |
| 아시아 | Japan | 54 | 4.69 | 7 | 7.71 |
| | Korea | 5 | 0.43 | 5 | 1 |
| | China | 1 | 0.09 | 5 | 0.2 |
| | Singapore | 1 | 0.09 | 1 | 1 |
| Sub-Total(아시아) | | 61 | 5.3 | 18 | 3.39 |
| 기타 | Canada | 1 | 0.09 | 2 | 0.5 |
| | Australia | 0 | 0 | 1 | 0 |
| | South Africa | 0 | 0 | 4 | 0 |
| | ITTF, ISO/CS | 14 | 1.22 | - | - |
| | Brazil | 58 | 5.03 | 5 | 11.6 |
| | Russia | 6 | 0.52 | 3 | 2 |
| Sub-Total(기타) | | 79 | 6.86 | 15 | 5.27 |

〈표4〉 지역별 투표 검토 의견 처리 결과

| | Accepted | Rejected | Noted | Resolved | 합계 |
|---|---|---|---|---|---|
| U.S. | 487 | 137 | 17 | 91 | 732 |
| | 66.53% | 18.72% | 2.32% | 12.43% | 100% |
| Europe | 205 | 20 | 9 | 46 | 280 |
| | 73.22% | 7.14% | 3.21% | 16.43% | 100% |
| Asia | 36 | 21 | 1 | 3 | 61 |
| | 59.01% | 34.43% | 1.64% | 4.92% | 100% |
| 기타 | 34 | 9 | 1 | 35 | 79 |
| | 43.04% | 11.39% | 1.27% | 44.3% | 100% |
| 합계 | 762 | 187 | 28 | 175 | 1152 |
| | 66.15% | 16.23% | 2.43% | 15.19% | 100% |

회의 보고서는 회의마다 의장, 간사, 참가자, 회의 안건, 논의 내용, 결정 사항, 조치 항목, 그리고 차기 회의 등을 기록한 문서이다. 따라서 이를 통해 국가별 참가 인원, 개인별 수행 역할, 논의 내용과 결과 등 국제표준화에 참가하는 국가 대표부와 참가 위원의 활동 양상을 기명으로 구분할 수 있다. 아래 〈표5〉는 회의 보고서에 기재된 참가자 역할을 지역별로 분류한 것이다. 수행 역할은 'Project Leader/Project Editor', '발표', '토론', '임의 그룹(ad hoc group) 활동', '문서 제출', 그리고 'Project 관리'로 분류하였다. 결과적으로 유럽은 6가지 역할에서 고르게 활동한 반면, 미국은 '토론'과 '임의 그룹 활동', 그리고 의장과 간사로서 'Project 관리' 역할에서 기명으로 기재된 사례가 많았다. 이와 달리 아시아와 기타 지역은 기명으로 기재된 역할이 유럽이나 미국의 절반에도 미치지 못하였고, 기재된 역할도 '발표', '토론', 그리고 '임의 그룹 활동'에 치우친다.

〈표5〉 지역별 회의 참가 역할 기록

| | 지역 | Leader/PE | 발표 | 토론 | ad hoc group | 문서 제출 | Project 관리 | 합계 |
|---|---|---|---|---|---|---|---|---|
| 1 | 유럽 | 6 | 23 | 16 | 24 | 1 | 7 | 77 |
| 2 | U.S. | - | 4 | 21 | 22 | 1 | 26 | 74 |
| 3 | 아시아 | - | 14 | 2 | 13 | 3 | 2 | 34 |
| 4 | 기타 | 1 | 5 | 8 | 10 | 2 | 1 | 27 |
| 합계 | | 7 | 46 | 47 | 69 | 7 | 36 | 212 |

이상에서 ISO/IEC JTC 1에서 보안 기술 국제표준화를 둘러싼 주요 국가들의 표준화 활동을 구체적으로 이해하기 위하여, ISO eCommittee에 등록된 공식 문서를 분석하였고 결과를 정리하면 다음과 같이 요약할 수 있다.

첫째, 표준화 활동의 정량적 성과와 정성적 성과는 일치하지 않는다. 미국은 참가 인원과 제출하는 투표 의견 수량에 있어, 다른 지역에 비해 압도적인 우위를 차지하였다. 그러나 1인당 투표 의견 수는 독일의 절반에도 미치지 못하였고, 전체 4위에 그쳤다. 또한 유럽이 제출한 투표 의견은 채택된 비율이 가장 높았고, 거절된 비율이 가장 낮았다. 그리고 유럽은 회의 보고서에 기명으로 기록된 담당 역할이 가장 많고 다양하다. 따라서, 국제표준화에서 정량적 성과는 미국이 우세한 반면, 정성적 성과는 유럽이 우세하였다.

둘째, 주요 국가들이 표준화 활동에 있어 대응하는 주요 대상이 다르다. 조사 대상 범위에서 신규 표준 제안은 11건인데, 이중 미국 기업에 의한 제안은 2건에 불과하였다. 그러나 제출된 전체 투표 의견의 64%를 미국이 점유하였는데, 이중 대부분은 다른 국가의 표준화 활동을 견제하기 위한 것이었다. 이와 달리 유럽은 신규 표준 제안, 투표 의견 제출, 그리고 표결에 있어 고르게 활동하였고, 유럽 국가들은 투표 의견 제출 양상도 국가별로 상이하게 나타났다. 프랑스가 제출한 투표 의견 61건 중에서 30건이 중국 제안에 대한 것이었지만, 독일은 제출한 투표 의견 87건 중 27건이 독일 제안에 대한 것이고, 벨기에는 제출한 투표 의견 11건 모두 자국 제안을 대상으로 하였고, 네덜란드는 제출한 투표 의견 36건 중 25건이 자국 제안을 대상으로 하였다.

셋째, 국제 투표에 대한 전략적 이해를 바탕으로 행동한다. 1국 1표 원칙으로 진행되는 국제표준 단계별 투표를 고려하여, 유럽과 미국은 모두 다국적 기업을 활용하는 반면, 중국과 한국은 전혀 그렇지 못했다는 점이 특히 대비된다. 즉 네덜란드에 본사를 두고 있는 NXP는 3건의 제안을 오스트리아, 벨기에, 네덜란드 대표부를 통해 각각 1건씩 제출하였고, 미국 기업인 EM Microelectronic은 스위스 대표부를 통해서 1건을 제안하였다. 이런 경우 관련 국가들이 서로 투표를 동기화시킬 수 있으므로, 표결에서 유리하다.

넷째, 유럽 국가들끼리는 상호갈등을 회피한다. 전체 투표 의견 1,152건 중에서 유럽은 9개 국가가 280건의 투표 의견을 제출하였다. 그런데 이중에서 독일, 네덜란드, 벨기에, 오스트리아, 스위스가 제출한 투표 의견은 203건인데, 이들 5개국이 각각 자국 제안에 대해 제출한 투표 의견은 모두 92건으로, 약 45%를 차지한다. 즉 유럽 국가들은 자국 제안에 대한 자발적 수정을 위한 활동에 치중하거나, 프랑스처럼 중국만을 집중 견제한 반면, 같은 유럽 내 다른 국가를 대상으로 하는 투표 의견 제출에는 소극적이었다.

다섯째, 동아시아 국가는 국제표준화 활동에서 매우 취약하다. 주지하다시피 중국, 일본, 한국은 정보기술 분야에서 시장, 기술, 서비스, 그리고 기반 설비 모두 상위권인 국가들이다. 그러나 국제표준화에서는 활동이 매우 취약했다. 전체 11개 신규 표준 제안 중에서 3건, 전체 투표 의견에서 5%만을 점유할 뿐이고, 제출했던 투표 의견의 채택 비율은 4개 지역 중에서 3위인 반면, 거절 비율은 가장 높았다.

이상 ISO eCommittee에 등록된 공식 문서를 분석한 결과, 유럽과 미국의 표준화 활동은 정성적 측면과 정량적 측면에서 각각 서로 다른 우위를 가지고 있는 것을 알 수 있다. 미국이 다른 국가나 지역을 견제하는 활동에 치중하는 반면, 유럽 국가들은 자국 표준안에 집중하며 상호 갈등을 회피하고, 표준화 작업에서 다양한 역할을 자발적으로 담당하고 있다. 이와 달리 미국은 표준화 과정에서 담당하는 역할이 프로젝트 관리나 ad hoc group 활동으로 제한되거나, 아시아 국가들은 표준화 활동에서 담당한 역할이 ad hoc group과 발표로 제한되어 있고, 정량적으로도 미국이나 유럽의 절반에 그치고 있다. 특히 정보기술 분야에서 중국과 한국의 제품을 고려한다면, 국제표준화 활동에서 드러난 취약성은 특기할 필요가 있다.

따라서 한국은 향후 국제표준화 경쟁력 강화를 위해 무엇보다 '투표 의견 제출'을 크게 늘리고, 향후 신규 표준 제안에 있어, 다른 국가와 협력하여 공동으로 제출하거나, 타국 대표부 명의로 제출하는 등 국제 투표 환경을 고려한 추진 방안이 필요하다. 특히, 투표 의견 제출은 해당 표준의 저자가 아니어도, 표준안에 직접 영향을 미칠 수 있고, 국제표준화 회의에 직접 출석하지 않아도 되는 장점이 있으므로 적극 활용해야 한다.